Thomas Mayer (Hrsg.)
Zusammenarbeit mit Elementarwesen 2

THOMAS MAYER

Zusammenarbeit *mit* Elementarwesen 2

22 Gespräche mit Praktikern

Bücher haben feste Preise.

3. Auflage 2023

Thomas Mayer (Hrsg.)
Zusammenarbeit mit Elementarwesen 2

Titelseite:
Gemälde in Acryl: Anselm Lentz
Gestaltung: Dragon Design, GB

Wenn nichts anderes angegeben ist, liegen die Bildrechte bei den jeweiligen Interviewpartnern.

Satz und Gestaltung:
Dragon Design, GB
Gesetzt aus der Galliard

Gesamtherstellung: Appel & Klinger, Schneckenlohe
Printed in Germany

ISBN 978-3-89060-604-0

Neue Erde GmbH
Cecilienstr. 29 · 66111 Saarbrücken
Deutschland · Planet Erde
www.neue-erde.de

Inhalt

1. Vorwort

Ich habe die Zukunftsvision, daß das Leben mit Elementarwesen wieder kulturelles Allgemeingut unserer Zivilisation wird. Das wäre die praktische Überwindung des Materialismus, denn geistig betrachtet ist unsere Erde eine Ansammlung von Elementarwesen. Diese durchseelen und beleben die Erde und organisieren die Ätherkräfte, aus denen alles Materielle gestaltet wird. Heimat und Geborgenheit entstehen, wenn wir unser Herz den Elementarwesen öffnen.

Dieses Buch ist der dritte Band einer Trilogie.

In dem ersten Buch »Rettet die Elementarwesen« führe ich durch viele eigene Erlebnisse und gedankliche Grundlagen in die Welt der Elementarwesen ein. Insoweit ist es sinnvoll, dieses Buch als erstes zu lesen. Es macht den Ernst der Lage erlebbar. Die Naturwesen erwarten, daß der Mensch ihnen gegenüber an die Stelle der Engelwelt tritt – und wir Menschen wissen davon noch gar nichts!

In dem zweiten Buch »Zusammenarbeit mit Elementarwesen« besuchen meine Partnerin Agnes und ich dreizehn Menschen, die praktisch mit ihnen arbeiten. Es ist erstaunlich, wie viele Erfahrungen es schon gibt! Wir besuchen Naturwissenschaftler, Landschaftsgärtner, Mediziner, Geomanten, eine Zwergenmutter und einen Unternehmensberater.

In diesem dritten Buch machen wir zweiundzwanzig weitere Besuche bei faszinierenden Menschen. Welche Erfahrungen mit Elementarwesen gibt es in der Landwirtschaft, Kunst, Geomantie, der Technik und den unterirdischen Schichten? Vieles Spannende liegt hier zum ersten Mal gedruckt vor.

Dieses Buch möge wie die anderen dazu dienen,

- daß die Vision der alltäglichen Zusammenarbeit mit Elementarwesen vorstellbarer wird;
- daß klarer wird, wie man mit ihnen kommunizieren kann;
- daß die Lebenswelt der Elementarwesen verständlicher wird;

- daß man erlebt, der Umgang mit ihnen macht Spaß, ist spannend und bringt einen selbst in der Entwicklung weiter;
- daß die Leserinnen und Leser zu einem eigenen Umgang mit Elementarwesen angeregt werden.

Es gibt keine bessere Ausbildung der eigenen Wahrnehmungsfähigkeiten, als mitzuerleben, wie es andere machen. Ich lade Sie herzlich dazu ein, mitzukommen und den Gesprächen zuzuhören!

Thomas Mayer im August 2011

2. Florian Grimm

Nur zusammen mit den Elementarwesen geht es weiter

Wir beginnen unsere zweite Rundreise zu Elementarwesen-Praktikern bei Florian Grimm in Hamburg. Um ihn herum ist immer Witz und Gemütlichkeit, und er singt gerne. Geboren 1960, studierte er Architektur und arbeitete lange Zeit bei der Stadt Hamburg als Stadtplaner. Heute ist er hauptberuflich Geomant, psychotherapeutischer Heilpraktiker und Seminargeber. Florian Grimm gibt uns einen schönen, einführenden Überblick: Was sind Elementarwesen? Wie nimmt man sie wahr? Was freut und bedrückt sie? Was erwarten sie von uns Menschen? (Kontakt: florian.e.grimm@gmx.de)

Persönliches Elementarwesen als Kommunikationsvermittler

Florian, gibt es Elementarwesen, zu denen du besonderen Kontakt hast?

Das Wichtigste ist mein eigenes »Persönliches Elementarwesen«, über das ich in der Regel alle Kontakte vermitteln lasse. Ich wende mich nie direkt an ein Wesen, sondern nehme erst aus dem Herzen mit meinem »Persönlichen Elementarwesen« Kontakt auf, das diesen weitervermittelt.

Wie jeder Baum ein Elementarwesen hat, so hat auch jeder Mensch ein elementares Wesen bei sich. Man muß nicht suchen nach Elementarwesen, die sind immer da. Das Persönliche Elementarwesen ist ständig dabei, unseren Ätherleib zu steuern und an der Haltung, Gesundheit, Fortentwicklung und der Koordination mit der geistig-astralen Welt zu wirken. Es hat einen Leib, aber nicht auf der Ebene, die man mit physischen Augen wahrnehmen kann. Es ist nicht fest gefügt in der Aura, sondern beweglich und zeigt je nach Situation oder Stimmung eine andere Form. Nach meiner Erfahrung sind die Persönlichen Elementarwesen auch nach den Elementen geordnet.

Bestimmte Menschen haben ein erdiges Persönliches Elementarwesen...

... ja genau, manche haben ein wässriges, ein feuriges oder ein luftiges.

Meiner Beobachtung nach steht es oft in Korrespondenz mit dem eigenen Temperament, also der individuellen Färbung des Lebensleibes. Choleriker sind oft begleitet von Feuerwesen, phlegmatische Menschen von einem Persönlichen Wasserwesen, dem melancholischen Temperament entspricht ein Gnom als Persönliches Wesen und Sanguniker leben mit Sylphen.

Nur manchmal und aus bestimmten Gründen nimmt das Persönliche Elementarwesen eine Art Gegenpol oder Korrektiv zum Temperament des Menschen ein, dann stimmt es nicht überein.

Es ist eine eigenständige Wesenheit in der Aura um mich herum, aber es wirkt auch in mir. Aber es ist nicht ich selbst, sondern es ist ein Vertreter der astralen Welt in meiner Aura.

Verläßt es auch deine Aura?

Ja, aber es bleibt immer in der Nähe. Es hat einen emotionalen Bewußtseinsfokus – wir haben einen mentalen – und es kann sich innerhalb der aurischen Ausbreitung des Menschen bewegen. Wenn ich mit anderen Leuten in einem Raum bin, weiß ich genau, welches mein Persönliches Elementarwesen ist und welches die von den anderen sind. Ich nehme es emotional wahr.

Der Mensch kann Elementarwesen erschrecken

Um zu anderen Elementarwesen Kontakt aufzunehmen, wendest du dich also an dein Persönliches Elementarwesen mit der Bitte, dich dort vorzustellen?

Ja, das ist eine Geste der Höflichkeit. Wenn man zu Elementarwesen Kontakt haben möchte, ist es gut, einige Umgangsformen zu pflegen. Aus der Sicht eines Elementarwesens sind wir Menschen ausgesprochen mächtige Wesenheiten. Wir haben einen physischen Leib und sind darin beweglich, anders als eine Pflanze. Wir können fühlen, denken und haben auch noch eine spirituelle Ebene. Wir haben sieben Chakren, die meisten Elementarwesen nur eines. Selbst ein Engel hat keinen physischen Leib und kann keinen Baum absägen. Darum erscheinen wir allen anderen Wesenheiten als sehr übermächtig.

Und es besteht die Gefahr, daß wir sie erschrecken?

Ja, wir würden Elementarwesen ängstigen, wenn wir aus einer gleichzeitigen Körper- und Geistpräsenz auf sie zugehen, ohne vorher zu fragen. Dann klappt der Kontakt nicht so gut. Ich würde nie auf ein Elementarwesen zurennen und versuchen, mit ihm irgendetwas zu machen. Es sind eigenständige Wesenheiten, denen man mit großer Höflichkeit und Respekt begegnen muß, sonst führt das zu Verstimmungen. Ich lasse den Kontakt erst über mein Persönliches Elementarwesen herstellen, als Brückenfunktion. Ich gehe mit meiner Wahrnehmung nur bis an die Grenze meiner Aura, gehe noch nicht in das Wesen hinein. Ich stelle mich vor, sage meinen Namen und warte auf eine Reaktion. Sie reagieren in der Regel mit ätherischen Kräften. Ich halte zum Beispiel meine Hand hin, sie wird warm, ich spüre Wärmeäther, oder es kribbelt, ich spüre Lichtäther. Sie können über die ätherischen Ebenen mit einem kommunizieren. So mache ich es auch mit Bäumen. Ich würde nie etwas mit einem Baum machen, ohne mich vorher mit ihm zu verständigen, ob der Kontakt gewünscht ist.

Gibt es auch Situationen, wo du keine Reaktion bekommst?

Ja, wenn ich die Hand hinhalte und merke, es wird nichts warm und es kribbelt nichts, gehe ich meiner Wege. Ich insistiere nicht und frage, »warum?«, denn das wäre übergriffig.

Gefühlskommunikation

Wenn eine positive Reaktion kommt, wie geht es weiter?

Es gibt sehr entwickelte, große Elementarwesen, aber durch meinen Beruf habe ich meistens mit Wesen aus der mittleren Ebene in Häusern und Gärten zu tun. Diese verstehen unsere mentalen Vorgänge nicht. Das ist für sie genauso unverständlich, wie für eine Katze ein Gedankenaustausch. Die Katze hört zwar unsere Stimmen, aber der Inhalt des Gesprächs geht völlig an ihr vorbei. Ich schalte deshalb um, bin nicht mehr mental und suche nur auf der Gefühlsebene Kontakt. Ich erzeuge in mir ein Bild, nicht wie sonst als Gedankenform, sondern setze es ins Herz und schmelze es dort als Gefühl um. Wenn ich mir einen Händedruck vorstelle als Gedanke, versteht das Elementarwesen das nicht. Wenn ich mir aber vorstelle, wie sich ein Händedruck anfühlt, diese Gefühle kann ich dem Wesen senden. Da, wo wir fühlen, denken die Elementarwesen. Unser Fühlen verstehen sie besser als wir selbst.

Und wie reagieren sie?

Auch nur auf der Herzebene, zum Beispiel mit Sympathie oder Antipathie. Ich habe im Herzen ein zustimmendes oder ablehnendes Gefühl. Ich »lese« die Antwort in allen feinstofflichen Ebenen von mir. So kann ich mit der Kommunikation sehr weit kommen, und vor allem tut es auch meiner eigenen Seele so gut. Ich erlebe jenseits des Mentalen eine tiefe Verständigung.

Und so kannst du regelrechte Gespräche …

… nicht Gespräche, Gefühle!

So kannst du regelrechte Gefühlsgespräche, Gefühlsaustausche führen?

Beratung mit Wohnungswesen

Ja. Ein Beispiel: Ich werde zu einer geomantischen Wohnungsheilung gerufen, da an einem Ort die Energie ganz niedrig ist, die Menschen müde sind und sich nicht mehr regenerieren können. Ich wende mich zuerst immer den Elementarwesen zu, denn sie kennen sich am besten aus mit dem Ort. Wo ist etwas Verschattetes, wo kann die Energie nicht fließen? Wo ist eine Stockung, wo funktioniert ein Organ des Raumes oder der Landschaft nicht? Das teilen mir die Elementarwesen mit und zeigen sehr konkret, wie wir den Ort wieder verlebendigen können.

Ich stelle mich über mein Persönliches Elementarwesen vor, wer ich bin, was ich will, und wenn ich eine Reaktion erhalte, gehe ich zu dem Wesen hin. Solche Elementarwesen können sich nicht frei bewegen, sondern sind an Orten fixiert. Ich beginne mit dem Erdelementarwesen, das oft in der Diele oder im Flur fokussiert ist und das Räumliche hütet. Es zeigt mir alles auf der feinstofflichen Ebene. In jeder Wohnung gibt es zum Beispiel ein Reinigungsorgan, durch das die verbrauchten Energien abfließen. Das Erdwesen zeigt mir, wo es ist und wie man das Organ pflegt.

Das ist ja sehr hilfreich, man würde sonst gar nicht darauf kommen!

Ja, es ist ausgesprochen hilfreich. In jeder Wohnung sollten heute fünf verschiedene Elementarwesenqualitäten vorhanden sein, und ich arbeite mich durch diese durch. Die Wasserwesen sitzen meistens im Schlafzimmer, hüten die Träume und begleiten die Regeneration des Menschen. Mit diesen ordne ich die Schlafplätze und schaue, daß es möglichst weich und fließend wird. Die Feuerwesen stehen meistens dort, wo gearbeitet wird, zum Beispiel am Schreibtisch, und bringen Begeisterung und geistige Inspiration. Die Luftwesen sind meistens an den Pflanzen oder wo es hell ist, wo Frische gebraucht wird. Und fünftens sollte es in jeder Wohnung auch neue Elementarwesen geben.

Arbeitest du als Heilpraktiker auch so?

Ja, da ist es nur nicht die äußere Wohnung, sondern die innere Wohnung des Menschen, die mir von den Elementarwesen gezeigt wird. Die Elementarwesen eines Menschen haben intime Kenntnisse von der Seele und der Gesundheit ihres Schützlings. Sie wissen zum Beispiel auch, wo abgespaltene Teile der Seele sich aufhalten.

Kann man die Dinge so ordnen, daß es aus Sicht der Elementarwesen wieder rund läuft?

Bedingt, der Mensch veranstaltet eine Menge, was nicht den Elementarwesen entspricht. So ist es zum Beispiel sehr schwer für sie, die heutige Maschinenwelt zu durchdringen.

Naturwesen leiden unter Materialismus

In den Innenstädten sind die Elementarwesen oft in einem schlechten Zustand. Wo die Menschen mit ihrer Maschinenwelt sehr stark wirken, ist es für sie schwierig, sich zu halten.

Was ist das Problem mit den Maschinen?

In den Maschinen wirken auch ahrimanische Wesenheiten, die nicht im Einklang mit dem Kosmos stehen. Die Naturwesen wollen nicht unter ahrimanischen Einfluß kommen. Dort können sie nicht wirken, dort ist es kalt und tot, und es gibt keine ätherischen Kräfte mehr. Die ahrimanischen Scharen sind gefallene Wesen, die hinter dem heutigen Materialismus stecken und in der Seele Ohnmacht und Depression verursachen können. Wir Menschen können uns an ihrem Widerstand als freie Wesen entwickeln, wir brauchen ihre Formkraft für das logische Denken, doch wir lassen heute die ahrimanischen Wesen oft ungezügelt wirken. Das macht den Elementarwesen Angst.

Manche Innenstädte sind also seelisch verlassen und leblos?

Ja, wenn es eine Stadt ohne Geomanten ist. Auch Künstler und alle Menschen, die liebevoll durch Städte gehen, können wieder dafür sorgen, daß sich die Elementarwesen wohler fühlen.

Liebevoll gepflegte Gärten und Häuser sind also Heimstätten für Elementarwesen?

Ich nehme es so wahr, daß die Elementarwesen überall sind, doch die Frage ist, in welchem Zustand sind sie? Sind sie schon negativiert oder können sie frei wirken im Sinne der Schöpfungskräfte? Sie ziehen sich nicht ganz zurück, aber Teile der Lebenswelt sind dann nicht mehr von ihnen durchdrungen, sind nicht mehr an die Natur, die Mutter Erde angeschlossen, sondern sind herausgefallene Bereiche.

Erdheilung, damit Naturwesen die herausgefallenen Bereiche wieder durchdringen können

Erdheilung funktioniert so, daß man die Wesen bittet, wieder alles zu durchdringen, zum Beispiel mit einem Ritual. Wenn wir die Elementarwesen bitten, fügt es sich in die Schöpfung ein, und die Lebenskräfte können sich regenerieren.

Das Bitten ist eine Stärkung und Auftragsvergabe an die Naturwesen, auch in der Technik mitzuwirken?

Ja, sonst würde die Erde immer mehr absterben. Deshalb empfinden viele Menschen ein tiefes Unbehagen vor modernen Einkaufszentren. In die Altbauquartiere mit kleinen Geschäften geht man lieber. Was von den Elementarwesen nicht durchdrungen ist, wird langfristig nicht prosperieren. Es werden leblose, kalte Hallen, die über kurz oder lang wieder abgerissen werden.

Weil die Menschen es dort nicht aushalten. Dann braucht man also keine Sorge haben, sondern kann auf eine Selbstregulation vertrauen?

Ich arbeite auch für Investoren in der Baubranche. Diese nehmen es genauso wahr. Es zählen nicht mehr nur die harten Fakten. Sie versuchen zunehmend Ausstellungen, Kunst und organische Gestaltungen zu integrieren. Auch in den durchklimatisierten großen Bürohäusern ist dieses Problem bekannt.

Normalerweise würde man sagen, hier ist eine gemütliche Atmosphäre. Und du sagst, das sind die Elementarwesen, die den Raum durchdringen?

Ja, dann ist es dort lebendig und freudig.

Leitende Elementarwesen

Du hast von großen Elementarwesen gesprochen. Was heißt das?

Die Elementarwesen sind untereinander verbunden – oder sollten verbunden sein – und bilden große Familien. Es gibt verschiedene Entfaltungsstufen bis hinauf zu großen leitenden Naturintelligenzen und Hütern der Elemente. Größere Elementarwesen nehme ich zum Beispiel in besonderen Bäumen wahr, und diese haben wieder vier Elementarwesen unter sich, dann noch kleinere darunter und noch kleinere darunter, ganz viele, die an den einzelnen Orten, in Pflanzen oder Wohnungen wirken. Es ist ein verbundenes, vernetztes Gefüge. Das Problem ist aber, daß wir das Netz oft zerreißen und diese feinen Verbindungen zwischen den Elementarwesen unterbrechen.

Wie ist das möglich?

Wenn man einfach eine Mauer, Straße oder einen Kanal dazwischen baut, unterbricht der Mensch die Verbindungen.

Wie unterscheidest du, ob das Elementarwesen ein leitendes oder mittleres ist?

Ich kommuniziere ja gefühlsmäßig mit ihnen. Sie zeigen mir Kennzeichen über ihre hierarchische Stellung, wenn ich sie darum bitte. Das ist mir meistens nicht wichtig, da ich pragmatisch mit ihnen arbeite. Manchmal sehe ich eine Art Lichtpunkt auf der Stirn, manchmal haben sie eine kleine Krone oder ein Diadem auf dem Kopf, das heißt, sie haben sich schon einen geistigen Aspekt erarbeitet und sind die mittlere Entfaltungsebene. Ganz große haben einen goldenen Kopf oder goldenen Oberkörper und eine ganz majestätische Erscheinung. Wenn ich sie frage, was sie wirken, zeigen sie mir besondere Attribute, zum Beispiel eine Schaufel, wenn sie für die Erde zuständig sind.

Du bekommst so konkrete Symbole?

Ja, es muß ganz konkret sein, sonst ist es Illusion. In Lübeck zeigte mir ein großes Erdelementarwesen eine Kugel, eine geistige

Sphäre, in der die geistigen Ur- und Bauideen drinnen sind. Es zeigte, wie die hohen Naturwesen diese Schöpfungsbilder aus der geistigen Welt bekommen und an die unteren Elementarwesen weiterleiten, die die Materie bauen, die gesamte Welt schöpfen und darauf achten, daß sie lebendig bleibt. So konnte ich das wahrnehmen. Das große Erdwesen reichte uns diese Kugel, wir hatten sie in der Hand und konnten die Urideen spüren, die in einem ständigen Strom aus der geistigen Welt an die Elementarwesen fließen.

Sie zeigen sich immer nur teilweise

Ich nehme Elementarwesen als Energiefeld wahr, habe aber nie ein komplettes Bild davon. In einer zielgerichteten Begegnung offenbart es mir einen Aspekt und verbirgt ihn wieder. Nur wenn die Elementarwesen meinen, es sei für uns wichtig, eine Information zu bekommen, zeigen sie es als Gefühl oder Bild. Und dann verbirgt es sich wieder, nur in ganz kleinen Momenten öffnet es sich.

Man bekommt also nicht jede Information.

Wir können sie nicht zwingen, uns etwas zu zeigen. Um in einer positiven und freien Art mit ihnen zusammenzuarbeiten, muß man sich für ihre Belange interessieren. Am Schluß einer Hausheilung lasse ich oft alle technischen Dinge durchdringen. Feuerwesen können Metalle gut durchdringen, zum Beispiel die Wasserleitungen, so daß diese wieder eingefügt sind. Das geht wunderbar, und das machen sie sofort, denn hier engagiere ich mich für die Belange der Elementarwesen und benutze diese nicht für meine Belange. Das wäre immer ein Übergriff. Da die Elementarwesen aber oft von Menschen unbewußt gezwungen werden, sind sie in ihren Kontakten eher restriktiv.

Höre ich hier heraus, daß in der Elementarwesenwelt schon eine gewisse Frustration gegenüber uns Menschen eingetreten ist?

Die Menschheit hat sich im Moment auf einen anderen Pol begeben.

Eigene Spiritualisierung befreit Elementarwesen

Was erwarten die Elementarwesen von uns Menschen?

Der Mensch hat eine große Aufgabe gegenüber den Naturwesen. Mit dem Fall des Menschen in die Materie mußten auch die Elementarwesen den Fall mitmachen. Sie sind tief in die Materie hinein verzaubert. Und wenn der Mensch sich weiterentwickelt und sich aus den tiefen materialistischen Ebenen befreit, würde er auch die Elementarwesen befreien.

Unsere Aufgabe als Menschen ist also, daß wir uns selber spiritualisieren und dadurch den Elementarwesen das gleiche ermöglichen. Wenn wir aber in einen ichlosen Materialismus hinein gleiten, würden wir sie mit hineinreißen.

Ja, wir ziehen sie mit hinein. Ich nehme es so wahr, daß sie so etwas wie negative Kappen auf haben, dunkle Kappen.

Das haben sie jetzt schon?

Ja, fast alle haben so eine Kappe auf und werden von anderen Ideen okkupiert. Das ist als Absicht obendrauf, ein Übergriff.

Aber sie wären froh, die Kappe wieder ablegen zu können?

Das kann nur der Mensch, wir haben sie ihnen ja übergestülpt. Nur der, der es mit Absicht getan hat, kann es auch wieder revidieren.

So ist das Schicksal der Elementarwesen mit uns sehr eng verknüpft!

Wir Menschen haben uns von den Elementarwesen getrennt. Im Mittelalter kannten noch sehr viele diese Wesen, sie gehörten zur Kultur und zu den Märchen. Jetzt kommen beide Welten nicht mehr recht weiter, die Naturevolution nicht mehr und die Menschenevolution auch nicht.

Dieses gemeinsame Weitergehen heißt doch, daß wir Menschen wieder ein Verständnis für die Elementarwesen und für die Beseeltheit der Natur entwickeln. Doch in der Breite wird eine differenzierte Kommunikation mit Elementarwesen nicht so schnell möglich sein?

Ich mache das oft indirekt. Wenn ich Wohnungseigentümer habe, denen ich nicht direkt sagen kann: »Da sitzt ein Zwerg in deinem Flur«, sage ich: »Da ist das Element Erde besonders anwesend.« Ich brauche es ja nicht als Wesen schildern, sondern zeige die Gefühlsqualität. Und wenn die Menschen das selber erleben, sind sie ausgesprochen berührt, und oft kommt die Frage: »Was könnte ich da machen?« Dann kann ich darauf eingehen, zum Beispiel: »Da würde ein schöner Stein oder eine Pflanze gut hinpassen.« Das ist ein Ausdruck des Respektes, und die Elementarwesen bekommen einen Platz in unserem Lebensraum.

Elementarwesen erleben

Was empfiehlst du Menschen, um Naturwesen wahrzunehmen?

Das geht in jeder Sekunde. Sobald ich mich mit dem Herzen in Liebe und Gewahrsein der Erde öffne, bin ich schon in der Elementarwelt. Die Wesen sind ganz nah bei uns, nur die Verbindung ist oft nicht offen.

Ist das für die Elementarwesen die Hilfe, die sie benötigen?

Ja, das ist der erste Schritt auf sie zu.

Was sind die größten Schwierigkeiten beim Erleben der Wesen?

Oft beobachte ich, daß die Umgangsgepflogenheiten nicht genügend bekannt sind. Viele Menschen sind sich ihrer Übermacht nicht bewußt und versuchen, Wahrnehmungen nur mit dem Stirnchakra zu machen. Das ist das Ende jeglicher Zusammenarbeit mit Elementarwesen! Sie fühlen sich bedroht, bedrängt oder geängstigt. Da oben ist die Macht, und es ist mental. Wenn ich von dort ausgehe, öffne ich mich nicht mit dem Herzen, sondern will als machtvoller Mensch irgendetwas mit den Wesen anstellen. Deren Welt ist das Herz und die Chakren darunter, nur diese Chakren sind für die Kommunikation geeignet. Im anthroposophischen Schulungsweg geht es immer darum, Kopf und Herz zusammenzubringen. Unser Bewußtsein braucht den Spiegel im Stirnchakra, es geht aber nur durch das Herz.

Wie kann ich evidente Wahrnehmungen von Illusionen oder Projektionen unterscheiden?

Das ist immer ein Problem. Um verschiedene Wesenheiten unterscheiden zu können, braucht man eine lange Ausbildung, viel Erfahrung und ein gutes Studium der geistigen Welt. Man muß die große Vielfalt der Wesen kennen. Jedes Elementarwesen hat einen feinstofflichen Leib, wenn wir ihn auch nicht mit den physischen Augen sehen: eine ätherische und astrale Aura.

Wenn ich ein Wesen treffe, das über diese Merkmale verfügt, sage ich, das ist ein Elementarwesen. Dessen Chakra ist in Resonanz zu unseren menschlichen Chakren, wenn es ein Wurzelchakra hat, ist es ein Erdwesen, mit einem Sakralchakra ein Wasserwesen, mit Solarplexuschakra ein Feuerwesen, mit einem Herzchakra ein Luftwesen. So kann ich sie mit Sicherheit korrekt bestimmen. Eine Göttin hat zusätzlich noch eine Bewußtseinsaura um sich herum, ein Engel noch eine spirituelle Aura. So sind die Wesen aufgebaut. Es gibt noch eine andere Form von Naturwesen, die haben kaum eine astrale Aura und sind fast nur ätherisch. Das sind diese Freien, die herumlaufen, im Gegensatz zu den Elementarwesen, die sich an dem Ort fest verankert haben, für den sie verantwortlich sind.

Kleine Materiearbeiter

Was ist die Aufgabe der Freien?

Sie hüten zum Beispiel Bodenschätze. Sie sind einfacher und aus einem früheren Elementarreich. Rudolf Steiner hat die verschiedenen Elementarreiche beschrieben. In der Gesamtheit eines Ortes sind sie genauso wichtig.

Sind sie die Handlanger?

Sie sind etwas einfacher, Handlanger klingt zu abwertend. Sie tun die konkrete Materiearbeit. Sie gehen bis ins ganz Kleine, bis in jeden Tropfen. Um jedes Sandkorn ist auch ein Wesen, ein noch einfacheres.

Kann man mit diesen kleinen Freien auch kommunizieren?

Ja, die sind unglaublich lustig, machen dauernd Späße und sind ganz beweglich. Wenn wir bei der Erdheilungsarbeit singen, kommen sie zu Hunderten herbei und wirken mit.

Fragst du sie auch nach Informationen über einen Ort?

Nein, aber wenn sich eines dazugesellt, beziehe ich es ein. Sie wirken mehr in der Erde und sind ein besonderes kleines Volk. Ich nehme sie viel tierartiger, wie kleine Wiesel wahr.

Die Welt der Elementarwesen ist ein ganz vielfältiges Reich, so vielfältig wie das Tier- oder Pflanzenreich. Es gibt Mischwesen, die halb Erde halb Luft sind. Es gibt Feen und Elementarwesen, die direkt für eine Göttin oder einen Landschaftsengel wirken.

Haben Elementarwesen eine bestimmte Form?

Je einfacher, desto kleiner. Ganz einfache sind zum Beispiel 30 cm groß, weiter entwickelte sind vielleicht 1,50 m groß. Ich nehme die Elementarwesen als ein Kraftfeld wahr; man sollte sie nicht zu sehr vermenschlichen. Eine zu vermenschlichte Vorstellung wie eine Zipfelmütze ist schon übergriffig. Wasserwesen haben schon eine Art »Fischschwanz«, das ist ein Wesensglied von ihnen, das den Bezug zum wässrigen Äther ausdrückt. Sie spielen ständig im wässrigen Äther mit diesem Fischschwanz. Es ist aber nicht so, daß alle Wasserwesen aussehen wie die Jungfrau in Kopenhagen. Das ist ein Symbol. Es ist aber nicht verkehrt, wie sie gezeichnet werden. In der Empfindung können wir es so wahrnehmen.

Alltag mit Elementarwesen

Im alltäglichen Leben mit Elementarwesen geht es um das unmittelbare Emotionale in jeder Handlung. Wenn ich die Suppe rühre oder wenn ich ein Instrument spiele: In der Wärme der Bewegung sind die Elementarwesen drinnen.

Du kochst also auch mit Elementarwesen?

So gut es geht. Sie sind überall. Alles Lebendige ist wesenhaft durchdrungen. Das berührt uns. Ohne die Elementarwesen würde die Welt uns nicht mehr berühren, wir würden auf sie starren, wie tot, und uns nicht mehr zu Hause fühlen. Und wir hätten auch keine Kraft mehr, denn wir bekommen durch diese Interaktion Kraft.

Bei Menschen mit einem unmittelbaren Lebensbezug nehme ich eine intime innere Verbindung wahr, die ständig trägt. Ein Demeter-Bauer muß seine Feld- und Gemüsewesen kennen, um zu wissen, wann er ernten und säen soll. Der Bauer wacht morgens auf und weiß, heute ist die und die Naturqualität, da fügt er sich ein und handelt danach. Aber wenn man es mechanisch macht und Agraringenieur ist, weiß man davon nichts, ist getrennt und setzt sich irgendwann auf den Mähdrescher ohne zu empfinden, ob das Korn schon so weit ist.

Neue Elementarwesen

Was sind die neuen Elementarwesen?

Die bisherigen Elementarwesen drücken die bisherige Evolution aus und gestalten diese weiter. Die neuen Elementarwesen tragen die Impulse der neuen Zeit. Heute geschieht ein qualitativer Sprung, der mit »New Age« bezeichnet wird. Das findet nicht nur im menschlichen Bewußtsein, sondern auch in der Natur statt. Die neuen Elementarwesen machen die evolutionären Wachstumsschritte, auch wenn der Mensch noch nicht überall mitgeht. Sie schaffen neue Räume und heilende Orte. Diese Wesen sind umfassender und im Unterschied zu den bisherigen Wesen tiefer mit den inneren Wurzeln der Evolution verbunden. Sie sind durch einen feinen Kanal ganz intensiv und direkt verbunden mit der kosmischen Engelwelt und der universellen Liebe und gleichzeitig mit der irdischen Weisheit der Erde. Damit hat sich die Elementezahl vergrößert. Es gibt nicht mehr nur Erde, Wasser, Luft und Feuer, es gibt jetzt ein fünftes wirkendes Element, Rudolf Steiner nennt es moralischen Äther.

Kann man diese neuen Elementarwesen überall wahrnehmen?

Die ersten haben wir 1997 beobachtet, seit der großen Sonnenfinsternis 1999 treten sie überall auf, auch in mancher Wohnung. Man nennt sie auch Christuselementarwesen.

Lücke zwischen Engel und Elementarwesen, die die heutige Menschheit nicht schließt

Wie ist die Verbindung zwischen Engeln und Elementarwesen?

Einerseits nehme ich wahr, daß es Elementarwesen gibt, die direkt an einen Engel angebunden sind. Andererseits gibt es doch eine grundsätzliche Trennung dieser beiden Welten. Denn das Bindeglied, der Mensch mit seinen umfassenden Fähigkeiten, ist weggerutscht. Ohne diese Kluft zwischen Engeln und Elementarwesen würden die Engel den Unsinn, den wir ständig machen, heilen. Es ist ihnen aber nicht möglich, über diese Kluft hinüber zu wirken, wenn wir sie nicht darum bitten.

Ein Engel hat als unterstes Glied einen Ätherleib, und die Wesen, die in diesem Ätherleib aktiv sind, sind für ihn so wie für uns ein Finger oder Zeh. Mit den Elementarwesen kann der Engel im Ätherischen wirken.

Das hört sich aber doch nach einer sehr innigen Verbindung an?

Ja, so sollte es sein, aber das verbindende Herzwesen fehlt. Der Mensch ist zu tief gerutscht und hat sich so stark mit der Materie verheddert, daß er das nicht leistet. Ich sehe es so, daß diesen Mangel im Moment andere Wesenheiten auffangen. Ich nehme im geistigen Raum neue Kräfte wahr, und auch die neuen Elementarwesen leisten das, was eigentlich der Mensch leisten sollte, und sind Brücke zwischen der Elementarwelt und der spirituellen Welt.

3. Martin Kutternik

Wie kann Otto-Normalverbraucher mit der Natur kommunizieren?

Als ich Martin Kutternik zum ersten Mal sprechen hörte, bekam ich Heimatgefühle, perfektes Englisch mit unüberhörbar melodiöser österreichischer Färbung. Er kommt aus Kärnten, lebt seit 1990 in Großbritannien, ist ausgebildet als Ingenieur und Farbtherapeut und betreibt in Findhorn in Schottland einen Versandhandel mit ganzheitlichen Gesundheitsprodukten. Mir gefällt seine pragmatische Art im Umgang mit Elementarwesen. Ohne besondere Hellsichtigkeit bespricht und bearbeitet er regelmäßig seine verschiedenen Lebens- und Arbeitsbereiche mit der Natur. Das war ihm durch die Co-Kreative Wissenschaft des Perelandra-Zentrums (USA) möglich, dessen Bücher, DVDs und Lösungen im deutschsprachigen Raum noch sehr unbekannt sind. Dieser Einstieg in die Zusammenarbeit mit Elementarwesen erscheint mir für sehr viele Menschen geeignet. (Kontakt zu Martin Kutternik: www.panosun.org, und zu Perelandra: www.pere landra-ltd.com)

Perelandra Zentrum für Naturforschung

Martin, du vertreibst Produkte und Essenzen von Perelandra, die in Kooperation mit Naturwesen entstanden sind. Was ist Perelandra?

Perelandra ist ein Zentrum für Naturforschung in Amerika, das sich aus den Impulsen entwickelt hat, die in Findhorn durch Dorothy Maclean gesetzt wurden, um mit der Natur bewußt zusammenzuarbeiten. Perelandra wurde von Machaelle Small Wright initiiert, die einen Garten anlegte und eigentlich garteln und im Herbst Suppen kochen wollte. So hatte sie es sich vorgestellt. Sie wollte keine Insektizide verwenden, sondern mit der Natur zusammenarbeiten, und sie ging an einen speziellen Platz, um das der Natur, wie auf einer Hochzeit, zu verkünden: »Ich möchte hier auf Perelandra das tun, was in Findhorn gemacht wurde. Ich möchte mit Devas und Naturwesen zusammenarbeiten. Ich lade euch alle ein! Ich bin jetzt bereit, von euch zu lernen.« Die Natur reagierte sofort, und sie nahm viele, viele Stimmen wahr und sagte: »Stop, einer nach dem andern!«

Man muß natürlich dazu sagen, daß Machaelle Small Wright eine ungewöhnliche Biographie hatte. Sie hatte eine ungewöhnliche Kindheit und viel innere Meditationsarbeit und spirituelle Entwicklung hinter sich, bevor die Kooperation mit den Naturwesen anfing. Sie gab sich dann mit enormer Verpflichtung und Hingabe dem hin, was die Natur sagte. Das war herausfordernd. Irgendwann, nur als kleines Beispiel, sagte die Natur, sie solle auf Tomatenpflanzen von einem bestimmten Dünger enorm viel drauf tun. Sie dachte: »Das kann nicht sein, das stimmt nicht.« Zufällig war gerade Dorothy Maclean in der Nähe, und Machaelle fragte sie: »Soll ich da wirklich so viel drauf tun?« Dorothy fragte: »Wer hat dir das gesagt?« Machaelle antwortete: »Die Natur hat es gesagt.« Und Dorothy: »Wenn die Natur das gesagt hat, solltest du das machen, da kann man sich drauf verlassen.«

Machaelle dachte sich: »Es ist ja schön, daß ich die Naturwesen höre und direkt mit ihnen kommunizieren kann. Doch was macht Otto-Normalverbraucher? Es ist unfair, wenn nur diejenigen, die zwanzig Jahre meditiert oder aus irgendeinem Grund spezielle Fähigkeiten haben, im Gleichgewicht mit der Natur produzieren und schaffen können.«

Und so entwickelte sie über die Jahre mit der Natur Methoden, die eine Zusammenarbeit mit der Intelligenz der Natur für die meisten Menschen ganz leicht zugänglich macht. Das »Kernstück« ist, daß man eine Verbindung mit der Natur aufbaut wie bei einem Telefonat. Diesen Konferenz-Call hat man dann im energetischen System des eigenen Körpers und kann ihn durch Kinesiologie, das heißt Muskeltests, abfragen. Natürlich verwendet die Natur auch die normalen Kanäle der Inspiration. Jeder hat Inspirationen – daß ich heute Freunde besuche oder morgen eine Reparatur in Angriff nehme oder etwas Spezielles erledige. Diese Inspirationen kommen durch Bilder, Gefühle oder daß plötzlich etwas interessant erscheint.

Machaelle hat also einen Weg, wie man einfach mit der Natur kommunizieren kann, beschrieben?

Ja, das Wichtigste ist, wenn man die Natur liebt und man mit ihr so zusammenarbeiten will, daß man zuerst ein »Coning«, eine innere Konferenz eröffnet und dazu die Deva des jeweiligen Projektes, Pan als Vertreter der Natur, die weiße Bruderschaft für den evolutionellen Fortschritt und das eigene höhere Selbst, das meinen Lebens- und Lernplan kennt und auch mit der Engelswelt verbunden ist, einlädt. Wenn man dieses Inspirationsumfeld aufgebaut hat, kann man mit Muskeltests faßbare Antworten bekommen. Ohne das Coning bringt der Muskeltest für die Zusammenarbeit nichts, da man ja sonst nur das eigene System abfragt. Die größte Herausforderung bei der Zusammenarbeit mit der Natur ist, den Glauben aufzugeben, daß wir wissen, was richtig ist. Machaelle sagt oft:

»Wenn du immer nur Antworten kriegst, die dir gefallen, machst du etwas falsch.«

Und wie ging es mit Perelandra weiter?

O.k., das sind mehr als 30 Jahre... und viele Bücher, viele Forschungen, viele Lösungen und Systeme wie man Projekte, Gesundheit oder sogar auch Mikroben im Gleichgewicht mit der Natur betreut... Machaelle betreibt den Forschungsgarten aktiv und lernt aus ihm. Sie sagt, nur bei ihr ist es zufällig ein Garten mit Gemüse und Blumen, es kann auch ein anderer Garten sein, wo man lernt, mit der Natur zusammenzuarbeiten. Für mich ist meine Firma mein Garten. Für andere ist es ein Buch schreiben oder ein Chemielabor. Alles um uns ist ein Garten, überall gestalten wir Menschen: Auf die Berge gehen überall Straßen, im Ozean schwimmen Plastiksäcke herum, die Atmosphäre wird elektromagnetisch verstrahlt und durch Flugzeuge und Abgase beeinflußt und es wird im Tiefsten gebohrt. Wir greifen überall ein und bauen gleichzeitig überall Mist. Es ist eine Mordsverantwortung, die auf uns lastet. Der ganze Planet wird von uns beeinflußt, wir wissen aber nicht, wie man etwas im Gleichgewicht mit der Natur machen kann! Ich sage immer: Fragt man drei Experten, hat man mindestens drei verschiedene Antworten, aber der eigentliche Experte, die Natur, wurde nicht gefragt.

Bekommt man in der Kommunikation mit der Natur die richtige Antwort?

Ich habe gelernt: Man braucht sich den Kopf nicht kratzen, um Lösungen zu erdenken, man muß sich nur überlegen, was die eigentlichen Fragen sind, und diese Fragen stellen. Ich muß nicht überlegen, welche Produkte ich in meiner Firma einführe, sondern ich muß mir nur überlegen, wofür will ich eigentlich meine Firma, wofür will ich den Garten? Die Produkte, das »Wie« liefert mir die Natur, und diese Lösungen sind in Balance mit der Natur und meiner Weiterentwicklung. Co-kreatives Arbeiten hat mir gezeigt, wie man eine direkte, sinnvolle Kommunikation zum wirklichen Experten aufbaut und nicht mehr raten muß, was richtig wäre. Da wir nicht mehr so viel Zeit, Geld, Luft, Wasser, Rohstoffe, Gesundheit usw. zu verschwenden haben, wir diesen Planeten aber immer mehr und mehr mit unserem Tun beeinflussen, können wir uns das Raten immer weniger leisten. Immer mehr müssen wir Dinge einfach richtig hinkriegen im Kleinen wie im Großen.

Einrichten eines Büros

Wie gehst du konkret vor?

Ich habe mir einmal ein Büro eingerichtet. Das war ein extremes Lernbeispiel. Denn ich habe mir vorgenommen, ich mache alles, jeden Schritt und Handgriff, genau so, wie die Natur es sagt. Das Büro war eine Baustelle, und ich wollte es in drei Wochen herrichten und dann einziehen. Die Natur aber sagte im Coning ich solle jede Woche nur einen Tag dort renovieren und mit der restlichen Zeit die Firma betreuen. Ich dachte mir: »Das ist ja komisch, das wird ja ewig dauern.« Ich habe aber sehr bald gesehen, warum das sehr hilfreich und richtig war. Erstens hatte ich mehr Energie und zweitens hatte ich noch eine Firma, mit der Geld hereinkam. Wenn ich mich drei Wochen mit nichts anderem beschäftigt hätte als renovieren, hätte ich keinen Geldfluß mehr gehabt. Ich habe eingesehen, das war viel intelligenter, als ich es hätte machen können.

Ein großes Ding war, als die Farbe für die Wand gewählt wurde. Ich dachte: »Bitte nicht, das kann nicht sein, nicht diese Farbe, wie kann es das grellste Orange sein, das es überhaupt gibt!« Ich hatte ganz viel Widerspruch: »Das ist das letzte Mal, daß ich mit euch etwas zusammen mache! Jetzt überlegt euch bitte, ob Ihr es euch nicht noch mal anders überlegen wollt. Wirklich dieses Orange? Wenn es wenigstens Biofarben wären?« Es waren aber keine Biofarben, sondern ganz normale, erschwinglich und einfach zu bekommen.

Als ich sie dann gestrichen hatte, war das Büro wunderschön! So schön, daß meine Frau damals sagte: »Ich will aber nicht, daß du nur noch im Büro bist.« Ich kam mir vor wie auf einer Urlaubsinsel. Wenn man im Sand liegt, die Augen zumacht und die Sonne durch die geschlossenen Augenlider scheint, hat man Orange. Und es war genau dieses Urlaubsorange mit einer weißen Decke. Doch die Natur sagte etwas später, ich solle die Fußleisten anmalen, mit Avokadogrün. Zuerst rebellierte wieder alles in mir. Doch bei uns in Österreich haben die Jalousien in Büros oft so ein Grün, und dadurch bekam es einen gewissen Bürotouch. Es war wieder ein Büro, und ich ging gerne auch wieder nach Hause; zuvor war es mehr eine Urlaubsinsel. Ich habe selber Farbtherapie studiert und wäre niemals darauf gekommen. Ich sah, daß die Natur einen viel weiteren Blick hat als ich.

Hast du auch die Natur gefragt, ob du das Büro anmieten sollst?

Ja, das war Teil meines Firmenprojekts. Aber die Projekte muß man sich immer selber überlegen. Die Natur wird nie sagen: »Ich möchte, daß du einen Garten anlegst.« Das ist unsere freie menschliche Entscheidung und Aufgabe.

Coning mit vier Intelligenzen

Wie hast du konkret diese Tips bekommen?

Durch die Conings und Muskeltests, wie sie von Machaelle Small Wright entwickelt wurden. Machaelle ist seit vielen Jahren in engem Kontakt mit einigen Mitgliedern der weißen Bruderschaft, diese haben das angeregt, denn sie wollen mit den Menschen *bewußt* zusammenarbeiten können und nicht nur durch Träume und Intuition.

Ein Coning ist ein Meeting von vier Intelligenzen, so wie ein sicheres Konferenzgespräch am Telefon, wo sich kein Fremder einschalten kann. Irgendwelche Astralwesen können da nicht plötzlich mitmischen. Dabei sind zwei Intelligenzen aus der Natur, erstens die Deva des Projekts. Wenn ich nicht weiß, wer das ist, sage ich: »Ich bitte um Verbindung zur entsprechenden Deva, die mir mit diesem Projekt helfen kann.« Zweitens bitte ich um Verbindung zu Pan. Er ist die Hauptschnittstelle zu den Naturwesen. Naturwesen gibt es unglaublich viele, in meinem Magen sind andere als in deinem, in jenem Zimmer sind andere als in diesem Zimmer, in dieser Pflanze sind andere als in jener. Man würde ganz närrisch werden, wenn man versucht, mit allen bewußt zusammenzuarbeiten. Die Natur hat gesagt, man braucht sich nicht mit allen einzeln auseinandersetzen, es reicht, wenn man zur Hauptschnittstelle, zu Pan, geht, der macht das dann schon.

Pan holt die Informationen von den einzelnen Naturwesen ein?

Ja, da brauchen wir uns darüber nicht den Kopf zerbrechen. Ich bitte also um Verbindung mit den entsprechenden Devas, zum Beispiel meines Büros und meiner Firma – zwei Devas also in diesem Fall – und Pan. Dann kommen noch zwei Intelligenzen aus der Seelenwelt dazu: Mein eigenes höheres Selbst, das beinhaltet meine eigenen Lernschritte und Bedürfnisse und sieht den größeren Plan, was ich hier auf der Erde erledigen sollte, was für mich hilfreich ist und was nicht so hilfreich ist. Und viertens die Mitglieder der weißen Bruderschaft, die bei diesem Projekt helfen können. Warum die weiße Bruderschaft? Das ist keine neue Organisation, sondern so alt wie die Menschheit und ein alter Name. »Weiß«, weil es strahlend ist und alle anderen Farben beinhaltet, und »Bruderschaft«, weil es eine Herzens-Verbindung ist.

Wer ist die weiße Bruderschaft?

Das sind hochentwickelte Seelen in der geistigen Welt, die die Evolution der Menschheit im Auge haben und unterstützen. Mit Evolution meine ich positiven Fortschritt. Ich kann auch einen Rückschritt machen, das ist Karma, wo ich mir selber sage: »Das hätte ich auch besser machen können, das hat mir nicht gut getan.« Ich kann Rückschritte machen und Seitschritte, wo ich nichts weiterbringe in meinem Leben, oder positiven Fortschritt. Die weiße Bruderschaft hilft, daß positiver Fortschritt herauskommt.

Ich verstehe. Mit der weißen Bruderschaft werden hilfreiche, lichtvolle Verstorbene und aufgestiegene Meister eingeladen. Reicht das Einladen, um das Coning zu eröffnen?

Ja, wenn man es ernsthaft und mit Fokus und Konzentration macht, reicht das. Wichtig ist es, nach dem Fragen das Coning auch wieder zu schließen, denn man braucht mehr Protein, wird mit der Zeit müde und man braucht zur normalen Arbeit diese Verbindung nicht mehr. Man hat ja jetzt die nötige Information, was zu tun ist.

Muskeltest

Beim Muskeltest gibt es nur Ja oder Nein als Antwort. Hattest du das schreckliche Orange in deinem Fragenangebot?

Ich stand vor dem Farbregal im Laden und habe sie gefragt: »Was wollt ihr?« und bin an den Farben vorbeigelaufen. Ich habe einfach alle Farben, die es gab, getestet, und bei dem Orange hat der Muskeltest reagiert.

Als mein Büro fertig war, hat die Natur gesagt: »Heute ist der Tag zum Umziehen.« Ich habe das Büro wie ein Transplantationsorgan behandelt, ganz vorsichtig transportiert und behütet. Ich zog aus einem Zimmer in meiner Wohnung in das neu renovierte Büro um. Es hat super geklappt. Dann kam ich nach Hause und meine Frau sagte: »Heute ist mir der Föhn runtergefallen, und er ist kaputt.« Dann brach ihr ein Kleiderbügel ab. Am Abend drehte ich am Wasserhahn, und ein Teil brach ab, und beim Kochen flog mir Öl auf die neuen Schuhe. Ich dachte mir, das ist aber komisch! Am nächsten Tag in der Früh – es war eine Wohnung im zweiten Stock – ging ich die Treppe hinunter, rutschte aus und hätte mir fast das Genick gebrochen.

Fünf solche Sachen, das ist zu viel. Eine oder zwei, o.k., aber so viele Pannen, da stimmt etwas nicht! Ich ging zur Natur und sagte: »Jungs, seit gestern ist alles komisch hier. Wir haben viele kleine Unfälle. Mir kommt das nicht geheuer vor.« Und da ist mir etwas klar geworden: Ich habe ein Organ herausgenommen und mich darum gekümmert, aber um den Spender, die Wohnung, habe ich mich nicht gekümmert. Diese war vorher immer im Gleichgewicht, weil ich sie betreut habe. Jetzt habe ich plötzlich etwas herausgenommen und mich nicht mehr gekümmert, wie es ihr damit geht. Diese Lektion habe ich gelernt und habe durch Naturprozesse die Wohnung wieder in ein funktionierendes Gleichgewicht gebracht.

Ich finde diese Zusammenarbeit mit der Natur ganz toll. Ich bin ein ganz normaler Mensch und habe nichts Besonderes hinter mir. Ich interessiere mich zwar für diese Dinge und mache mir Gedanken. Aber was ich für Fortschritte gemacht habe in meinem Weltverständnis, wie Realität funktioniert und wie ich Probleme lösen kann, das finde ich enorm! Vor ungefähr zehn Jahren hat mir jemand beim Mittagessen davon erzählt. Ich kaufte mir ein Buch, studierte es und versuchte es bei jedem Projekt anzuwenden.

Du hast es nur aus Büchern gelernt und keine Kurse besucht?

Es gibt gar keine.

Geht das?

Ich kann dir zwar sagen, was gut ist in einer Partnerschaft – ab und zu Blumen mitzubringen und zu flüstern: »Ich liebe dich« – Aber im Grunde kann es dir kein anderer zeigen. Du mußt selbst die Beziehung zur Natur aufbauen und pflegen.

Meine Frau hat sich damals dafür interessiert, nicht so stark wie ich, aber den kinesiologischen Test haben wir gemeinsam geübt. Dabei ist wichtig, daß der kleine Finger und der Daumen zusammengehen. Denn die Natur erklärt, daß das verschiedene Ströme sind. Bei den ersten vier Fingern ist es ähnlich, beim kleinen Finger ist es anders, deshalb fühlt es sich auch fremder an, wenn man mit dem kleinen Finger den Daumen berührt.

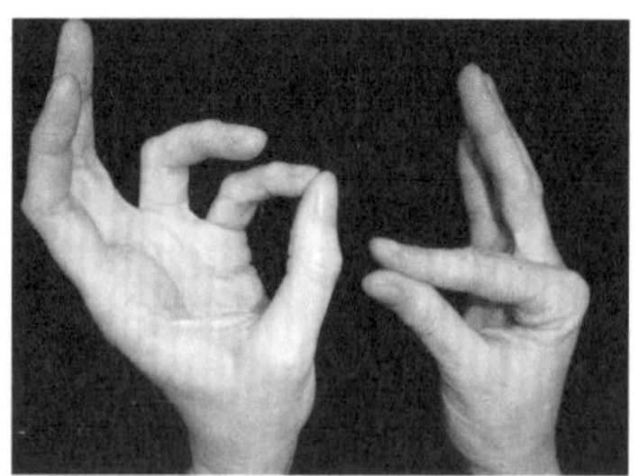

Du hältst also den kleinen Finger und den Daumen zusammen und gehst dann mit dem anderen Daumen und Zeigefinger hinein...

... wie so ein Entenschnabel, quack, quack, quack.

Der äußere Kreis von Kleinem Finger und Daumen ist der Testkreis. Ich konzentriere mich auf die jeweilige Frage und versuche, den Testkreis zu brechen. Wenn der Testkreis stark und geschlossen bleibt, während der Entenschnabel auseinandergedrückt wird, ist dies ein Ja. Zum Beispiel: »Ist mein Name Martin?« Der Kreis bleibt geschlossen – ja.

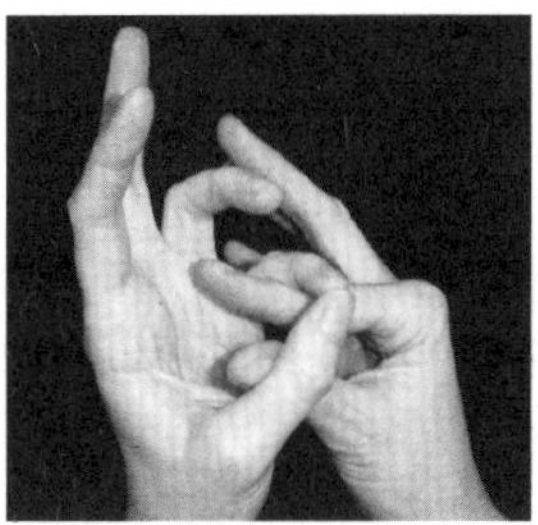

Wenn der Testkreis schwach wird und sich öffnet, während der Entenschnabel dagegengedrückt wird, ist das ein Nein. »Ist mein Name Klaus?« Der Testkreis wird schwächer und öffnet sich – nein.

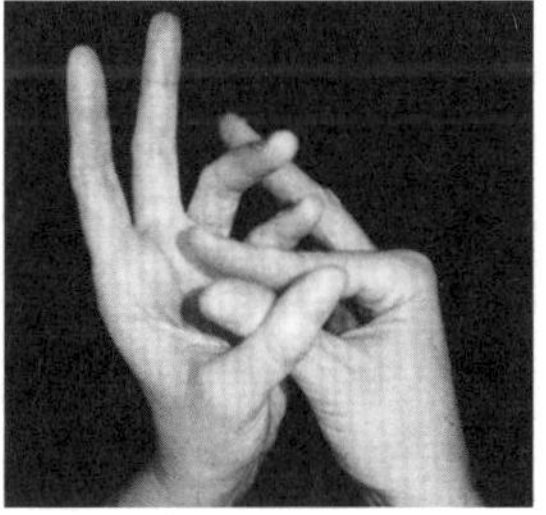

Natürlich kann man das sehr leicht mit dem Kopf beeinflussen. Das ist die wesentliche Übung, daß man dem ganzen neutral gegenübersteht. Mir muß es egal sein, ob Martin oder Klaus herauskommt. Deshalb soll man nicht anfangen zu fragen: »Habe ich Krebs?«

Denn da dreht der Kopf total durch. Was auch nicht geht, sind Fragen wie: »Soll meine Schwester diesen Typen als Freund haben?« Denn woher soll mein System wissen, was für den anderen gut ist? Und es geht mich auch nichts an. Die Pflanze oder das Büro sind auch nicht in meinem System, aber wenn ich mich mit ihnen durch ein Coning verbinde, dann teilt die Pflanze mir über die Verbindung mit, ob sie etwas Physisches braucht oder einen Energieprozeß oder Essenzen. Entscheidend ist, vorher eine Verbindung aufzubauen. Wenn ich keine Verbindung aufbaue, bekomme ich Sachen, die ich selber bzw. mein Körper will, und nicht, was in Balance mit dem großen Ganzen steht.

Gibt es außer dem Muskeltest noch andere Wahrnehmungswege, die du empfehlen kannst?

Man könnte auch pendeln. Die Natur arbeitet auch mit Bildern, Impulsen und Gefühlen. Aber das wird für die meisten Menschen nicht der Hauptweg sein, da die wenigsten zwanzig Jahre Meditationserfahrung haben und klar innerlich unterscheiden können, wann es sie selbst sind und wann sie es nicht sind.

Das Schöne an dieser Kooperation mit der Natur ist, daß jeder es machen kann. Man fängt mit kleinen Projekten an, zum Beispiel mit dem Ziel, das Zimmer zu harmonisieren. Ich machte da lustigste Erfahrungen. Die wollten, daß ich zwei Bilder am selben Platz aufhänge. Ich dachte mir: »Am selben Platz, was soll denn das?« Und fragte: »Soll ich die übereinander hängen?« »Ja, übereinander, eines höher, das andere darunter«, war die Antwort. Das war super, und die Bilder haben mich für Jahre inspiriert. Ich selbst wäre im Traum nicht auf diese Idee gekommen.

Wie ist deine Erfahrung mit anderen Menschen, können die das umsetzen?

Wenn ich Vorträge gebe, wollen zwischen zehn und zwanzig Prozent lernen, wie es geht, und sie haben eigentlich keine Probleme. Zuerst teilt man der Natur mit, daß man von ihr lernen will, dann nimmt die Intelligenz der Natur eine neue Rolle ein und es geht los. Neben den Büchern gibt es auch DVDs, die fand ich sehr hilfreich. Und es gibt einen Newsletter von Perelandra, der heißt »Voices«, in dem stehen Erfahrungsberichte drin, Geschichten wie: Ich hatte eine Ratte in der Garage, die hat alles angeknabbert. Wie habe ich mit ihr eine Verbindung aufgebaut, damit sie glücklich ist und ich glücklich bin? Oder es geht um die persönliche Gesundheit, Gärten, Tiere oder Erfahrungen mit dem MAP. Diese »Voices« sind jetzt frei auf der Perelandra Webseite zugänglich.

Medical Assistance Program

Was ist MAP?

MAP ist die Abkürzung für *Medical Assistance Program*, das in einem so lautenden Buch genau beschrieben wird. Das MAP-Programm ist dafür da, daß man an sich selber arbeitet, an der eigenen Gesundheit, an physischen, mentalen, emotionalen und spirituellen Fragen und Problemen. Das Prinzip ist immer dasselbe, daß es zwei aus der Natur und zwei aus der Seelenwelt für ein Coning gibt. Für mein MAP-Programm ist es mein höheres Selbst, die »overlighting deva of healing«, die weiß wie Heilungsmuster funktionieren, Pan und die »medical unit« der Weißen Bruderschaft. Da habe ich mein eigenes Team mit eigenen Sessions. Die erste Session ist eine Scanning Session. Dort machen sie eine Bestandsaufnahme, wie meine Verfassung ist. Daraus teilen sie mir ein Team zu, das ideal für mein Leben ist. Wenn sie Experten brauchen, zum Beispiel einen Zahnexperten, holen sie sich den selber, darum braucht man sich nicht kümmern. Wer mit MAP starten will, braucht unbedingt das Buch dazu. Am Anfang, in der Scanning-Session, bekommt man ein eigenes Codewort.

Wofür braucht man ein Codewort?

Mit dem Codewort bekommt man einen direkten, schnelleren Zugang.

Ein rotes Telefon? Wenn man sich auf das Codewort besinnt, ist man gleich in Verbindung?

Wenn man zum Beispiel einen Unfall hat, sagt man: »Ich bitte um ein Notfall-Coning, *Freudenvoll* ist mein Codewort.« Und dann unterstützen sie mich während des Krankenhausaufenthaltes.

Ich habe verschiedene Teams. Ich habe ein Team, mit dem ich über mein Haus rede. Ich habe ein Team für meine Vortragsarbeit. Und dann habe ich ein »professional MAP-Team« für meine Therapiearbeit mit Leuten und ein weiteres Team für mein Unternehmen. Für jedes Projekt ein eigenes.

Was sind die Unterschiede dieser Teams?

Ich kann für meine Firma zwei verschiedene Teams bilden. Einmal, daß ich die Deva meiner Firma einlade, Pan, Weiße Bruderschaft und mein Höheres Selbst, mit denen kläre ich Betriebsentscheidungen oder Werbemaßnahmen. Das ist super praktisch und hilfreich bei den tausend alltäglichen Entscheidungen, und eben aber auch herausfordernd. Das andere Team ist ein professionelles Team, wo es darum geht, daß ich die Werkzeuge, die ich als Martin, als Kaufmann habe, möglichst gut verwende. Dieses arbeitet mit mir, wie ich mit den Leuten am Telefon rede usw.. Der Unterschied zwischen diesen beiden Teams sind die Mitglieder der Weißen Bruderschaft. Es gibt verschiedene Zuständigkeiten der Weißen Bruderschaft. Im Laufe der Zeit lernt man die unterschiedlichen Teams kennen.

Menschen leiten Naturwesen

Gibt die Natur auf alles eine Antwort?

Nein. Normalerweise informieren die Engel die Naturwesen. Der Engel steht über der Deva und informiert diese, was zu tun ist. Die Deva ist der Bauplan, und die Mechaniker sind die Elementarwesen. Doch das ändert sich, jetzt steigen wir Menschen dazwischen. Wir können immer noch die Engel fragen, welche Inspirationen sie haben, aber wir Menschen informieren nun die Naturwesen. Das können wir im Gleichgewicht und partnerschaftlich machen oder nicht. Den Naturwesen ist das egal, denn letztlich haben wir die Probleme. Vom Bildungszentrum Cluny in Forres kenne ich ein schönes Beispiel. Es wurde damals nur die Deva kontaktiert und gefragt: »An der Mauer wächst Efeu hoch, was sollen wir machen?« »Nichts.« »Ja, aber dann geht die Mauer und das Haus kaputt.« Und die Deva: »Ja, na und?« »Ja, aber dann gibt es das Cluny-College nicht mehr.« »Ja, na und?«

Der Deva war das komplett egal, bis herauskam: »Ah, du möchtest, daß das Cluny-College bestehen bleibt, ja dann sage ich dir, was du tun mußt.« Die Natur hat kein Urteil, ob etwas gut oder schlecht ist, sie manifestiert einfach nur die Impulse. Deshalb ist die bewußte Einbeziehung der Weißen Bruderschaft und des Höheren Selbst in der Zusammenarbeit mit der Natur und ein klarer Dialog auch so wichtig.

4. Konrad Graul

FÜR MICH IST NICHT ENTSCHEIDEND, WIE WEIT ICH KOMME, SONDERN WIE ICH WEITERKOMME

Wir wollen nun drei Landwirte besuchen, um zu hören, wie deren spezielle Erfahrungen mit Elementarwesen sind. Konrad Graul betreibt eine Demeter-Landwirtschaft umgeben von Wald 40 km südlich von Ulm, zusätzlich macht er Waldarbeit und Gartenbau. Ein großer, kerniger Mann. Trotz Studium entschied er sich für ein beschaulicheres Leben auf dem Lande. Da er Vorträge über Elementarwesen in Gemeinden der Christengemeinschaft hielt, nahm ich Kontakt zu ihm auf. Er hat einen ganz anderen Ansatz als Martin Kutternik, er fragt die Elementarwesen nicht, sondern ist im Willen mit ihnen zusammen.

Agnes und ich kamen am Nachmittag an. Konrad Graul zeigte uns seinen Hof, brachte uns in eine Holzhütte, die ihm als Rückzugs- und Studienort dient, und ging in den Stall. Ich nutzte diese Gelegenheit, legte mich auf die Eckbank und machte ein Nickerchen. Ich hatte nicht lange meine Ruhe: Bald drängte sich ein sehr aktives Wesen auf, das mich freudig und stolz durch den Stall und Hof führte. Ich konnte dabei nichts Physisches sehen, nur Kräfte und Stimmungen. Dann rüttelte mich dieses Wesen aus meinem Halbschlaf und sagte: »Du solltest jetzt aufwachen, gleich kommt er!« Etwas benommen öffnete ich meine Augen, gleichzeitig ging die Türe auf und Konrad Graul kam herein. Wir setzten uns an den Tisch, rechts von ihm blieb ein Stuhl frei – aber nicht lange. Das Elementarwesen, das mich im Halbschlaf durch den Stall geführt hat, erschien dort grinsend. Dieser Stallmeister umhüllte aurisch Konrad Graul und war sehr stolz auf ihn. Er tat geradezu so, als ob ich mit ihm ein Interview vereinbart hätte für ein Buch »Zusammenarbeit mit Menschen« und er mir nun »seinen Menschen« zeigen wolle.

Die Pflanzung eines Waldes

Konrad, wie arbeitest du als Landwirt mit den Elementarwesen zusammen?

Mein Einstieg ist das Tun. Ich pflanzte z. B. einen neuen Wald mit 2500 Bäumen, ein Mischwald mit 20 verschiedenen Arten und außen herum vier Reihen Hecken. Ich habe zu jedem einzelnen Baum Kontakt, indem ich an ihm jahrelang arbeite. Wenn ich die Bäumchen ausschneide, überlege ich mir, welche Ästchen nimmst du weg? Entscheidend ist nicht, welcher Ast wegkommt, sondern die Beschäftigung mit dem Baum. Die Wahrnehmung und Pflege spürt er, und deshalb ist es ein Kulturwald.

Für mich ist die geistige Welt eine Selbstverständlichkeit, sie umgibt mich, jeder Handgriff ist begleitet, das weiß ich. Aber ich muß nicht bei jedem Handgriff das zuständige Wesen fragen, ob ich es so machen darf, und ich erlebe auch keine einzelnen, persönlichen Elementarwesen. Für mich ist die Tätigkeit das Entscheidende. Zum Beispiel können mich die Elementarwesen bei der Waldarbeit beraten, das geschieht aber nicht bewußt. Das geht so spontan und plötzlich, daß ich davon überrascht werde. Ich weiß, das kommt nicht von mir, weiß aber auch nicht genau, woher es kommt.

Ich nahm zu größeren älteren Bäumen Kontakt auf und bat sie, für die neu gepflanzten Bäumchen Patenschaft zu übernehmen. Ich suchte mir eine schöne Birke, die ich kenne, und sagte ihr: »Kümmere dich bitte um die neu gepflanzten Birken.« Eine schöne Eiche bat ich um die Patenschaft für die neuen Eichen. Ich suchte die

Paten für Baumarten, nicht für jeden einzelnen Baum, das wären zu viele gewesen.

Du hast also die Faune der jungen Bäume mit einem erfahrenen alten Faun verbunden, damit sie von ihm lernen können. Eine richtige Baumschule!

Das Erstaunliche war: Jeder hat mir vor der Neuanpflanzung des Waldes gesagt, die Mäuse werden dort viel kaputtmachen. Normalerweise erwartet man einen Ausfall von bis zu 50 %, bei mir war der Ausfall nicht einmal ein Prozent. Von 2500 Bäumen sind vielleicht 20 verdorrt oder von Mäusen gefressen worden. Das nehme ich als Zeichen, daß die Elementarwesen gut mitgeholfen haben.

Ich pflege die Begleitung der Naturwesen, indem ich im Sommer und Frühjahr täglich am Abend in den neuen Wald gehe, eine Lemniskate laufe, die ich dort mit besonderen Baumarten hineingepflanzt habe, und in der Mitte ein Gebet spreche. Die Dankbarkeit an die Natur ist das Wichtigste.

Baumfällen

Jedes Jahr fälle ich Hunderte Bäume. Manchmal sind es schöne alte Bäume, bis zu 120 Jahre alt. Ich beende das Leben eines Baumes, das ist nicht so einfach. Um das zu lösen, gehe ich vor dem Fällen in den Wald, schaue die Bäume an und bereite sie darauf vor. Wenn der Baum krank ist, sage ich ihm in Gedanken: »Ich muß euch aussortieren, damit die anderen Bäume besser wachsen können.« Wenn ich gesunde Bäume fälle, tröste ich die Baumwesen damit, daß ich sage: »Ihr habt eine viel höhere Entwicklung, wenn aus euch Möbel gemacht werden. Ihr könnt so den Menschen dienen und mit diesen zusammenleben.«

Direkt vor dem Fällen nehme ich noch einmal Kontakt mit dem Baum auf. Bevor die Motorsäge kommt, muß ich ihn anfassen und mit den Händen halten – es reicht nicht nur gedanklich – und ihn so verabschieden. Wenn der Baum fällt, läßt man schon aus Sicherheitsgründen einen Schrei los. Das mache ich auch alleine, wenn niemand in der Nähe ist. Das ist »ein Begleiten« des Baumes. Viele Holzfäller schreien – juristisch nur aus Sicherheitsgründen, in Wirklichkeit ist es auch eine Erlösung für den Menschen. Er braucht diese Art »Urschrei« ebenso.

Waldarbeit mit der Kettensäge ist eine harte Sache. Das Entscheidende ist die Vorbereitung und die Pause. Ich arbeite nur 4 - 5 Stunden, 8 Stunden kann man nicht mit der Motorsäge arbeiten. Jede ¾ Stunde, wenn die Säge betankt werden muß, setze ich mich hin und mache eine Pause. Da kann ich gut wahrnehmen, werde ruhig und gehe auf das ein, was geschieht. Im Herbst fällt Blatt für Blatt herunter, ein Windstoß kommt und wirbelt wieder alle Blätter hoch. Da bemerke ich, es ist belebt, es ist getragen von irgendwelchen Wesen, und dann kommt bei mir wieder ein Gebet, und ich erkenne den Zusammenhang zwischen dem, was man tut und denkt, und dem, was in der Natur geschieht. Diesen Zusammenhang sollte man möglichst oft herstellen. Aber ich frage nicht die Elementarwesen, was ich tun soll oder darf. Sonst sitze ich unentschlossen im Wald draußen zwischen den Bäumen und heule vor mich hin. Dies entspricht nicht meiner Auffassung von Arbeit und Tätigkeit.

Naturerlebnisse als Kind

Wie hat sich dieser innigliche Kontakt zur Natur bei dir entwickelt?

Ich bin auf dem Bauernhof aufgewachsen und brauchte die Tiere auch für die seelische Wärme. Wenn es mir schlecht ging, ging ich in den Kuhstall und habe manchmal bei den Kälbern geschlafen. Meinen entscheidenden Impuls in Richtung geistige Wahrnehmung bekam ich in der Zeit des Kühehütens als Siebenjähriger. Diese Naturerlebnisse waren wie geschenkte Einweihungen. Die Luftwesen sind meine Lieblingswesen. Man liest ja immer wieder, daß man in die Elementarwesen hineinschlüpfen soll. Als Kind bin ich mit diesen mitgeflogen, zum Beispiel, wenn eine Lerche aufstieg.

Was erlebtest du dabei?

Ich habe bei einer letzten Versammlung von Demeterbauern davon erzählt. Ich schlug eine Glocke mit einem Hornschlägel – ein Mitbringsel aus Nepal, also eine Himalaya-Yak-Glocke. Die Glocke ist in fast allen Religionen das Instrument, um religiöse Vorgänge zu begleiten. Die Glocke hat eine segnende Wirkung. Im Johannesevangelium heißt es: »Am Anfang war das Wort.« Welches Wort? Es war sicherlich nicht deutsch, nicht hebräisch. Vielleicht war es nur der Klang. Es gibt ein Märchen, daß der Herrgott am Himmelsfirmament spazierenging und dort, wo sein Spazierstock aufstieß, da entstanden Löcher, das sind die Sterne. Ein ganz phantastisches Bild.

Und man stelle sich vor, der Herrgott hatte auch noch eine Glocke dabei, und jeder Klangtropfen, der durch den Kosmos strömte und irgendwo Materie fand, ist ein Urbeginn. Wenn wir die Glocke umdrehen, haben wir einen Kelch. Nach oben ist er Kelch, Gral, nach unten ist er Glocke. Nach oben ist es Opfer, nach unten ist es Segnung.

Jetzt gehen wir in die Natur, wo ist die Lerche? Wenn sie hoch steigt, ist sie in der Mitte zwischen Gralskelch und Glocke, zwischen Opfer und Segnung. Und was tut sie? Hochsteigen, trillern, trillern, die Erde segnen mit ihrem Klang, und das Opfer emportragen. Und der Mensch, der diesen Vorgang wahrnimmt und geistig dankend begleiten kann, befreit dadurch die Elementarwesen. Die Stimmung dieses Bildes hatte ich wohl unbewußt, als ich als Kind die Lerche beobachtete. Deshalb kann ich heute dieses Bild entstehen lassen. Ich las bei Rudolf Steiner zur Landwirtschaft, und das ist geradezu Poesie: »Die Natur wird gesegnet durch den Gesang der Lerche.« Das war eine schöne Bestätigung.

Ich sagte den Bauern: »Setzt euch nächsten Sommer hin und verfolgt den Gesang der hochsteigenden Lerche. Der Gesang ist eigentlich gar nicht besonders schön, fast schon penetrant, aber die Geste, die sie macht, ist faszinierend. Wenn sie hochsteigt, trägt sie das Irdische hoch ins Himmlische, und von oben bringt sie das Himmlische herunter und segnet die Erde. Es ist ganz wichtig, daß so ein Vogel bleibt.« – Was hat diese Geschichte mit den Elementarwesen zu tun?

Das hat viel mit ihnen zu tun, das ist deine Art, wie du dich in die Natur hineinlebst und dein Herz öffnest.

Aber ich kann nicht sagen, das ist dieses oder jenes Wesen, das ist für mich auch nicht wichtig.

Deshalb finde ich gut, daß wir dieses Gespräch führen. Vielen Menschen geht es so wie dir. Sie haben intensive Naturerlebnisse, können diese aber nicht individuellen Wesen zuordnen.

(Der Stallmeister neben Konrad meldet sich und grinst als ob er sagen will: »Schau, Konrad arbeitet so gut mit den Elementarwesen zusammen, obwohl er uns gar nicht direkt erlebt. Das macht uns überhaupt nichts aus!« Gleichzeitig ist mir klar, daß ich Konrad nichts von dem Stallmeister erzählen sollte, da er es als aufgesetzt empfinden würde. Stattdessen frage ich:)

Wie bist du überhaupt auf das Thema Elementarwesen gekommen?

Luftwesen

Bei mir ging es so los, daß ich Erlebnisse mit den Luftwesen habe, seit dreißig Jahren. Wenn ich in Ruhe in die klare Luft sehe, erscheinen diese Lichtfunken. Ich bin zum Augenarzt, keiner konnte es nachvollziehen, keiner konnte es sehen, nur ich. Ich schaue mit beiden Augen nicht in eine Richtung, aber dennoch scharf, lasse nichts verschwimmen, und langsam entstehen im Himmel diese Punkte, wie eine Lasur, und beginnen sich zu bewegen. Es können auch dunkle Punkte sein, in der Regel sind es helle Punkte, meteorartig, kurz aufleuchtend, aufflackernd und weg. Bei Steiner las ich dann seine Beschreibung der Luftwesen, ohne Form, ohne Kontinuität, nur ein Aufblitzen und wieder weg. Da konnte ich verstehen, was ich seit Jahren wahrnahm, denn die Beschreibung bei Steiner entsprach exakt meiner Wahrnehmung.

Wie kann man mit dem physischen Auge Elementarwesen sehen, die gar keinen physischen Leib haben?

Es ist so, eine Tatsache. Es ist nicht nur physisches Sehen, denn ich muß mit meinem Bewußtsein dabei sein. Wenn ich von einem Vogel abgelenkt werde und diesem folge, dann sehe ich die Luftwesen nicht mehr.

Man kann das damit erklären, daß das Auge nicht nur physisches Organ ist, sondern auch eine Äther- und Astralebene hat. Normalerweise achten wir aber nur auf die physische Ebene des Auges.

Das Erleben der Luftwesen war mein Einstieg, deshalb kann ich das Wirken der anderen Elementarwesen verstehen, auch wenn ich sie nicht wahrnehme. Die Luftwesen sind mir intus seit meiner Kindheit, auf Hunderte von Metern kann ich am Flugverhalten sagen, was für ein Vogel es ist. Wenn ein Vogelschwarm kommt, reißt es mich vom Hocker. Wenn die Raben ihr »Onk« rufen, klingt das wie Mysterienworte aus uralten vergangenen Zeiten.

Wie erklärst du in deinen Vorträgen die Elementarwesen?

Ich habe weiter bei Rudolf Steiner gesucht und das Gefundene in Schautafeln geordnet: die Namen der Elementarwesen, ihre Arbeit in den Pflanzen, in den Tieren, wie sie sich von uns Menschen schieden, ihr Opfer. Die Verbindung der Erdwesen zu den Kröten, der Wasserwesen zu den Fischen, der Luftwesen zu den Vögeln und der Feuerwesen zu den Insekten. Das Zirpen der Grillen am Abend ist Feuerwesenmusik. Es gibt auch einen Zusammenhang zwischen Instrumenten und Elementarwesen. Trommel und tibetischer Mönchsgesang passen zu den Erdwesen, die Streichinstrumente zu den Wasserwesen, Flöte zu den Luftwesen. Ich beschreibe die Arten der Naturwesen, klassifiziere aber nicht in einzelne, individuelle Elementarwesen. Es gibt einen Zusammenhang zwischen dem Tanzen des Mückenschwarms und den Lichtpunkten, die ich sehe. Der Mückenschwarm bewegt sich ähnlich und macht ständig kleine Sprünge, als ob das Mückenschwarmwesen auf den kleinen Meteor-Luftwesen reitet.

Gedichte und Aphorismen

Manchmal entsteht aus meinen Erlebnissen ein Gedicht oder eine kleine Geschichte. Ich bin nicht ständig dabei, geistige Höhepunkte zu produzieren, sondern es sind jahrelange Prozesse, bis etwas reif ist. Das lerne ich von den Kühen. Das Entscheidende an der Kuh ist das Wiederkauen, so sollte der Mensch denken. Wenn wir Menschen denken würden, wie die Kuh verdaut, hätten wir reifere Ergebnisse. Ständig wiederholen, immer wieder durcharbeiten, dann kommt es verdaut heraus.

Stundenlang sitze ich draußen, jede freie Stunde, abends, sonntags. Wer mich so sieht denkt, ich würde schlafen. Ich schlafe aber nicht, sondern bin hellwach. Jede Kleinigkeit nehme ich wahr. Langsam fallen die Blätter, da fällt eines, dort fällt eines. Das sind Sterbeprozesse. Wie ist das mit Menschen? Genauso wie das Blatt langsam herunterfällt, steigt die menschliche Seele wieder hoch. Jedes Blatt ist individuell und fällt anders. Tausende, Millionen Blätter. Kein Blatt fällt herunter wie das andere! Das muß man sich einmal vergegenwärtigen, was das bedeutet: Da muß doch jemand dabei sein, der das verursacht. Dann denke ich, das sind wohl die Elementarwesen.

Deshalb habe ich mir auch diese Hütte gebaut, damit ich meine Ruhe habe. Jeder Wassertropfen wird zum klingenden Erlebnis. Mit dem Ziegeldach hört man jeden Tropfen. Das Schönste ist, wenn sich der Nebel auf den Ästen sammelt, und ab und zu macht es: dop, dop. Jeder Tropfen klingt anders, ist individuell, und es gibt einen Rhythmus. Wenn ich einmal einschlafe, ist das kein Problem. Nach Jahren des Überlegens kam ein Aphorismus heraus:

»Laß doch den Regen reden,
er hat mehr Tropfen,
als Worte je du finden wirst.«

Im Jahr vielleicht ein oder zwei Gedichte, die nur durch die Versenkung in einen Naturvorgang entstehen. Im Erleben der Weide entstand folgender Spruch:

Die Weide:
»Ich öffne die Erde dem Himmel entgegen,
zu opfern ihr Blut den Lichteswelten,
zu heilen der Wesen schmerzleidendes Sein.«

Die Weidenrinde ist ein Schmerzmittel, das wußten schon die Indianer.

Getreide säen

Das Getreide wird mit einer Drillmaschine gesät, damit es in einer Reihe liegt. Ich habe immer alles selbst von Hand gesät, so lange dauert das nicht. Es ist ein ganz anderer Vorgang, ob es von Hand geschieht oder mit Maschine. Man wirft das Getreide in einem Bogen vor sich. Bei jedem Schwung sieht man die Getreidesamen wie einen kleinen Sternenhimmel, und es kommt der Moment, wo der Bogen seinen Höhepunkt erreicht hat, das Korn bleibt kurz »stehen« und fällt dann herunter. In dem Moment, wo das Korn stehenbleibt, da kann sich nach meiner Wahrnehmung jedes Korn mit »seinem Stern« und dem Kosmos verbinden und seinen »Impuls« bekommen. Das ist eine so andächtige Angelegenheit, dabei muß ich beten. Wenn man mit der Maschine sät, kann der Kosmos nicht mehr eingreifen, das Korn ist verschlossen und geht durch Röhren direkt in den Boden. Mit der Hand fliegt es durch die Luft, hat einen Haltepunkt und kann sich mit der Sternenkraft verbinden, liegt eine Weile im Sonnenlicht auf der Erde und wird dann eingeeggt. Das Säen wird so zu einer kultischen Handlung.

(Der Stallmeister ist immer noch ganz rege an unserem Gespräch beteiligt. Ich versuche, ihn ins Spiel zu bringen.)

Mit den Elementarwesen entsteht Zufriedenheit und Sinn

Wie ist deine Beziehung zum Stall, es gibt doch bestimmt einen Stallmeister?

Das habe ich mir noch nicht überlegt, ob es einen Stallmeister gibt, denn die Kühe sind ja da, die sind sehr real, eine Herde. Bauer und Tier, wer lernt eigentlich was von wem? Warum mache ich das überhaupt, jeden Tag ausmisten? Wir brauchen uns. Ich mache es, um mein Temperament in den Griff zu bekommen. Ein Choleriker paßt nicht zu Kühen. Eigentlich bin ich viel zu aufgeregt für Kühe, deshalb habe ich welche. Es geht von Jahrzehnt zu Jahrzehnt besser. Wenn du den Kuhschwanz ins Gesicht bekommst, und du schlägst zurück, dann tritt sie aus und du liegst auf dem Boden. Das ist mir auch schon passiert. Manchmal übernehme ich das Kuhwesen und singe »passend«, das hört sich dann an wie tibetischer Mönchsgesang. Da werden sie ruhig. Wenn ich aufgeregt bin, fangen die Kühe sofort zu tanzen an. Natürlich ist das je nach Kuh und Rasse etwas unterschiedlich.

Wie verändert sich durch das Hereinnehmen der Elementarwesen dein Verhältnis zum Hof?

Erst dann entsteht Zufriedenheit. Erst durch die Einbeziehung der geistigen Welt macht dieser Hof Sinn. Materiell betrachtet ist er viel zu klein und sinnlos. Trotzdem ist der kleine Betrieb ein Glück, er ist erfüllender Lebensraum.

Zum Schluß ein persönliches Anliegen: Die Welt der Elementarwesen ist geistige, nicht physische Realität. Die Kommunikation mit ihnen ist: fühlend-denkend-geistig. Also sind Begriffe wie »Sprache« und »Worte« im Umgang mit den Elementarwesen nur sehr begrenzt angebracht. Wichtiger wäre, daß die Menschen lernen, untereinander der Bedeutung von Sprache und Wort gerecht zu werden. Denn:

»Der Wort-Ort
ist fort
dort……

Der Wort-Ort
ist fort
dort
wirst du ihn finden
wo schweigen du kannst.«

Auf der Heimfahrt beschäftigte mich das Erlebnis mit dem Stallmeister. Ich habe viele Menschen besucht, die Elementarwesen individuell erleben können und mir einzelne Elementarwesen vorstellten. Hier war es genau anders herum: Konrad Graul erlebt die Elementarwesen nicht individuell, und er wurde mir vom Stallmeister vorgestellt! Offensichtlich ist es den Elementarwesen nicht so wichtig, daß sie bewußt erlebt werden. Wenn ein Mensch im Herzen offen ist, können sie mit ihm kommunizieren und kommen voll auf ihre Kosten und sind stolz auf ihren menschlichen Freund.

5. Eckart Irion

Der Hof als Spiegelbild meiner selbst

Agnes und ich fahren weiter zum Hof Grub, 60 km östlich von München in der bayerischen Voralpenlandschaft. Der Demeterbetrieb liegt in einer Mulde, zu drei Viertel von Wald eingebettet, und wird vom Verein für Pflanzenzucht Hof Grub e.V. getragen. Wir besuchen Eckart Irion, Bauer und Getreidezüchter. Dieser erlebt den Hof als seinen persönlichen Schulungsweg und benützt einen besonderen Weg zur Wahrnehmung der Elementarwesen.

Was machst du als Getreidezüchter?

Pflanzen für biologischen Anbau müssen Stoffe und Kräfte aus einem viel weiteren Umkreis nutzen können als Pflanzen für die konventionelle Landwirtschaft. Es braucht etwa zehn Jahre, bis eine neue Getreidesorte steht. Eine gezüchtete Pflanze hängt sehr stark mit den Menschen und der Kultur zusammen. In dieser stecken viele Gedanken und Gefühle, die der Mensch mit ißt. Wenn das Getreide hoch ist und eine Elastizität im Wind hat, können wir Menschen elastischer auf das Leben reagieren, wenn das Getreide kurz ist und bei Wind nur vibriert, vibrieren wir Menschen auch nur ein bißchen. Wenn das Getreide eine schöne leuchtende Ausreifefarbe hat und nicht glas-grau fahl ist, dann berührt uns das Leuchten, wenn wir Brot essen.

Ich beobachte die Pflanze, ob und wie sie auf meine Auslese reagiert, und ich schaue mich selber in der Pflanze an. Das hätte ich mich vor drei Jahren noch nicht getraut zu sagen. Die Züchtung ist ein Spiegel und ein Selbstläuterungsprozeß, wenn man die Läuterung versteht und anzunehmen weiß. Zu jeder Züchtung gehört ein Mensch.

Auch der Acker ist ein Abbild von mir. Um das zu sehen, muß ich bereit sein, in meine dunklen Seiten zu sehen, wo ich noch nicht geläutert bin. Da gibt es zum Beispiel Unkraut, das sind Begleitpflanzen, sie gehören dazu und können mir viel sagen. Sie sind allerdings in der üblichen Betrachtung ein Element in der »Kampforganisation« Landwirtschaft: Man bekämpft als Landwirt Unkräuter, bekämpft Insekten, bekämpft die Bürokratie, kämpft und kämpft. Doch letztendlich bekämpft man diejenigen, mit denen man zusammenarbeitet!

Die Elementarwesen, die machen die ganze Arbeit für uns, und wir nehmen sie gar nicht wahr. Auch die Maschinen haben mit mir zu tun. Das war mein Einstieg damals, im Sommer 1994 gingen ständig Maschinen kaputt, und ich war ratlos. Nicht nur die alten ungepflegten Maschinen gingen kaputt, sondern auch neue und ausgeliehene. An einem Abend ging ich meinen Gedanken nach, es kam der Impuls zu einem Biotop auf dem Hof zu gehen, und in der Abenddämmerung sah ich zwei Autowracks, ein Mähwerk, Plastiksäcke, Plastikschnüre, und ich habe einen Riesenschreck bekommen! Die Elementarwesen brachten mich durch die Maschinenprobleme dazu, innezuhalten und wahr-zu-nehmen.

Wollten Sie dir sagen, daß du erst einmal aufräumen sollst?

Es ist ein Elementarwesen-Platz, und in der Landwirtschaft ist es oft so, daß solche sensiblen Plätze als Müllplätze verwendet werden. Warum das so ist, habe ich noch nicht durchschaut, aber an mehreren Höfen bemerkt.

Vor zwei Jahren beim Heuen stand der Kreisler mit vier Rädern plötzlich senkrecht hinter mir. Es ist ein Splint rausgegangen, die Deichsel ging in die Erde und so hat es ihn hochgezogen. Ich stieg ab und suchte einen bestimmten Platz auf, ging in die Stille, dachte ein paar Worte als Brücke und stellte die Frage, was ist los? Dann kam in mein Bewußtsein postwendend, das und das ist zu tun. Wenn ich den Kontakt ausreichend gepflegt hätte, wäre es nicht notwendig gewesen, daß der Kreisler sich hochstellt.

Entdeckung und Pflege der Elementarwesen

Du erlebst also deine Hofarbeit als einen Kommunikationsprozeß mit lebendigen Partnern, den Elementarwesen. Wie hat sich das entwickelt?

Kurze Rückblende bevor ich den Hof übernahm: Ich bin in einem Dorf aufgewachsen, mein Vater war Apotheker. Während meiner Ausbildung – teilweise lebte ich in der Stadt, teilweise schon hier – stieß ich auf Vorträge von Rudolf Steiner über Elementarwesen. Das war damals aber noch abstrakt, und ich dachte, das ist etwas für meine nächste Inkarnation. Dann kam 1995 das Buch von Marko Pogačnik über Elementarwesen heraus, im Herbst '95 gab es ein Seminar von Marko Pogačnik und Robert Powel zum Thema »Eurythmie und Elementarwesen«. Das war für mich absolut faszinierend, eine gewisse Methodik zu bekommen und dann hinauszugehen und selbst wahrzunehmen! Mit der Zeit habe ich bemerkt, daß ich selbst doch etwas wahrnehme.

Schon damals habe ich angefangen, die Elementarwesen-Sprüche von Rudolf Steiner als Brücke zu nehmen. Wenn es hieß, da ist ein Feuerwesen, konnte ich das nicht direkt hellsichtig erleben, sondern ich habe den Spruch »Empfange liebend Götterwillenskraft!« genommen und beobachtet, ob ich damit dort hinfühlen kann. Wenn ich ein Feuerwesen mit dem Erdwesen-Spruch anspreche, passiert nichts, doch mit dem Feuerwesen-Spruch gibt es eine Resonanz, ein Gefühl »es stimmt« kommt zurück.

Dann hat die Geomantin Maria Weig aus Eggstätt den Hof untersucht und mir wichtige Elementarwesenplätze gezeigt. Wir hatten Probleme mit der Wasserleitung, sie fand ein Elementarwesen, das zugedeckt war und dem wir halfen. Ich brachte jeden Sonntag allen Elementarwesengruppen ein Geschenk, einen Stein, ein Schälchen Wasser, eine Kerze und Gesungenes für die Luft.

2006 gab es ein Unglück auf unserem Hof, ein Mitarbeiter hatte einen Unfall mit dem Traktor und starb dabei. Seither gehe ich jeden Tag eine Runde zu wichtigen Orten. Ich spreche draußen Teile der Elementarwesen-Sprüche, das Vaterunser und Teile aus der Grundsteinmeditation von Rudolf Steiner: »Göttliches Licht, Christus-Sonne... Das hören die Elementargeister im Osten, Westen, Norden, Süden; Menschen mögen es hören.« Teilweise spreche ich auch den Prolog aus dem Johannes-Evangelium. Das ist das Gerüst und meine Brücke für das tägliche Gespräch. Ich hatte das Bedürfnis, das Beten in die Natur zu verlegen.

Im Kontakt zu den Elementarwesen sind mir drei Dinge wichtig: erstens die Brücke durch diese Sprüche, zweitens die Regelmäßigkeit und drittens der Schulungsweg: Wie gehe ich mit meinen dunklen Seiten um, wie wirken die Widersacher in mir?

Gespräch mit Elementarwesen

Du pflegst also seit 15 Jahren die Beziehungen zu den Elementarwesen?

Am Anfang war der Kontakt explosiv, da hat sich vieles aufgestaut. Die Elementarwesen mußten auch lange warten, bis ich den Weg zu ihnen fand. An dem Platz, den man geomantisch schwarze Madonna oder Transformationspunkt nennen kann, war es am Anfang eine Herausforderung für mich, es fand ein harsches Gespräch statt, wo gesagt wurde: »Gehe erst einmal mit deiner eigenen Aggressivität und deinen dunklen Seiten um, anstatt andere zu kritisieren.«

Wenn ich in ganz konkreten Angelegenheiten frage, bekomme ich manchmal eine Antwort, manchmal kommt gar nichts zurück.

Oder es kommt etwas verzögert an, und es ist ein komisches Gefühl dabei. Für mich ist beim Fragen wichtig, daß ich mich auf Christus beziehe, und dann kommt es mit einer ganz bestimmten Energie. Manchmal hat es eine andere Schwingung, und ich empfinde: Nein, das ist etwas anderes, einer der sich einmischenden Versucher oder meine eigene Geschichte. Ich achte immer darauf zu unterscheiden. Die Antworten kommen bei mir in Worten an.

Woher weißt du, daß es nicht deine eigenen Worte sind?

Natürlich sind es meine eigenen, auch wenn sie von den Elementarwesen inspiriert sind. Denn wenn mein Wahrnehmen mir bewußt wird, geht das nur mit meinen Worten als Einstieg. Oft kommt eine Antwort ganz spontan, sofort. Wenn es kompliziert ist, ist der einfachere Weg, klare Fragen durchzugehen, die man mit Ja oder Nein beantworten kann.

Ich fragte zum Beispiel die Feuergeister, wie kann ich in der Züchtung erreichen, daß an bestimmten Pflanzen die Körner größer werden und sich besser ausdreschen lassen? Sie haben mir präzise gesagt, daß sie bedürftig für das Hornmist-Präparat 500 sind, und es gab bestimmte Terminvorschläge. Wie verbindlich sind diese Dinge? Man hat natürlich eine große Freiheit. Einmal fragte ich den Hafer etwas, und der Wächter teilte mir mit: »Das hat heute keinen Wert, komme wieder, wenn deine Emotionen geklärt sind.«

Es ist für mich leichter, wenn ich direkt an den Ort gehe, wo ein Wesen fokussiert ist. Ich gehe jeden Tag hin, auch wenn ich keine Frage habe. Wenn ich auf Reisen bin, mache ich einen Kurzdurchgang aus der Ferne.

Was hat sich für dich durch den Kontakt mit den Elementarwesen geändert?

Vorher machte ich meine Arbeit, war begeistert, hatte aber automatisch meine materialistischen und intellektuellen Handtaschen und Rucksäcke dabei. Ich hatte meine Bilder aus der Wissenschaft, wie man mit dem Boden umgeht, wie eine Pflanze funktioniert und dachte, ich bin derjenige, der die Puppen tanzen lassen kann. Das ist jetzt mit den Elementarwesen ganz anders. Ich werde permanent von der Natur angesprochen, mich zu verändern, zu öffnen und zu hören. Ich kann aber nur meine Ohren aufmachen, wenn ich nicht mehr der Macher bin. Das ist auch bei den Maschinen so, du kannst gerne Macher sein wollen, aber sie bestimmen, wenn du eine Pause machen mußt.

Handwerker oder Bauern, die aus einer tiefen Überzeugung arbeiten, machen es in einer unendlichen Liebe. Ein paar Ortschaften weiter ist ein alter Säger, er ist auch noch Müller nebenher, ich fahre gerne mit meinem Holz hin und sehe ihm zu, mit welcher Leichtigkeit er diese schwere Arbeit mit den Baumstämmen macht, kaum vorstellbar! Da helfen Elementarwesen mit. Mit den drei F's, fleißig, fromm, freudig, das ist eine gute Basis, um mit den Elementarwesen gut zusammenzuarbeiten.

Vorher bei der Hofbegehung haben wir festgestellt, daß jetzt im Winter viele kleine Elementarwesen weg sind. Wo sind diese hin?

Sie ziehen sich in die tieferen Erdschichten zurück. Dort tanken sie sich bei Mutter Erde auf. Ich kenne einen ätherischen Eingang, in den sich die Elementarwesen, die sonst mit dem Acker beschäftigt sind, im Herbst zurückziehen. Dort fühlt es sich jetzt ganz lebendig an, die Bude ist voll. An der Öffnung befindet sich ein großes Erdwesen wie ein Wächter oder Kristallisationspunkt für die Elementarwesen. Wenn es im September kalt wird, taucht dieses Wesen auf, so als ob es die kleinen Elementarwesen rufen würde, und meistens Mitte Oktober verschwinden diese an einigen wenigen Tagen. Dann passiert lange nichts mehr, und wenn es im Februar ganz warm ist, taucht ab und zu die Stimmung auf, daß einige herauswollen, aber noch nicht dürfen. Normalerweise kommen sie im März wieder aus der Ätheröffnung heraus, und diese verschwindet dann. Das ist meine Wahrnehmung. Diese Öffnung habe ich gefunden, weil ich einfach danebensaß. Zu sitzen und sich zu freuen ist ein guter Weg, um mit den Elementarwesen in Kontakt zu kommen.

Agnes und ich arbeiten in unseren Kursen in Anthroposophischer Meditation gerne mit den Elementarwesen-Sprüchen von Rudolf Steiner. Eckart Irion benützt diese Sprüche sogar als Wahrnehmungsorgan! Es gibt wirklich sehr viele Hilfsmittel zur Wahrnehmung der Elementarwesen.

Diese Sprüche wurden von Rudolf Steiner in einem Vortrag am 4. November 1923 in Dornach eingeführt und kommentiert (abgedruckt im Band Nr. 230 der Gesamtausgabe). Die Elementarwesen sprechen in den »Worten der Mahnung« Klartext zu uns Menschen, dann charakterisieren sie sich selbst. Es sind sehr prägnante Meditationssätze.

Die Elementarwesen als Vermittler zwischen der Erde und dem Geistkosmos

Worte der Mahnung

Gnomen: Du träumst dich selbst
Und meidest das Erwachen.

Undinen: Du denkst die Engelwerke
Und weißt es nicht.

Sylphen: Dir leuchtet die Schöpfermacht,
Du ahnst es nicht;
Du fühlest ihre Kraft
Und lebst sie nicht.

Feuerwesen: Dir kraftet Götterwille
Du empfängst ihn nicht;
Du willst mit seiner Kraft
Und stoßest ihn von dir.

Charakteristik ihres eigenen Wesens

Gnomen: Ich halte die Wurzelwesenskraft,
Sie schaffet mir den Formenleib.

Undinen:	Ich bewege die Wasserwachstumskraft, Sie bildet mir den Lebensstoff.
Sylphen:	Ich schlürfe die luft'ge Lebekraft Sie füllet mich mit Seinsgewalt.
Feuerwesen:	Ich däue die Feuerstrebekraft, Sie erlöst mich in Seelengeistigkeit.

Moralischer Eindruck der also gehörten Weltenworte

Gnomenchor:	Erstrebe zu wachen!
Undinen:	Denke im Geiste!
Sylphen:	Lebe schaffend atmendes Dasein!
Feuerwesen:	Empfange liebend Götterwillenskraft!

(Rudolf Steiner, am 4. November 1923, GA 230)

6. Angelika Börger

Mit Feldern und Kühen zusammenleben

Angelika Börger betreibt eine kleine Landwirtschaft im Landkreis Diepholz südlich von Bremen. Als Späteinsteigerin begann sie erst mit 35 Jahren eine Demeterlehre als Bäuerin, vorher hatte sie eine Praxis für Massage und Heilfasten. Agnes und mich beeindruckte, wie intensiv und familiär sie mit ihren Kühen und Feldern zusammenlebt und sich auch von finanziellen Schwierigkeiten nicht aus der Ruhe bringen läßt.

Erdmutter

Wie bist du zu diesem Hof gekommen?

Ich war fast drei Jahre mit meinen Kühen unterwegs, um diesen Hof zu finden. Dann machte ich an einem Eichenplatz ein Ritual und hatte eine Art Einweihungserlebnis. Schon als ich dahin kam, fühlte ich viele Zwerge, die mich erwarteten. Ich machte eine Lichtmeditation, spürte die Erdmutter sehr intensiv, Licht ging durch mich durch, ich hatte das Gefühl, ich löse mich auf und werde zu Asche. Mir wurde deutlich gezeigt, daß die Kühe nicht meine Aufgabe, sondern Helfer im Prozeß sind. Ich malte das auch in einem Bild: Wie Lichtfunken vom Himmel kommen, durch den Menschen durchgehen bis in die Wurzeln und daraus etwas Neues wird. Es war klar, daß die Umsetzung ganz schlicht sein wird. Diesen Kontakt zur Erdmutter habe ich heute noch, sie ist meine Ansprechpartnerin. Auch wenn ich mit der Herde etwas zu klären habe, wende ich mich an die Erdmutter. Dieses Erlebnis hat mir die Basis gegeben, diesen Hof zu übernehmen, trotz meiner Zweifel, ob ich es schaffe. Mir war klar, ich kann die Landwirtschaft nur von innen heraus machen.

Kontakt mit den Feldern

Was heißt von innen?

Bevor ich in einem Feld etwas arbeite, gehe ich an den Rand, wie wenn ich ein Haus betreten würde, gucke, erlebe die Stimmung und frage das Feld, was es braucht. Oft habe ich das Gefühl, sie gucken zurück. Das erlebe ich als Stimmung im Herzen, die ganz toll auf mich überspringt. In einem Feld sehe ich mehr Wichtel, auf einem anderen mehr weibliche Wesen, auf einem dritten Feld an einer Aue viele Wasserwesen. An einer Ecke ist es ganz luftig, und wenn ich Sorgen habe, verschwinden sie dort, es wird alles leicht.

Ein Feld abzumähen, ist ein großer Eingriff, und ich gehe am Abend davor hin, um zu sehen, wie es dem Feld damit geht und bereite es darauf vor. Es sollte die Stimmung sein: Wir sind reif, wir wollen gerne geerntet werden!

Einmal brachte eine Praktikantin Saatgut von einem anderen Hof mit. Ich sagte ihr, sie solle dem Feld erst erzählen, woher das Saatgut kommt. Da sah ich innerlich auf dem Feld so etwas wie kleine Nußschalen, die darauf warteten, Samen zu bekommen.

Wenn ich mit anderen Menschen auf die Felder gehe, können diese die unterschiedlichen Stimmungen auch wahrnehmen. Dabei sollte man nicht am Physischen hängenbleiben. Von außen sieht ein Feld vielleicht traurig aus, weil nichts zu sehen ist, doch es ist ein lustiges Feld, und die Wesen dort mögen Tanz und Musik.

Ein Feld war in diesem Jahr sehr schwierig. Ich habe einen anderen Bauern darauf arbeiten lassen, doch er pflügte zu tief unter, die Arbeit von Jahren war vertan. Ich konnte mit meinen Maschinen nichts machen, säte von Hand aus, und mir erschien ein großer Engel, der Engel des Feldes. Da wußte ich, daß es wieder gut werden und in Balance kommen wird. Das brachte mich aus meinem Sorgenkreis heraus. Jedes Jahr habe ich ein Feld mit einem Thema, das ich durcharbeiten muß. In diesem Jahr ging es um das Thema, andere könnten mir die Arbeit abnehmen. Doch das geht so nicht, ich kann Arbeiten delegieren, muß aber genau sagen wie.

Von dem großen Wasserwesen bekam ich einmal eine richtige Aufgabe: Ich soll eine ausgehöhlte Kürbisschale nehmen und mit den Kernen einer bestimmten Sonnenblume und Wasser aus der Aue einen Tag auf dem Feld stehen lassen. Am nächsten Tag sollte ich es auf eine Obstwiese stellen und am dritten Tag unter die Eichen, dann sollte ich das Wasser um das ganze Hofgelände herum sprenkeln. Ich machte das genauso.

Ich erlebe die Elementarwesen in ausgeprägten und manchmal kitschigen Bildern. Ich las einmal in einem Artikel, das sei »wie im Kindergarten«. Ich finde es sehr schlimm, wenn das so heruntergemacht wird. Es würde nicht die Märchen geben, wenn daran nichts wäre. Marko Pogačnik hat einmal gesagt, sie zeigen sich so, wie man sie verstehen kann. Das hat mir geholfen. Ich habe Freude daran, wenn ich die Erdmutter wie Frau Holle oder auf dem Feld Zwerge sehe. Die Kinder sehen das ja auch so. Die Wesen müssen aber nicht so aussehen.

Hofmeditationen

Wie pflegst du die innere Verbindung zu deinem Hof?

Der Schlüssel für die Wahrnehmung ist liebevolles Interesse. Wenn man sich beeindrucken läßt und in die Stille geht, kommen Erlebnisse und manchmal Botschaften im Traum. Öfters widerspricht das dem landwirtschaftlichen Kopf, ist vielleicht schwierig umzusetzen, aber meistens ist es richtig. Wenn ich zu sehr in Emotionen bin, nehme ich diese ernst und versuche, sie zu lassen, damit ich in die Wahrnehmung komme. Das geht auch, wenn eine Kuh zum Schlachter muß: Ich nehme meine eigene Trauer ernst und lasse sie, damit ich wahrnehme, was mit der Kuh los ist.

Oft mache ich eine Meditation für den Hof, versammle innerlich alle und begrüße die Felder, Tiere, Menschen und Nachbarn. Daran schließt eine Lichtmeditationen mit drei Farben, das ist die Vorbereitung, dann stelle ich meine Fragen, die mich zur Zeit beschäftigen, und ich bekomme Ideen und Lösungen. Wenn ich das mache, merke ich, wie sich die Dinge ordnen und wie mir Hilfe zuteil wird. Das gibt mir viel Kraft, und ich lasse es mir nicht nehmen. Wenn ich nicht meditiere, ist die Gefahr viel größer, aus der Ruhe zu kommen.

Gemeinschaft mit den Kühen

Wie gehst du mit deinen Kühen um?

Ich beziehe die Tiere und den Hof bei Entscheidungen mit ein. Um zu verstehen, warum eine Kuh krank ist, setze ich mich neben sie, fühle es und bekomme manchmal eine greifbare Botschaft. Ich kann nicht nur einfach homöopathische Medikamente geben, ich muß schon verstehen, was los ist. Früher ging das, da konnte ich einfach ein Medikament geben, doch heute schlagen die Medikamente nicht mehr richtig an. Ich habe andere Möglichkeiten und muß mich mit der Kuh beschäftigen, auch auf geistiger Ebene. Manchmal reicht das. Ich habe schon öfters unsere Tierheilpraktikerin angerufen, alles genau geschildert, und wenn sie auf ein Medikament kam, reichte das schon aus, ich mußte es der Kuh gar nicht mehr geben. Aber ein: »Gib mal das« ohne tatsächliche Auseinandersetzung funktioniert bei mir nicht mehr.

Vor einigen Jahren mußte ich alle Kühe von heute auf morgen trockenstellen, weil ich meine Milchquote voll gemolken hatte. Ich habe das den Tieren in einer Sonntagsmeditation mitgeteilt. Als Antwort bekam ich von den Tieren, daß sie damit einverstanden wären. Ich spürte regelrecht, daß sie eine solche Ruhephase guthießen. Es klappte mit dem Trockenstellen wunderbar, obwohl sich die Kühe in den unterschiedlichsten Laktationsphasen befanden. Ein Jahr später, als ich dasselbe noch einmal machte, es aber kein überzeugendes Feedback gab, hatte ich große Probleme.

Damals steckte ich insgesamt in größeren Schwierigkeiten. Ich fand keine Frau, die mit auf den Hof einsteigen wollte, und hatte zudem noch Schulden im Dorf. Da hatte ich ein intensives geistiges Erlebnis mit einer Kuh, die ein Leittier ist. In einer Vision erlebte ich, wie ich von dieser Kuh durch das Wasser getragen wurde bis zum anderen Ufer. Ich war zu diesem Zeitpunkt kurz davor, den Betrieb aufzugeben. Dann starb mein Vater, der mir eine Erbschaft hinterließ, so daß ich meine Pachten bezahlen und meine Schulden begleichen konnte. In der Vision hatte ich schon erlebt, daß ich wieder Luft bekommen würde.

Es ist aber weiß Gott nicht so, daß das Mitwirken der Tiere immer angenehm wäre. Einmal ging ich früher zum Melken, weil ich anschließend mähen wollte. Doch die Kühe kamen nicht zum Melkwagen, was sonst nie ein Problem ist. Ich war zwei Stunden damit beschäftigt, die Kühe einzufangen und hatte keine Zeit und Lust mehr zum Mähen – zum Glück, denn am nächsten Tag kam ein überraschendes Gewitter! Mit nassem Gras kann man kein Heu für den Winter machen. Ich war zuerst wütend auf die Kühe, doch tatsächlich haben sie mir geholfen.

Manchmal ist der Umgang mit den Kühen erschütternd. Ich nahm mir einmal vor, die Jungtiere im Herbst von der Weide in den Stall zu bringen. Da es sehr naß war, konnte ich mit dem Traktor aber nicht hinfahren. Als ich am Abend auf den Hof kam, standen die Jungtiere bereits vor dem Stall und haben so selbst das Problem gelöst.

Wie läuft die Kommunikation mit den Kühen konkret ab?

Das ist ganz alltäglich. Am Morgen gehe ich in den Stall, laufe an allen vorbei, streichle sie und sage »Guten Tag«, dann füttere ich, miste aus. Beim Melken beginne ich bei jeder Kuh mit einer Begrüßung, gehe in einen energetischen Austausch und lege meine Hände auf die Kuh. Ich beende das Melken damit, daß ich mich richtig hinsetze, Kontakt mit der Erdmutter und zur ganzen Herde aufnehme, und sage dann: »Von der Erde die Kraft, vom Himmel das Licht, im Herzen wird gut, was in Liebe geschafft.« Dann stelle ich mir die ganze Herde vor und gehe noch einmal bei allen Tieren vorbei. Das dauert etwas.

Ich habe einmal für jede Kuh Tarotkarten gelegt, das war gut, die Tiere so einzeln zu sehen. Ich kenne die Tiere von klein auf, da tauchen Fragen auf. Wenn eine Kuh sich so verhält, daß ich damit nicht klarkomme, striegle ich sie oder setze mich mit dem Thema neben sie und richte mich an die Erdmutter. Manchmal bekomme ich Antworten. Ich sitze am Sonntag gerne bei den Tieren im Stall, ihnen gegenüber, und trinke manchmal Wein dabei. Zunächst fressen sie. Wenn ich erzähle, was mich gerade beschäftigt, werden sie still und legen sich hin.

Zwei von den Kühen sind für mich wie Schutzengel. Bei der Meditation erlebe ich sie immer hinter mir. In einem Winter habe ich mich oft zwischen die beiden gesetzt, mich entspannt und bekam unerwartete Einfälle und Lösungen.

Ich fühle mich wie eine Teamleiterin, die alle einbezieht, aber verantwortlich ist. Es ist ein Prozeß wie mit guten Freunden, so etwas entwickelt sich langsam. Man muß überhaupt erst einmal auf die Idee kommen, mit den Kühen so in Kontakt treten zu können.

7. Deert Jacobs

Elementarwesen im Theater, in Industrie und Kultur

Nach den Landwirten möchten wir uns nun fünf Künstlern widmen. Wir besuchen in Bremen Deert Jacobs, der durch Schauspiel seinen Zugang zu den Elementarwesen fand. Heute arbeitet er als Geomant und bietet Beratungen und Ausbildungen an. Mit Industrieunternehmen als Kunden hat er sich besonders mit dem Übergang der Naturwesen zu Kulturwesen beschäftigt. (Kontakt: www.geniusloci.info)

Ich kenne Deert Jakobsen vom Schloß Freudenberg in Wiesbaden, wo wir vor Jahren im Schloßpark den »Omnibus für direkte Demokratie « installierten. Das ist ein blauer Doppeldeckerbus mit Kupferkrone, der jetzt von Bienen bewohnt wird und mit über einer Million Unterschriften für die Einführung der bundesweiten Volksabstimmung angereichert ist.

Erleben von Elementarwesen durch Schauspiel

Deert, wie bist du mit Elementarwesen in Kontakt gekommen?

Ich glaube, meine ersten Begegnungen waren in schauspielerischen Übungen. Manchmal wurden Theaterfiguren so stark, daß das Umfeld anfing, mitzuspielen. Ein Beispiel: Frankreich, altes

Schloß, wir arbeiten viel nachts, Sommer, Wintergarten, offener Zugang zum Außengelände, alter knarrender Boden und ein Kaminofen darin. Wir entwickelten dort über Körperarbeit archetypische Figuren, zum Beispiel eine alte Hexe, die plötzlich auf der Bühne auftauchte in einer eigenartigen Körperhaltung und Körpersprache, die eigentlich für einen normalen Menschen nicht auszuhalten ist. Die Außenwelt reagierte so, daß eine Katze hereinkam, eine schwarze Katze, einäugig, und sich dieser Hexe auf den Schoß setzte. Sie blieb dort zehn Minuten sitzen und verschwand wieder – ward vorher nie gesehen, danach auch nicht mehr. Durch dieses Einsteigen in archetypische Theaterfiguren öffnete sich ein Raum, und die Umwelt fing an mitzuspielen.

Habt ihr damit bestimmte Elementarwesen angezogen?

Wenn ich als Mensch in eine bestimmte Tiefenschicht meiner eigenen Person, Biographie oder meines Körperraumes hineingehe, entsteht wirklich ein Wahrnehmungsraum, in den Elementarwesen mit einsteigen können – auch konkret als Katze.

Hast du noch andere Erfahrungen gemacht?

In einer Psychiatrie in der Nähe von Freiburg machte ich ein Jahr lang Nachtwachen in einer geschlossenen Station. Immer wieder klingelten Patienten, weil zum Beispiel auf dem Bettlaken ein Kobold saß oder ein Teufel oder weil in der Ecke des Zimmers oben ein Schlangennest war. Diese Wesen waren real, denn es war möglich, die Schlangen oder Kobolde an der Hand zu nehmen und hinauszuführen, worauf sich der Patient beruhigte. Diese Arten von Elementarwesen sind in der Psychiatrie präsent und ein Teil der psychischen Erkrankungen. Eigene Wesensaspekte werden so stark, daß sie von den Menschen in die Außenwelt hinausgedrückt werden und ein Eigenleben anfangen. Die würde ich aber nicht als Elementarwesen im landläufigen Sinne bezeichnen.

Ist es das, was Daskalos als Elementale bezeichnet?

Ja, das sind hinausgedrückte Persönlichkeitsaspekte. Bei der Nachtwache in der Psychiatrie war ich auf mich gestellt und mußte damit

Gerhard Reisch: »Diese beiden uralten, klugen Gnomen sind herangekommen, um sich »porträtieren« zu lassen. Für unsere Augen sind sie noch unsichtbar, sie zeigen sich in ihrer Äthergestalt nur dem selbstlosen Menschen, der gelernt hat zu schweigen und hohe geistige Lebensinhalte besitzt. Die Gnomen leben im Innern der Erde, im Felsengestein, im Wurzelgeflecht. Ihre Gestalt wandelt sich in mannigfaltiger Weise, ebenso verschieden sind die Stufen ihrer Intelligenz.«

TAFEL 1

Gerhard Reisch: *Zwei Gnomen mit blauer Blume*, 1967

Mineralpigment auf Papier, 73 x 68 cm, NE 03

Tafel 2

Gerhard Reisch: *König Laurin* [kein Datum]

Mineralpigment auf Papier, 73 x 68 cm, NE 06

Gerhard Reisch: »Diese mit gefühlvoller mütterlicher Gebärde über dem Wasser der *Jordanquelle* webende *Quellnymphe* hat mit den unter ihrem Schutz wirksamen Undinen seit langen Zeiten einen unermüdlichen Opferdienst zur Entwicklung und Förderung der Quellen der *Lippe* geleistet. Die Wirksamkeit der erfahrungsreichen *Nymphe* für die Lebendigkeit des sich zum fliessenden Gewässer bildenden Quellwassers gibt der *Lippe* an ihrem Geburtsort einen Anlauf mit jugendlich frischen Lebenskräften für ihren weiteren Weg bis dem zur Nordsee strömenden Rhein.«

TAFEL 3

Gerhard Reisch: *Nymphe an der Jordanquelle bei Bad Lippspringe*, 1961

Mineralpigment auf Papier, 68 x 73 cm, NE 12

Gerhard Reisch: »In den Undinen ist eine ungemeine zarte Geistigkeit, eine Geistigkeit, die eigentlich ihr Element da hat, wo Wasser und Luft sich berühren. Sie leben im feuchten Element. Ihr ganzes Bestreben besteht darin, sich davor zu bewahren, die bleibende Gestalt der Fische zu bekommen. Sie wollen in der Metamorphose bleiben, in der immerwährenden Verwandelbarkeit. Hier wurden sie an einem vom Sonnenlicht durchfluteten Wasserfall erlebt.«

TAFEL 4

Gerhard Reisch: *Undinen am Wasserfall*, 1970

Mineralpigment auf Papier, 86 x 62 cm, NE 18

Gerhard Reisch: »In und um jede Blüte, jede Pflanze, jeden Baum, überall in der Natur wohnen und wirken verzauberte Elementarwesen. Sie warten darauf, vom liebevollen Blick eines Menschen erlöst zu werden, um in höhere geistige Reiche aufsteigen zu können. Diese Blumenelfen hier fühlen sich beglückt, erkannt zu sein von einem wissenden Menschen.«

TAFEL 5

Gerhard Reisch: *Blumenelfen*, 1968

Mineralpigment auf Papier, 65 x 50 cm, NE 26

Tafel 6

Frances Ripley: *Keeper of the Oaks [Eichenhüter]*
aus *Visions Unseen: Aspects of the Natural Realm*, © Frances Ripley, 2007

TAFEL 7

Frances Ripley: *Hazel Elf [Haselnuß Elf]*

aus *Visions Unseen: Aspects of the Natural Realm*, © Frances Ripley, 2007

TAFEL 8

Frances Ripley: *Sandgoblin aus Findhorn, Schottland*

aus *Visions Unseen: Aspects of the Natural Realm*, © Frances Ripley, 2007

Tafel 9

Frances Riply: *Colletive Nature Energies [Kollektive Naturenergien]*
aus *Visions Unseen: Aspects of the Natural Realm,* © Frances Ripley, 2007

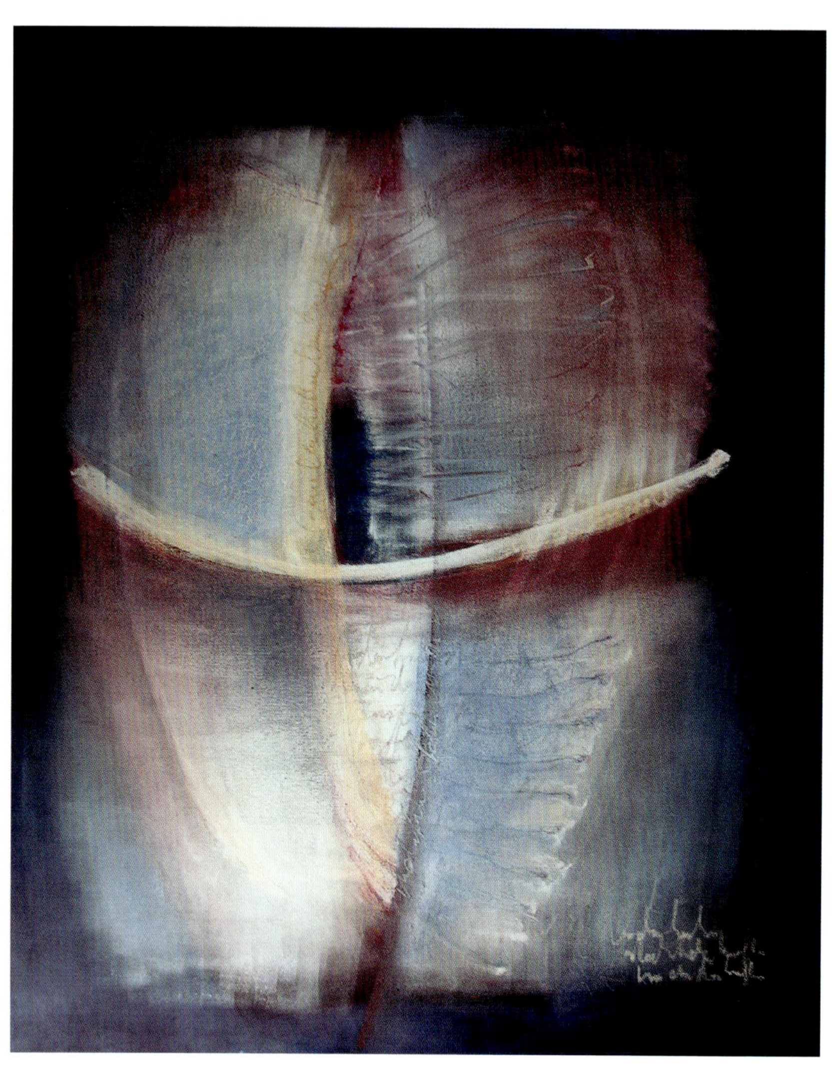

TAFEL 10

Ines Trost: *Ätherströme von Herzenergien*

TAFEL 11

Ines Trost: *Christuswesen*

Tafel 12

Franziska van der Geest-Geraets:
Einlauf der Rhone in den Genfersee, Bergflusshüter und Seehüter

Der Erzengel Michael ist der Hüter aller Elemente wie Wasser, Luft, Licht, Wärme, Mineral und Steine und aller Metallwelten.

TAFEL 13

Franziska van der Geest-Geraets: *Erzengel Michael der Hüter der Erde*, 2004

TAFEL 14

Franziska van der Geest-Geraets: *Muschelwesen*
Franziska van der Geest-Geraets: *Erscheinung am Meer*

TAFEL 15

Franziska van der Geest-Geraets: *Rio Grande, Heiliges Gespräch*
Franziska van der Geest-Geraets: *Diagnose-Bild mit Wasser vom Fluss*

TAFEL 16

Franziska van der Geest-Geraets: *Seelenbild von Chicago*, 2008
Franziska van der Geest-Geraets: *Suwannee River*, 2008

umgehen. Ich konnte die Wesen kennenlernen und vergleichen: Was erzählen die Patienten, was nehme ich wahr?

Danach fing ich an, im Schloß Freudenberg in Wiesbaden im Rahmen des »Erfahrungsfeldes der Sinne« das Außengelände zu gestalten und es teilweise als geomantisches Erfahrungsfeld auszubauen. Dort machte ich meinen schauspielerischen Diplomabschluß und entwickelte eine Theatermethode, die ich als »Raumbespielung« bezeichne. Ich ging weg von geschriebenen Stücken und habe mich mit der Atmosphäre von Räumen beschäftigt, viel nachts gearbeitet, geputzt, Kerzen angezündet, gesungen, musiziert, die Gedanken und Gefühle, die da waren, aufgeschrieben usw. Dadurch entwickelte sich ein Theaterstück, der Raum fing an, seine Geschichte zu erzählen, und einzelne Wesensaspekte des Raumes wurden zu Theaterfiguren. Damit fand ich eine Methode, Räume über die künstlerische Bespielung zu sanieren.

Vorher hatte ich Theatertherapie studiert, und nun stellte ich fest: Genauso wie man mit schauspielerischen Methoden Menschen therapeutisch unterstützen kann, kann man Räume heilen. Der Schloßpark war über lange Zeiten verwahrlost, was wir nicht in den Griff bekamen. Nach der Aufführung hörte die Verwahrlosung auf, und es kamen viele Kinder in den Park und fingen an, Baumhütten zu bauen. Das ist ein normaler therapeutischer Prozeß.

Auflösung eines Fluches

Es gab im Schloßpark einige Plätze, die mir wirklich Angst machten. Ansonsten habe ich in Parks und Wäldern, ob nachts oder tags, keine Angst. Doch dort waren gedrehte Wesen, die ich als Gegenüber wahrnahm, ähnlich wie in meinen Psychiatrieerfahrungen. Ich wußte, da ist etwas; die machen mir Angst. Aber ich kam da nicht weiter. In der Geomantieausbildung bei Marko Pogačnik lernte ich dann, diese Kräfte zu unterscheiden: Was ist das? Wie kann man mit ihnen umgehen?

Was hast du mit diesen angstmachenden, verdrehten Wesen gemacht?

Es stellte sich heraus, daß im Schloßpark ein alter Fluch hing, den die ehemalige französische Schloßdame in großer Panik aussprach, als ihre Ehe mit ihrem Mann zugrunde ging. Dieser Fluch machte sich selbständig und wurde wesenhaft, war nicht an einen Ort gebunden, sondern vagabundierte in Schloß und Park. Wir konnten den Ort finden, wo der Fluch gesprochen wurde, nahmen wahr und fanden heraus, was zu dieser Manipulation geführt hatte. Wenn man die Grundproblematik schauspielerisch freigegraben hat und die Ängste des Ortes sich zeigen dürfen, wie eine archäologische Grabung, dann löst sich auch das Problem. Die Geschichte des Ortes kann heilen.

Theaterstück mit Elementarwesen

Am Hohen Meißner inszenierte ich mit der Geomatie-Abschlußklasse von Marko Pogačnik ein »Theater für die Erde«. Wir spielten konkret mit Elementarwesen. An einem Ort mit vielen Elementarwesen bauten wir Masken und Verkleidungen und baten sie, dabei unsere Hände zu führen. Dann stellten wir ihm unsere Körper zur Verfügung, so daß die Elementarwesen hineingehen und mit diesen spielen konnten. Mehrere Schauspieler waren als Elementarwesen unterwegs. Das ist insofern spannend, da die Elementarwesen die Möglichkeit bekamen, körperlich zu werden. Und wir als Menschen durften spüren, wie sich ein Elementarwesen fühlt.

Wie fanden es die Elementarwesen, durch die Augen eines Menschen schauen zu können?

Die Elementarwesen haben keinen physischen, sondern nur einen energetischen Körper. Wenn sie eingeladen werden und der Mensch ihnen seine Beweglichkeit zur Verfügung stellt, haben sie die Möglichkeit, sich physisch auszudrücken. Das hatten sie seit langem nicht mehr, und so sagten sie: »Wauh!« Es wurde eine alte Verbindung zwischen Mensch und Elementarwesen wiederbelebt und eine Zeitlang ein Körper gemeinsam genutzt.

Wie seid ihr dabei konkret vorgegangen?

Jeder Mitspieler hatte sich ein Elementarwesen ausgesucht, ist an den Ort gegangen, wo das Elementarwesen wohnt, ist mit diesem in Kontakt gegangen, hat dort eine Maske gebaut, hat sich verkleidet und ist in die Bewegungsstruktur hineingegangen. Zum Teil waren auch Instrumente mit im Spiel. Das wurde eine größere Aufführung.

Also haben die Elementarwesen ihre Fokuspunkte verlassen?

Ja, genau. Wir sagten: »Ich übertrage jetzt den Fokuspunkt in die Maske und meinen Körper und trage ihn herum.« Wir mußten ihn danach aber wieder ablegen, sonst hätten wir Doppelbewohner gehabt.

Und die anderen Schauspieler konnten das so miterleben?

Ja, natürlich. Es gab eine Aufführung vor vierzig Leuten in der Dämmerung. Das Feedback der Zuschauer war, daß tatsächlich bei den anderen Elementarwesen, die nicht mitspielen durften, eine ganz große Neugier da war. Es ist schon toll, was da als Heilungsprozeß zwischen uns Menschen und den Elementarwesen passieren kann, wenn wir Menschen uns materiell und nicht nur seelisch-geistig einlassen – wenn wir wirklich hinuntergehen bis in die materielle körperliche Struktur hinein. Ich finde, Geomantie hat mit einem tiefen Materialismus zu tun, wirklich hinunterzukommen. Das größte Problem zwischen Menschen und Elementarwesen ist, den anderen wahrzunehmen. In dem rituellen »Theater für die Erde« lauscht und hört man, was der Ort erzählt, und gibt dem in einer Aufführung mit Zuschauern Aufmerksamkeit.

Das Vorgehen bei einer Ortsuntersuchung

Wenn du in einem Haus oder Garten bist und nach Elementarwesen Ausschau hältst, wie gehst du konkret vor?

Wenn ich gefragt werde, einen Ort oder ein Grundstück zu untersuchen, gehe ich im Gelände herum. Je nach Jahreszeit esse ich von diesem oder jenem, Beeren oder Kräutern, das heißt, ich koste das Grundstück. Ich guck mir alles an, wie der Himmel aussieht, was mir sonst noch auffällt, spreche mit ein paar Menschen und lasse mich führen bis zu einem Punkt, wo ich sage: »Jetzt möchte ich tiefer einsteigen.« Ich gehe also von der materiell sinnlichen Ebene tiefer hinunter und bitte darum, mit dem Elementarwesen in Kontakt zu kommen, welches verantwortlicher Chef des Grundstückes ist. Es antwortet sofort.

Es antwortet sofort? Wie das?

Ich spreche ganz naiv den Wunsch aus, mit dem Chef in Kontakt zu kommen. Damit strebt meine Aufmerksamkeit in eine bestimmte Richtung, und der folge ich. Im nächsten Schritt bringe ich mich in eine Herzstimmung hinein, die ich für mich als türkis bezeichne. Dadurch passiert so etwas wie die Senderwahl beim Radio. Und ich reduziere mein Tempo, verlangsame, passe mich den Elementarwesen an. Langsam komme ich herunter auf die Kontaktebene der Elementarwesen, wo sie ihren Mund, Augen und Ohren haben. Wenn ich in meinem normalen Alltagstempo bin, sehen sie mich nicht und ich sie nicht.

Wenn du eingestimmt bist, wie geht es weiter?

Das hängt von mehreren Faktoren ab: Was für ein Wesen ist es? Was ist mein Auftrag? Wo treffen wir uns? Auch bei Begegnungen zwischen Menschen hängt viel von dem Umstand ab, wo man sich begegnet. Der Kontakt mit einem Elementarwesen ist ein Senden von Herztönen, Herzantworten, Herzgedanken, so wie man vielleicht mit einem Säugling kommuniziert. Da sehe ich keinen großen Unterschied, außer daß man keinen Schnuller braucht. So stelle ich dem Wesen Fragen zum Ort, frage es, wo es herkommt und was es mir sagen kann.

Geomantische Baubetreuung einer Industriehalle

Was für Aufträge bekommst du von Firmen?

Ein Beispiel ist ein Autozulieferbetrieb, ein hochtechnisiertes Unternehmen. Die wollen eine neue Fertigungsstraße, 5.000 qm Halle auf einem ehemaligen Regenrückhaltebecken bauen. Dort hatte sich ein richtiges Biotop entwickelt mit Fröschen, Störchen und Binsen. Mein Auftrag ist die geomantische Vorbereitung des Bauteppichs. Das heißt konkret, die Natur- und Elementarwesen umzusiedeln, bevor alle Bäume gefällt werden, das Rückhaltebecken zugeschüttet und die Halle gebaut wird. Zuerst ging ich natürlich auf die Elementarwesen zu, um etwas über den Ort herauszufinden und auszuloten, unter welchen Bedingungen sie sich umsiedeln lassen.

Wie haben die Elementarwesen reagiert?

Wenn man lokal begrenzten Elementarwesen genug anbietet, lassen sie sich gerne umsiedeln. Sie wollen aber – das ist nicht anders als beim Menschen – das meiste herausholen. Sie möchten einen schönen Ort haben und lassen sich nicht auf eine Straßenkreuzung umsetzen.

Das heißt, du hast den Elementarwesen einen anderen Ort angeboten und gefragt, ob sie damit zufrieden sind?

Genau. Sie zeigen schon, was sie wünschen. Wenn ich sage, »schön, daß ihr da seid, aber ihr müßt jetzt irgendwo anders hin, weil ihr ansonsten unter Beton verschwindet«, geben sie sehr klare Wünsche an. Mit diesen Wünschen gehe ich zur Firma und sage, das und das Areal muß tabu bleiben und darf nicht bebaut werden. Wenn das die Firma zusagt, ist ein Pakt geschlossen. Die Firma könnte auch ohne Pakt bauen, aber dann wären unglückliche Elementarwesen auf dem Gelände, was zu Mißstimmungen und Störungen führen könnte. Die Industrie arbeitet heutzutage mit sehr sensiblen Maschinen und Computern, und die Mitarbeiterschaft ist auch zunehmend sensibel und verunsichert, weil sie Angestellte der Roboter sind. Wenn durch ein einbetoniertes Elementarwesen eine Irritation stattfindet und deshalb eine Produktion eine Abweichung von einem Mikrometer hat, gibt es eine Rückrufaktion und das kostet schnell Hunderttausende von Euro. Deshalb ist es für das Unternehmen extrem wichtig, daß die geomantischen Energien und die Elementarwesensebenen stimmen. Was sie mir zahlen, ist im Vergleich zu den Ausfallrisiken sehr gering.

Das hört sich erstaunlich an, daß sich ein Industrieunternehmen auf so eine Denkweise einläßt.

In den Firmen, mit denen ich zu tun habe, sind die oberen Manager in eine spirituelle Praxis eingebunden. Ohne diese könnten sie ihren Job gar nicht machen, denn sie tragen eine so große Verantwortung und müssen so fein herausfinden, was verändert werden muß, um schneller als der Markt zu sein. Meine Auftraggeber wissen, wovon ich spreche. Ich kann über Engel und Elementarwesen sprechen und mit ihnen zu Orten hingehen und wahrnehmen.

Spannend!

Sie bekommen mit, ob meine Aktionen funktionieren oder nicht, da sie selber eine Wahrnehmungsfähigkeit haben. Wenn sie merken, daß ich Euro X bekommen habe, es aber gar nicht funktioniert, erhalte ich keinen Auftrag mehr.

Rituale verbinden Mensch, Elementarwesen und Kosmos

Was gehört sonst noch zu einer geomantischen Baubetreuung?

Ein wichtiger Teil sind Rituale: ein Bauanfangsritual nach Abschluß der Planungsphase, Grundsteinlegung, Ecksteinlegung, Richtfest, Einweihung. Das sind für mich großartige Möglichkeiten, mehrere Dinge zu verbinden. Die Managementebene kann sich mit dem Grundstück und dem Bau konkret verbinden, sonst sitzen sie nur vor ihrem Schreibtisch oder jetten durch die Welt. Die Rituale sind wie ein Anhalten und Öffnen eines Zeit- und Energiestromes. Sie schaffen eine Verbindungsachse zwischen den höchsten Höhen der Engelwelt zu den Menschen, dem Ort und den Elementarwesen und bringen so etwas herunter. Nicht umsonst spricht man von Richtfest. Eine Idee wird aufgerichtet und für einen Moment aufrecht erhalten, bevor das Dach gesetzt, die Öffnung zum Himmel, die Verbindung zu den Engeln, zur Sonne, zur Witterung, zum Jahreslauf abgeschlossen wird und ein Kulturraum entsteht, in dem Neonlicht brennt. Ähnlich ist es mit der Grundsteinlegung. Bevor die Sohlplatte gegossen wird, verbindet man sich mit der Erde und schafft einen Grundstein, der die Erde in die Industriehalle hineinbringt.

In dem Regenrückhaltebecken standen viele Bäume, die die wesenhafte und energetische Struktur des Ortes hielten. Mit dem Chef der Firma hatte ich mich verabredet und eine große Zweimannsäge mitgebracht. Wir fällten eine Eiche. Vorher sammelten wir von ihr Eicheln, diese würden wir im Außengelände der Firma auslegen. Und dann sägten wir eine Stunde lang, ein schöner Akt. Wir legten den Baumstamm zur Seite und sagten, entweder werden es Möbel oder er wird als Skulptur aufgestellt. Es ging darum, bevor die großen Baumaschinen kamen und das Wäldchen mit Baggern plattgemacht wurde, sich eine Stunde Zeit zu nehmen und zu schwitzen, wirklich Hand anzulegen und nicht alles den Maschinen zu überlassen. Wir sammelten auch Beeren und Hagebutten, die ich zu einer Marmelade kochte. Was vorher Naturraum war, Eicheln, Beeren, Hagebutten, wurde durch das kleine Ritual zu etwas, was Menschen ernährt, zu Marmelade, so wie auch die Produktionshalle Menschen und Familien ernährt. Rituale gehören für mich immer zu Übergängen vom Naturraum zum Industrieraum. Aus Hagebutten werden Autoteile, die Menschen ernähren.

Landschaftselementarwesen und Landschaftsengel

Wie unterscheidest du Elementarwesen von Landschaftsengeln?

Elementarwesen sind aus der Erde entstanden und mit dem Menschen verbunden. Menschen und Elementarwesen sind von ihrer Genese her eigentlich eins.

Es gibt Landschaftselementarwesen, die haben eine Grundernährungsaufgabe für einen Landschaftsraum, nicht nur für einen Ort. Sie vermitteln zwischen den Energien tief in der Erde und dem Landschaftsraum. E.T.A. Hoffmann spricht im »Goldenen Topf« immer wieder davon, daß eine Schlange aufsteigt und zwischen unterschiedlichen Ebenen vermittelt. Diese sehe ich als die Grundernährung der Landschaft, und sie ist nicht umsiedelbar. Sie ist zu stark mit der Landschaft verbunden, sie ist die Landschaft. Man kann sie auch als *Genius Loci* bezeichnen, als Wesen der Landschaft. Dagegen sind die Landschaftsengel nicht mit der Evolution der Erde direkt verbunden, sondern sie sind astralen Ursprungs, Besucher aus dem Umraum des Erdplaneten und fokussieren sich unten auf der Erde.

Die Elementarwesen sind die Begleiter des Menschen von der Erde aus. Die Engel und Landschaftsengel haben damit zu tun, daß ein gewisser Wesenskern des Menschen gar nicht erdgebunden ist, sondern aus dem Umraum, aus dem Kosmos her kommt. Der Mensch steht für mich stark in dieser Spannung zwischen Erde und Kosmos. Die Engel sind ein Heimatanker für die kosmischen Wesensteile des Menschen. Das ist schon toll, was sich die Evolution da ausgedacht hat, einen Paternosteraufzug nach oben und nach unten zu machen.

Wie schwer ist es, einen Apfel als Apfel wahrzunehmen!

Was ist in deinen Augen wichtig für Menschen, die einen Weg zum Erleben von Elementarwesen gehen wollen?

Goethe hat so schön gesagt: »Es ist so schwer einen Apfel als Apfel wahrzunehmen.« Ich glaube, das ist der Schlüssel. Auf der einen Seite bei sich zu sein, aber nicht zu sehr bei sich und nicht zu weit weg von sich, wirklich bei dem Gegenüber zu sein, das man wahrnehmen möchte. Ob es ein Mensch oder ein Elementarwesen ist, ist hier egal. Es geht darum, wirklich zuzuhören, sich auf das Tempo seines Gegenübers einzustellen und klar zu sein. Klar zu sein heißt auch: Jetzt beginnt ein Gespräch und jetzt endet es. Ist das Gespräch gleichberechtigt oder taucht ein Gefälle auf, mache ich mich größer oder kleiner? Beide sollten das Gefühl haben, sie haben etwas davon. Für den Kontakt zwischen Mensch und Mensch und den Kontakt zwischen Mensch und Elementarwesen gelten die gleichen Gesetze. Nur häufig ist es so, daß ein Mensch laut sagt, das gefällt mir nicht. Ein Elementarwesen tut das auch, aber auf einer Ebene, die man erst verstehen muß.

Es besteht also die Gefahr, daß man das Elementarwesen überhört und einfach mit etwas zu…

… müllt, zumüllt und eigene Themen und Interpretationen daraufsetzt!

Kulturgeschichte verwandelt Elementarwesen

Das ist das eine, dazu kommt: Diese lustigen kleinen Gartenzwerge, die man in Gartenmärkten kaufen kann, haben mit der Realität schon etwas zu tun. Denn die Gartenzwerge mit ihren Laternen, Spitzhacken, Rauschebärten, Mützen und Lederstiefeln sind ein Abbild der Menschen, die damals als Bergarbeiter nach Erz schürften. Diese Zwerge sehen so aus wie die Menschen, mit denen sie über viele Jahrhunderte in den Bergen zusammengelebt haben. Elementarwesen sind in einer gewissen Wahrnehmungsebene doch materiell und tun einem den Gefallen, daß sie die Form des Gegenübers annehmen. Die sind gewissermaßen ein Spiegel. Wenn ich im Kontakt mit einem Elementarwesen meine eigenen Wünsche, Gedanken und Sehnsüchte mit hineinbringe, spiegelt es diese, und ich denke, das Elementarwesen antwortet mir mit dem, was ich gerne haben möchte.

Dann ist es ja schwierig herauszubekommen, was die Elementarwesen wirklich wollen?

Ja, das ist eine Schwierigkeit. Dazu kommt: Vielleicht hatte vor 30 oder 300 Jahren jemand, der dort wohnte, Kontakt mit den Elementarwesen und hat sie stark geprägt. Ich muß erkennen, ob ich es mit dem eigentlichen, dem »reinen« Elementarwesen zu tun habe oder mit einer Prägung des Elementarwesens von vor 30 oder 300 Jahren. Ich muß unterscheiden, ob ich das Elementarwesen oder die darüberliegenden Gedankenklänge und Wünsche des Menschen höre, der dort einmal wohnte.

Wie kannst du erkennen, was was ist?

Die Prägung eines Menschen ist auf einer anderen Senderwahl, Schwingungsebene wie das eigentliche Elementarwesen. Aber machen wir uns nichts vor, hier in Europa gibt es keine unbedarften Elementarwesen mehr. Wir sind hier seit mindestens 10.000 Jahren in einer Kulturgeschichte, und natürlich hatten die Alten immer Kontakt mit den Wesen. Ein Elementarwesen ist kein Naturwesen mehr, sondern ist zu einem Kulturwesen geworden mit einem gewissen Naturprozentsatz. Über die Kulturakte und Brüche, die in Deutschland passiert sind, die Römerzeit, Karl den Großen haben sich die Elementarwesen verändert. Sie sind keine unbeschriebenen Blätter mehr.

Elementarwesen in Neuseeland und Mexiko

Ich war längere Zeit in Neuseeland. Weite abgelegene Landstriche im Landesinnern haben erst seit kurzem Menschen gesehen. Ich erlebte, daß die dortigen Wesen noch keinen solchen Zivilisationsprozeß durchgemacht haben wie die europäischen Elementarwesen. Sie sind unbewußter, ungeformter, verschwommener und pflanzenähnlicher, fast wie Schmetterlinge. Ganz anders ist es in Mexiko. Dort laufen die Elementarwesen wie Maya-Schriftzeichen herum. Die alten Azteken, Mexikaner und Zapoteken haben untereinander in einer Bildsprache kommuniziert, und die Elementarwesen stehen dort nicht als Gartenzwerge herum, sondern sind als Hieroglyphen oder Bildzeichen unterwegs.

Heißt das, daß die Imagination eines Gartenzwerges in Mexiko zu nichts führen würde, da kein Wesen daran sichtbar wird?

Ja, dort gibt es keine Gartenzwerge, weder materiell noch elementarisch. Sondern in der Art, wie die mexikanischen Ureinwohner untereinander und mit der Natur kommuniziert haben, erscheinen dort die Elementarwesen. Sie haben einen Zivilisationsprozeß durchgemacht und die Bildersprache einverleibt. Elementarwesen sind ein bißchen wie kleine Kinder. Je nach dem Milieu, in dem sie aufwachsen, welche Körpersprache die Eltern haben, wie groß die

Wohnung ist, welche Bäume und Blumen sie sehen, wachsen sie in die Körperorganisation hinein. Wenn ein Kind in einer Atmosphäre der Großzügigkeit aufwächst, wird es eine andere Körperhaltung entwickeln als ein Kind, das immer Angst hat, eine um die Ohren zu kriegen, und das Gefühl, immer alles falsch zu machen. Das ist bei Elementarwesen ähnlich. Je nachdem, in welcher Kultur sie leben, entsteht eine andere feinstoffliche Struktur.

Der Quantensprung vom Natur- zum Kultur- und Technikwesen

Was erhoffen sich die Elementarwesen von uns Menschen?

Es gab eine Zeit, in der die Elementarwesen dafür sorgten, daß die Menschen kultiviert worden sind. Die Elementarwesen waren Lehrer der Menschen und haben diese in die Beseelung und die Elemente eingeführt. Als wir Menschen uns zunehmend emanzipiert haben von den Pflanzen und Tieren und diese zu Nutzpflanzen und Nutztieren machten, so emanzipierten wir uns auch von den Elementarwesen. Man sagte: »Warum brauchen wir euch noch, wir haben ja alles bekommen?« Aber seit der Jahrtausendwende ändert sich die seelisch-energetische Zusammensetzung der Erde, und langsam merken wir Menschen, daß wir unsere Kooperationspartner zu schnell vergessen haben. Über Elementarwesen kann man den Kontakt zu Orten schaffen. Sie können Fremdenführer sein und ermöglichen uns, einen Ort wirklich wahrzunehmen, dort wirklich anzukommen.

Nach meiner Wahrnehmung entsteht bei den Elementarwesen zunehmend eine große Irritation, da die kulturelle und wirtschaftliche Realität unserer Zivilisation sich so schnell verändert, daß sie nicht mehr mitkommen. Die Wesen brauchen von uns die Erfahrung, was im Moment auf der kulturellen Ebene der Erde passiert. Bei dem Hallenneubau gab es die Möglichkeit, Elementarwesen umzusiedeln. Die andere Möglichkeit war, sie zu fragen: »Habt ihr nicht Lust, mitzuarbeiten? Ich sorge dafür, daß ihr angestellt werdet, eine Sozialversicherungsnummer bekommt und in dem Unternehmen euren Platz findet. Wollt ihr euch von einem Naturwesen zu einem Kultur- oder Technikwesen wandeln?«

Für die Elementarwesen ist das ein Quantensprung. Man muß es mit ihnen klar besprechen. Es funktioniert, sie können sich von einem Natur- zu einem Kultur- oder Technikwesen wandeln. Es ein Opfer, wenn es einen Bereich eines Maschinenparks übernimmt und teilhat, was dort mit den Menschen und der Produktion passiert. Das wird es nicht tun, wenn es meint, die Menschen haben alle einen Dachschaden. Das macht es nur, wenn ein vertrauensvolles Verhältnis aufgebaut ist und es für sich sagen kann: »Da habe ich die Möglichkeit, auf der Höhe der Zeit zu sein, da bekomme ich etwas mit!«

8. Gerhard Reisch

Bilder als Pforte zu Naturwesen

In unseren Meditationskursen zum Thema »Verbindung mit Elementarwesen« arbeiten wir gerne mit Bildern von Gerhard Reisch. Mit den physischen Sinnen kann man Elementarwesen nicht erleben, nur mit den inneren Sinnen, dem Herzen und dem Gefühl. Da man zunächst unsicher ist, sind Landkarten und Scheinwerfer hilfreich, das können die Bilder von Gerhard Reisch werden. Wenn man sich in diese einlebt, können in einem Empfindungen auftreten, die den dargestellten Elementarwesen genau entsprechen. Gerhard Reisch hat die Bilder offensichtlich aus einem realen geistigen Erleben heraus gemalt. An ihnen kann man lernen, bestimmte geistige Wesen zu erkennen und zu unterscheiden.

Er hat sein Leben der bildlichen Vermittlung der geistigen Welt gewidmet und über 300 Bilder zu vielen spirituellen Themen wie dem Schulungsweg und dem nachtodlichen Leben hinterlassen.

1899 in Schlesien geboren, stieß er nach tiefgreifenden Erlebnissen im Ersten Weltkrieg auf die Anthroposophie, die er später in Bildform brachte. 1945 wurde er nach einem russischen Lageraufenthalt aus seiner Heimat vertrieben und sein damaliges Werk vernichtet. In den folgenden Jahren wiederholte er alle verlorenen Bilder und malte weiter. Er lebte zuerst in Berlin, danach in Freiburg und starb 1975. Sein Lebenswerk besteht aus etwa 300 Bildern und vielen Gedichten und meditativen Texten.

Gerhard Reisch malte nicht der Kunst wegen, sondern zur Unterstützung des spirituellen Schulungsweges: »Die Bilder können eine Hilfe sein auf dem Wege zum imaginierenden Denken. (...) Bei jedem bildet die Seele Imaginationen. Aber sie werden verdeckt durch das Tagesbewußtsein. Erst wenn dies in der Meditation vollständig zum Schweigen gebracht ist, leuchten die Bildgestaltungen im Äther auf. Als Übergang vom intellektuellen Tagesbewußtsein zum Imaginieren kann die Seele die Phantasie benutzen. Die Phantasieformen werden allmählich übergehen zu wahren Imaginationen.«

Er konnte nur die Wesen malen, die er kennengelernt hatte. »Ich muß also einen Inhalt im Bewußtsein haben, bevor ich ans Malen gehe. Habe ich das nicht, so besteht die Gefahr, daß ich in ein mediales Malen hineinkomme. Es handelt sich darum, bildhafte Vorgänge in den Seelentiefen, durch die sich die Erlebnisse der Seele in der geistigen Welt ausdrücken, ins Bewußtsein zu heben und in der Sinneswelt sichtbar zu machen, zum Beispiel hier durch Farbe und Form.« (1)

In einem Brief beschrieb Gerhard Reisch seine Begegnung mit dem Zwergenkönig Laurin: »Wir haben uns Bücher über die Laurin-Sage besorgt. Die Tragik, die in der Sage zum Ausdruck kommt, hat uns sehr bewegt, ja erschüttert. ... König Laurin hat sich in der Neuzeit mehr in das innere Ätherische zurückgezogen. ... So habe ich mich dann mit ihm meditativ verbunden und ihm berichtet, daß heute die ersten Menschen leben, die aus einem neuen Bewußtsein heraus wieder ein gutes Verhältnis zu den Elementarwesen entwickeln. So darf auf eine kommende glückliche Zeit auch für die Gnomen gehofft werden. Das hat er dann mit seinem Gefolge dankbar aufgenommen. Zum Dank dafür öffnete er eines Abends ein Felsentor und ließ mich in das ausstrahlende Licht hineinblicken. Da stand er mit einigen Gnomen zur Begrüßung. Ich habe davon ein sehr schönes und ergreifendes Bild gemalt (siehe Abbildung). ... Das klingt wie ein Märchen, ist aber eine ganz real-nüchterne Begebenheit.« (2)

Die Gerhard Reisch Stiftung in Bruckfelden am Bodensee macht die Bilder öffentlich zugänglich. Bei einem Besuch wurden für uns viele Originale aus dem Archiv aufgestellt, unter anderem auch das Bild »Zwei Gnomen mit blauer Blume«. Als dieses Bild im Raum war, fühlte ich eine starke Präsenz, denn mit diesem Bild ist ein uralter etwa ein Meter großer Zwerg verbunden. Er war sehr selbstbewußt, drängte sich nach vorne und zeigte mir, daß er viele Jahrzehnte mit Gerhard Reisch zusammengearbeitet hat. Er war bei allen Bildern dabei und half, daß die entsprechenden Wesen kamen und sich mit den Bildern verbanden. Ich hatte fast den Eindruck, der Zwerg sieht sich selbst als den Maler und Gerhard Reisch als seinen Helfer, der die Farben mischte – auf alle Fälle war es eine gleichberechtigte Zusammenarbeit. Der Zwerg ist mit den Bildern verbunden, kümmert sich um deren Verbreitung und um die Erlebnisse, die Menschen damit haben.

Ich verstehe nun das Geheimnis der Bilder von Gerhard Reisch besser. Wenn man sich in diese hineinlebt – auch in Reproduktionen – kommt man mit den jeweiligen Wesen tatsächlich in Kontakt; diese wurden nicht nur gemalt, sondern sind mit den Bildern direkt und real verbunden.

2011 gab der Gerhard Reisch Verlag eine Mappe mit 36 Bildern von Gerhard Reisch zum Thema »Aus der Welt der Elementarwesen« heraus. Die Farbbilder sind im Din A4-Format mit ausführlichen

Erläuterungen und Spruchworten auf deutsch und englisch. Weitere Infos: gerhardreisch.com.

Anmerkungen

(1) »Aus der Welt der Elementarwesen«, eine Mappe mit 36 Bildern und Erläuterungen, 2011 Gerhard Reisch Verlag.

(2) zitiert aus: Prof. Klaus Dörter, »König Laurin und sein Rosengarten, Naturelementarwesen im Kunstschaffen von Gerhard Reisch (1899 - 1975)«, Zeitschrift Stil - Goetheanismus in Kunst und Wissenschaft, 4/09

9. Frances Riply

Wesen malen sich selbst

Gerhard Reisch mußte die Wesen bewußt erleben und durchdringen, bevor er sie malen konnte. Bei Frances Riply ist es genau gegenteilig, Elementarwesen malten sich selbst durch sie, ohne daß sie diese bewußt erlebte. So entstanden zwischen 1966 und 1992 viele Bilder, die in ihrem Buch »Visions Unseen« abgebildet sind. (1)

Wir haben Frances Riply in Findhorn in Schottland kennengelernt in ihrer schelmischen, weichen Art. Dort lebt sie seit Jahrzehnten mit ihrem Mann George, einem englischen humorvollen Gentleman. Wir waren regelmäßig bei ihnen zu Besuch. Sie war in den Anfängen dabei, als von Findhorn aus die Idee der Kommunikation mit Naturwesen in die westliche Öffentlichkeit getragen wurde. Ich sehe sie noch sitzen in dem Sessel vor dem schwarzen Flügel mit den vielen Grußkarten und dem eingerahmten Foto des lächelnden ROC. Dieser kommunizierte bewußt mit Elementarwesen und wird am Ende dieses Buches vorgestellt. Sie zeigte ROC ihre Bilder, und er sagte: »So sehe ich sie auch, besonders den Sandgoblin!« Der Sandgoblin ist ein lustiges Erdwesen vom Strand in Findhorn.

Frances Riply studierte Malerei und arbeitete lange beim Roten Kreuz. Sie beschreibt die Entstehung ihrer Bilder: »Ich sah keine Formen außerhalb von mir, die ich aufs Papier brachte. Für mich war wichtig, empfindsam für Gefühle zu sein, die von dem zu malenden Wesen ausströmten, und mich damit zu identifizieren. Dramatische Wechsel meines Pulsschlags zeigten mir, wenn ich mich hinsetzen und malen sollte. Dieser konnte entweder langsamer oder schneller werden, manchmal in der Geschwindigkeit sich verdoppelnd. Mein Bewußtsein war gestochen klar, konzentriert und gleichzeitig offen. Dies ist ein feiner meditativer Bewußtseinszustand. Meine Hände wurden sehr unruhig, und meine Finger begannen zu jucken! Meistens mit einem schwarzen Bleistift beginnend, wurde meine Hand zu den Farben geführt, die ich benutzen sollte. Die Zeichnungen manifestierten sich selbst und waren in einem Zug fertig. Es gab eine immanente Perfektion in dem, was sich spontan durch mich ausdrückte. Nie benutzte ich einen Radiergummi, alles wurde aus freier Hand gezeichnet.«

(1) Frances Riply, *Visions Unseen, Aspects of the Natural Realm*, Findhorn Press 2007, ISBN 978-1-84409-093-8

10. Ines Trost
Farbwesen

Die Künstlerin Ines Trost malt bewußt zusammen mit Elementarwesen und Engeln. Sie wohnt mitten in der Natur in Wetter am Rande des Ruhrgebiets. Das Gespräch können wir nur in Ruhe führen, indem sie ihre kleine Tochter mit Zwieback und Spielsachen beschäftigt. (Kontakt: www.inestrost.de, www.traumzeichnung.net)

Ich habe einen Weg zum Erleben der Elementarwesen, der ist nachvollziehbar und erlernbar. Den gehe ich seit 1987, als ich bei Gerard Wagner zu studieren anfing. Das war ein Maler am Goetheanum in Dornach, der konsequent den Weg des Malens aus dem Wesen der Farben heraus ging.

Wie bist du dazu gekommen?

Ich sollte in der neunten Klasse in der Waldorfschule in Überlingen am Bodensee eingeschult werden. Gerard Wagner hatte dort sämtliche Wände der Klassenzimmer und Flure bemalt. Das berührte mich so tief, diese Gnomen und Elfen und Bäume, ich fühlte mich so geborgen, umhüllt und mit Liebe gestreichelt von diesen Wesen. Als mich mein zukünftiger Klassenlehrer fragte, warum ich auf diese Schule wolle, sagte ich etwas, was ich damals total naiv fand:

»Weil ich die Bilder hier so schön finde!« Das stellte sich später in meinem Leben als wegbereitend heraus.

Im Studium hat mich folgender Ausspruch von Rudolf Steiner tief berührt: »Farben sind die Seele der Natur und des ganzen Kosmos überhaupt, und wir nehmen Anteil an dieser Seele, indem wir die Farben miterleben.« (aus »Das Wesen der Farbe« von Rudolf Steiner) Wenn man der Farbe als echtes Gegenüber begegnet und sie nicht nur als Ausdrucksmittel der eigenen Befindlichkeiten nimmt, wird sie wesenhaft, spricht und nimmt Formen an. Jede Farbe hat Formtendenzen und ist Ausdruck eines Wesens, das sich durch mich hindurch als Malende darlebt. Dem darf ich schon meinen eigenen Stempel geben, natürlich male ich andere Bilder als meine Kollegen, es geht ja durch mich und meine Wahrnehmungsstruktur hindurch. Es geht aber auch weit über mich hinaus, ist eine universelle Sprache.

Deine Bilder sehen auch ganz anders aus als die von Gerard Wagner.

Für mich ist das Malen im Lauf der Jahre zu einer Meditation geworden. Sobald ich zu malen anfange, beginnt meine Kommunikation mit den Umfeldkräften im Raum, mit der Farbe und den geistigen Wesen, die sich darin äußern. Das geht nur, wenn ich mich zurücknehme. Gerard Wagner verlangte das von uns. Mein Schlüsselerlebnis mit ihm war: Er stand da wie ein Mönch vor dem Bild, nahm den Pinsel, und auf einmal bemerkte ich, wie der Pinsel auf's Papier geführt wurde. Es kam von ganz weit her, floß durch seine Hand, es machte etwas mit ihm und war dann auf der Leinwand! Seine Äuglein leuchteten, und er sagte: »So kann man malen!«

Für einen Jugendlichen ist diese Grundhaltung schwer, da will man sich selbst erfahren und entdecken: »Nimm dich zurück und gehorche, was die Farbe sagt und will: Mit welcher Dynamik kommt sie dir entgegen, was ist ihre Form?«

Wie entsteht daraus ein Bild?

Mein gesamter Schulungsweg besteht aus folgenden Schritten:

- Bewußtes Sammeln der Materialien: Asche, Erde, Blütenstaub, Sand, Bienenwachs, Pigmente... Jedes Material hat in der Natur einen langen Prozeß. Das Bienenwachs ist durch das Bienenvolk gegangen, das einen Sommer lang herumflog und Honig sammelte. Diese Lichtprozesse wirken auf intuitiver Ebene in jedem Menschen, der ein Bild ansieht, das mit Bienenwachs gemalt worden ist, egal, ob er es formulieren kann oder nicht.

- Aufbereiten und Verwandeln: Aus den Materialien rühre ich Farben. Hier stehe ich als Mensch zwischen Kosmos und Erde, bin Knotenpunkt durch mein Handeln.
- Vor dem Malen nehme ich mich zurück, um mich auf ein Gespräch mit den Farben und den Materialien einzustimmen.
- Formatwahl: Das Hochformat korrespondiert mit der eigenen Aufrechte, das Querformat mit der Landschaft, je nachdem ordnen sich die Farben anders im Raum an.
- Jetzt erst mache ich den ersten Strich auf die Leinwand, nachdem alles bisher Gesagte schon gelaufen ist.
- Farbreihenfolge: Es kommt nicht dasselbe Bild heraus, wenn man zuerst Gelb, dann Blau und dann Rot malt oder Rot, Blau und dann Gelb. Das Malen aus Farbreihenfolgen heraus habe ich jahrelang geübt: erste Farbe, zweite Farbe, dritte Farbe, diese begegnen sich, es werden Dynamiken freigesetzt, dabei entsteht ein Motiv!
- Grundierung: Die Grundierung schafft eine Grundatmosphäre. Das Rot als Grundierung ist eine erwärmende und belebende Grundstimmung, und wenn ich dort mit einem Blau hineinspaziere, zieht dieses sich zusammen und macht etwas Festes, Hülle oder Kern. Das würde das Blau auf Weiß zum Beispiel nicht tun, da geht es in die Weite und umschließt. Je nach Grundstimmung werden die Farben regelrecht beflügelt, ihr Charakter wird potenziert, oder sie werden gedämpft, gebrochen und können ihr Wesen nicht zum Ausdruck bringen. Ich male immer lasierend, die unteren Schichten sollen ihre Wirkung haben und durchschimmern. Jede Schicht wirkt weiter und wird durch die darüberliegende Schicht nur verändert.

- Formwerdung: Es stellt sich ein inneres Gespräch ein, und die Farben werden Form. Und diese Form hat wiederum ein Wesen, und ich bemerke, wie zu bestimmten Farbwesen bestimmte Formwesen gehören. Zum Beispiel mögen Lichtwesen die Farbe Gelb. Manchmal habe ich Zwischenphasen in einem Bild, Wesen gucken heraus und gehen wieder in die Unsichtbarkeit, sind in dem Bild aber noch drinnen. In diesen Zwischenphasen könnte ich sie malen, ich entscheide aber jedes Mal, welche Gefühlsnuance ich weiter ausarbeite, und bleibe bewußt in einer abstrakten zeichenhaften Ausformung. Jeder Maler würde sich hier an dieser Stelle etwas anders entscheiden.

Meine Kommunikation wird sogar stärker, wenn ich diese geistigen Wesen, die sich mir zeigen, nicht bis in Gesichter und erkennbare Gestalten ausforme, sondern nur in eine Grundbewegung symbolhaft zurückführe. Dann fühle ich in meinem feinstofflichen Umfeld die Kraft dieses Wesens konzentrierter. Dadurch werden meine Bilder auch als fertiges Erscheinungsbild zum Tor einer Kommunikation mit genau den geistigen Wesen, die an ihrer Entstehung mitgewirkt haben, und gleichsam ein »Zuhause« für sie unter den Menschen. – Für uns Menschen können so diese Bilder über eine meditative Grundhaltung immer wieder eine Plattform für die bewußte Kontaktaufnahme zu den Elementarwesen werden! Da beginne ich gerade, mit einigen Menschen bewußt Erfahrungen zu machen.

Besprechung des Bildes »Ätherströme von Herzenergien«

Können wir ein Bild ansehen, damit es konkreter wird? (Siehe Abbildung)

Bei diesem Bild »Ätherströme von Herzenergien« habe ich Blau als Grundierung genommen und ein warmes Orange-Pfirsichblüte als zweite Farbe. Dieses erhellt von innen den blauen Mantel. Die dritte Farbe war Rot, die alles belebt und für die verbindenden

Linien im Bild verantwortlich ist. Für mich ist dieses Bild ein Herzthema geworden, Ätherströme im Herzen. Das Bild hat für mich ebenso wie mit Herzkräften mit der Christuskraft zu tun. Es ist auch das Kreuz darinnen. Das nahm ich mir nicht vor, sondern es ist eine Spur der Bewegung einer Aufrechten, die von oben nach unten geführt wird, und einer Waagerechten, die von links nach rechts geführt wird. Da ich die Grundierung sehr kräftig nahm, konnte sich die zweite Farbe nicht mehr komplett ausdehnen, sondern mußte sich im Zentrum bündeln. Das Kreuz ist die Kreuzung der Aufrechten und der Waagerechten als alles umschließende Weite. Da erwacht man: Hier bin ich (Aufrechte) und ergreife den Raum (Wagerechte).

Ja, der Kreuzungspunkt ist der Aufwachpunkt im Bild.

Die Grundierung, die erst nur eine Atmosphäre setzen sollte, ist im Zentrum frei geblieben und wurde gleichberechtigter Gestaltungsraum, ist aber kein Loch, in das man wegrutscht. Das ist das Geheimnis unseres Herzens, es strömt und fließt nur, weil es offen ist in der Mitte, nur weil unser Blut durchfließen darf, funktioniert es. Diese Öffnung wird zu einem Kern, der trägt.

Wie spielen während des Malprozesses die Elementarwesen hinein?

Sie sind auf allen Ebenen beteiligt, beim Farbenmischen und auf der Ebene der Farbe, die wesenhaft ist. Dann findet die Farbe Form, und auf dieser Formebene sprechen die Elementarwesen ganz massiv. Hier sind sie unüberhörbar und überrumpeln mich manchmal regelrecht.

Als greifbare Individuen oder als Chor, wo man nicht genau weiß, wer es ist?

Nein, es ist sehr konkret. Die einzelnen Wesen stellen sich oft bei mir vor. Dieses Bild hat mit Christuselementarwesen zu tun. (Siehe auch die Abbildung »Christuswesen«) Erst wenn ich die Verbindung zu dem Wesen habe, bin ich glücklich und zufrieden. Mein Glücksgefühl ist wie ein Seismograph für die Stimmigkeit der Formfindung aus der Farbe heraus und in der Kommunikation mit den beteiligten geistigen Wesen! Die Form ist so unüberhörbar und deutlich; wenn ich sie denke, erfüllt es mich vollkommen, und das Wesen freut sich, daß es zu mir Kontakt aufgenommen hat. Das Bild findet eine Form, weil sich ein Elementarwesen hier immer wieder fokussieren kann. So erlebe ich auch meine fertigen Bilder als Fokuspunkte für Elementarwesen!

Bei dem Bild erlebst du also, wie sich dein Herz weitet...

...wie es mit dem Kosmos in Verbindung ist, wie aus dem Kosmos herein die Ströme fließen, mich durchpulsen und beleben. Das sind Herzkräfte. Ich meine, daß da ein neues Elementarwesen, ein Christuselementarwesen hineinverwoben ist.

Beim Betrachten des Bildes fühle ich mich gehalten und ausgeglichen, in der Mitte angekommen.

Intuition, Inspiration und Imagination im Malprozeß

Ich fange mit der Intuition an, im intuitiven Raum erlebe ich das Umfeld der Elementarwesen und betrete den Farbraum. Dann komme ich zur Inspiration, in der direkte Botschaften von den Wesen zu mir kommen, die mir sagen, wie ich meine Hand bewegen soll. Ich nehme mir nicht vorher vor, das Bild soll so und so aussehen, das wird geführt. Die Inspiration ist die Hauptentstehungsphase des Bildes. Zum Schluß komme ich bei der Imagination an; das Bild ist da, ist zum gemalten Image geworden und guckt mich an.

Geht es immer nur um Elementarwesen oder auch um Engel?

Ich fühle mich beim Malen den Engeln sehr nah und erlebe so eine Urfreude. Oft kann ich nicht sagen, nenne ich es Elementarwesen oder Engel? Ich meine, Engel und Elementarwesen begegnen sich gegenseitig, wenn ein Bild entsteht. Vielleicht ist das der Grund, warum Menschen in der Grundhaltung der Ehrfurcht und Freude malen, so daß sich diese Sphären neu durchdringen können, was für die Erdenzukunft notwendig ist.

Die Bilder sind wie Fenster zu Wesen. Davon profitieren auch die Wesen, sie verwandeln sich, man schafft zusammen etwas Neues in dem Malprozeß.

Früher hätte ich mich nie getraut, zu sagen, daß ich in Zusammenarbeit mit Elementarwesen und Engeln male und so im Malen im wahrsten Sinn des Wortes an Schöpfungsprozessen teilhabe. Ich hatte Angst, man hält mich für bekloppt. Erst seit 2009 habe ich den Mut, es beim Namen zu nennen, und ab diesem Moment ging es ab wie eine Rakete! Ich habe einen solchen Schaffensschub, daß ich trotz zweier kleiner Kinder, die mich Tag und Nacht brauchen, so viel wie noch nie in meinem Leben male, Ausstellungen mache und wirtschaftlich erfolgreich bin. Früher war ich neben meiner Laufbahn als Malerin verbeamtete Lehrerin für Kunst und Englisch, hatte aber trotzdem nie genug Geld, jetzt bin ich freiberufliche Künstlerin und es fluppt. Das ist für mich ein Beweis einer wirklichen Kommunikation.

11. Franziska van der Geest-Geraets

BIOGRAFIE UND GEOGRAFIE

Verwandlungsarbeit an der Astralgestalt der Erde

Wenn Franziska van der Geest-Geraets von Elementarwesen spricht, kann man diese direkt erleben. Um sie herum klingt und sprudelt es. So sind auch ihre Bilder, die während ihrer Erdheilungsarbeit entstehen. Agnes und ich treffen uns mit ihr auf der Terrasse ihres Elternhauses in Arlesheim bei Basel. Sie ist gerade von einer eineinhalbjährigen Erdheilungsreise aus Amerika zurückgekommen. Frappierend ist ihre Dimension der Erdheilung: Sie kümmert sich nicht nur um eine Wohnung, einen Garten oder eine Stadt, sondern um ganze Kontinente! (Kontakt: franziska.desiree@gmail.com, Bilder: www.artmajeur. com/desiree)

Kindheit

Ich bin in Basel geboren und wuchs mit zwei älteren Brüdern und mehreren Pflegekindern auf. Ich besuchte zwölf Jahre die Rudolf-Steiner-Schule und habe danach die Ausbildung zur Kindergärtnerin gemacht. Mit einer motivierten Initiativgruppe zusammen konnte ich schon bald einen Rudolf-Steiner-Kindergarten in Langenthal aufbauen. Aus dieser Initiativgruppe entwickelte sich anschließend auch die Gründung der Weihnachtsspiele, der Schule in Langenthal und die Gründung anderer regionaler Kindergärten, Spielgruppen und Elternseminare.

Beziehung zur »Geistigen Welt«

Durch die tiefe Beziehung zur »Geistigen Welt« seit meiner Kindheit staunte ich viel über die Menschen und konnte oft nicht verstehen, warum die Menschen mich nicht verstehen konnten, denn scheinbar sprach ich oft eine andere Sprache als sie. So lernte ich durch viele Begegnungen langsam, wie andere Menschen die Welt sehen, erleben, erfühlen und wie sich daraus eine Meinung über das Leben bildet, z. B., daß dieses oft nur in Plus und Minus eingeteilt werden könne.

Durch Kinderberatungen lernte ich immer mehr Menschen kennen, die auch Bürger zweier Welten sind, heute nennen wir sie »Sternenkinder«. Diesen Menschen zu helfen, sich in der heutigen Welt zurechtzufinden, ist meine Hauptaufgabe. Zusätzlich kam dann immer mehr die Erdheilungsarbeit dazu, da die Erde darauf angewiesen ist, daß man mit ihr wieder innig ins Gespräch kommt sowie auch mit den Tieren, Pflanzen Steinen, dem Wasser und den verschiedenen Bodenqualitäten der Erde.

Im Gespräch lernt der Mensch sich und die Welt näher kennen und kann seine individuellen Möglichkeiten und Fähigkeiten der Welt zur Verfügung stellen. Dabei wird kein Unterschied gemacht zwischen viel oder wenig Können, schnell oder langsam, sondern der Mensch gibt der Erde durch seine persönlichen Fähigkeiten wieder etwas zurück und lernt, sich dabei auch zu akzeptieren in seiner einmaligen Komposition.

Wenn du besetzt bist mit unverdautem Eigenem steht dieser Raum nicht für Neues zur Verfügung. Deshalb helfe ich Menschen und der Erde bei der Verdauung der Vergangenheit, beim Zu-sich-Finden zur eigenen ganzen Wahrheit. Das ist mein Hauptauftrag; die Liebe zur Vergangenheit und zur Zukunft aus der Geistesgegenwart heraus.

So sind immer mehr Menschen zu mir gekommen, um Rat zu bekommen auf ihrem Lebensweg. Viele Jahre nahmen wir auch hilfesuchende Menschen in unserem Familienpflegeprojekt in Bern auf, in Zusammenarbeit mit der Psychiatrischen Klinik Waldau.

Bei dieser großen Arbeit unterstützten mich immer die geistigen Wesenheiten, und am nächsten und direktesten gaben mir dabei die Elementarwesen ihren »Kommentar« dazu!

In jeder Situation gibt es einen Weg, weiter zu kommen, auch wenn es dunkel, modrig, kalt, heiß, langweilig wird. So zum Beispiel die Belehrungen von Elementarwesen. Diese Worte, die mir in Lichtschrift geschrieben werden, helfen in der Beratung, innerhalb der Seelenlandschaft den Weg zu sehen oder sogar mehrere Möglichkeiten, aus denen wir Menschen wählen dürfen, anders, als bei allen anderen Wesenheiten.

(Es beginnt zu regnen, wir rücken unter dem Dach zusammen.)

Erleben von Elementarwesen im Regen

Herrlich! Wenn sich bei den ersten Regentropfen der Duft verstärkt und du da hineinriechst, bist du am schnellsten in der Welt der Elementarwesen. Es ist eine große Chance, diesen Moment nicht zu verschlafen! Lasse dich wie eine Pflanze vom Regen benetzen, halte die Hand hinaus, wenn du unter einem Dach stehst. Wenn deine Hand in den ersten Regentropfen ist, können die Gnome und die Luft- und Lichtwesen dir viel näher kommen. In der Übergangsstimmung werden von den Elementarwesen starke Gefühle in uns ausgelöst.

Schau, jetzt kommt die Sonne durch! Wir haben einen Regen, wo die Luft von Sonnenkraft erfüllt ist. Die Sonne hat jetzt den ersten Platz, nicht der Regen. Das Licht ist gehalten im Tropfen, geht mehr nach innen. Wenn das Wasser gefriert, geht das Licht noch mehr nach innen; im Eis hast du das stärkste Leuchten, am meisten Licht. Wenn das Licht spielt wie jetzt, ist es noch nicht gebunden.

Das wichtigste Bindeglied ist der Mensch selbst, der sagt: »Ich bin da, hallo!« Dann wirst du von den Elementarwesen gesehen und bringst ihnen die höchste Aufmerksamkeit und Bejahung.

Unbewußte Prägung von Elementarwesen

Was Magier bewußt versuchen, machen wir alle unbewußt. Manche Elementarwesen um uns herum bewegen sich schematisiert und gefesselt. Wenn ich frage: »Warum machst du das?«, kommt die Antwort: »Da war mal jemand, der hat das immer so gemacht.« Unsere Taten bleiben bestehen in den Elementarwesen. Das Wesen würde sich von Natur aus frei bewegen, aber es hat die gezwungene Bewegung von jemandem angenommen, der so wahnsinnig gedacht hat. So können wir die Elementarwesen in die Versteinerung bringen. Wenn ich im Wald oder in der Stadt Elementarwesen begegne, lerne ich an diesen, wie wir Menschen denken und uns bewegen. Ich frage die Wesen: »Wann wurde hier zum letzten mal ein Lied gesungen oder Musik gespielt oder wann brannte ein richtiges Feuer, das euch gefallen hat?« Dann fällt ihnen oft nichts ein.

Die Naturwesen nehmen also unsere Eigenschaften an. Wir Menschen lassen uns oft von Widersacherwesen durchdringen, die wir aber nicht ergreifen und verwandeln, sondern in die Welt ausstrahlen. Was macht das mit den Naturwesen?

Sie sind dann zum Beispiel wie in einer Seifenblase oder Kokon. Durch eine astrale Verschmutzung oder wenn eine Landschaft von einer Straße zerschnitten wird, kann sich eine Gelantinemasse über viele Elementarwesen rollen und diese fesseln. Oder wenn eine Menschengemeinschaft anfängt, eine Idee zu denken, und sie stehen läßt, stehen die Wesen im luftleeren Raum. »Und jetzt?« Sie bleiben in dem Zustand, wo du noch lebendig gedacht hast und lebendig warst. Wenn du dich selbst verdunkelst und abstürzt in eine Haltung: »Ich habe keine Lust mehr und bin privat«, dann erleiden sie einen Schock. Du willst in diesem Moment nichts mehr mit ihnen zu tun haben und bist in einer Aggressionshaltung zu ihnen, dann bilden sich solche Kokons, und sie müssen sich schützen vor uns. Wenn man sagt: »Entschuldigung, ich habe euch vergessen«, ist in Sekunden vergeben. Sie haben eine so hohe Vergebungskraft! Und der Kokon löst sich auf, als ob es ihn nie gegeben hätte.

Elementarwesen erholen sich bei höheren Wesen

Die Elementarwesen können sich sehr gut erholen, wenn ich ihnen von Madonnen erzähle, denen ich begegnet bin. Wie sie aussehen, ob jung oder alt, welche Farbe sie haben, das finden sie immer ganz ernährend. Bei der Präsenz von Erzengel Michael sehe ich immer, daß sein ganzes Gewand voll von Elementarwesen ist. Daran können sie wachsen und sich aufrichten. In der orientalischen Kunst wird das ausgedrückt in den vielen filigranen Pflanzenbewegungen am Gewand von Göttern. Die Elementarwesen können vorher noch so blöd getan oder getanzt haben, wenn ein Meister kommt, ist Ruhe. Alle sind gehalten und orientiert an einem größeren Wesen, und es ist ein Genuß zuzuschauen.

Nach meiner Erfahrung reagieren die Wesen sofort, wenn ich mich mit Christus verbinde, sofort entsteht eine andächtige Stimmung ...

... herrlich! ...

Sie saugen die Christuskraft auf. Das kenne ich von Menschen so nicht.

Wenn du nur davon sprichst, bekomme ich diese Süße in meinem Mund, sie geben mir ein Geschenk. Was sie bekommen, teilen sie sofort.

Wie Elementarwesen entstehen und vergehen

Hast du schon einmal erforscht, wo die Elementarwesen geboren werden? Wir werden durch die Mutter nach unten geboren und müssen selber den aufrechten Gang erlernen; wo werden die Elementarwesen geboren?

Ich kenne nur, daß ein Engel eine Bewegung macht und daraus entsteht ein Elementarwesen.

Es ist so schön zu schauen. Über dem Kopf von vielen Elementarwesen gibt es eine Art Mütze, aber viel kreativer, wie ein Tannenzapfen, spiralig, schuppig, bewegt, da oben ist diese Flamme, die immer pulsiert, der höchste Impuls- und Orientierungspunkt von ihnen, wie die Nase. Wir haben die Nase nach vorne, sie nach oben, mit der riechen sie, wer da kommt, wer da ist. Diese Mützen können ganz unterschiedlich lang und ausgerichtet sein, aber immer oben. Aus dieser Flammenstelle werden die Elementarwesenbabys geboren. Der Kleine, der Schnuckel, der wird dort gehalten und wächst langsam, der ist so süß! Dann kommt schon das nächste Baby.

Ein Elementarwesen hat mehrere Babys in verschiedenem Alter. Je größer die Kinder werden, desto tiefer leben sie am Energiekörper der Mutter, nachdem sie auf der Schulter lebten. Dann kommt die Verabschiedung, das heißt, sie übernehmen schon mehr eine selbständigere Aufgabe und können zum Beispiel auch beim Menschen auf der Schulter im untersten Teil der Kopfaura mitleben. Ab und zu hatte ich das Glück gehabt, zuzusehen, wie diese Ablösung stattfindet. Sie werden entlassen aus dieser engsten Bindung, in der alle Bewegungen und Strukturen gleich sind, ein Individualisierungsprozeß beginnt.

Oft wird auch gefragt, ob Elementarwesen sterben. Ich meine, sterben können nur wir Menschen, Elementarwesen können sich verwandeln oder in die Mutter Erde hinein gehen.

(Franziska zeigt auf eine Pflanze neben der Terrasse:)

Bei dieser Flechte ist ein Gnom, der sich im Lauf der Zeit verwandelt. Er wird unten immer dicker, runder und ausgedehnter und bewegt sich weniger nach oben. Daran siehst du: Er ist ganz alt, du mußt behutsam sein mit dem Großväterchen. Du sagst »Hallo«, und er blickt dich an und weiß alles, eine unerhörte Präsenz und tiefes Leuchten in den Augen: »Ich kenne dich!« Das mußte ich Jahre üben, so beschaut zu werden und die ganzen Stimmungen auszuhalten. Das ist nicht einfach, man wird immer durchschaut, ist ständig wie in einem Röntgen- oder Ultraschallgerät. Der Gnom stirbt nicht, sondern er geht in Verschenkungsbewegungen in den Boden weiter. Ein Ende, wie wir uns das vorstellen, habe ich noch nie gesehen, es ist mehr ein Veräscherungsprozeß.

Was war der Impuls zu den Erdheilungsreisen?

Während einer Einzelbehandlung in meiner Praxis sah ich am Körper eines Menschen die ganze Europagestalt. Immer deutlicher wurden die einzelnen Länder und Landschaften mit dem Wesen des Menschen verbunden, und ich sah neben mir ein großes Kind stehen, das sagte: »Was du hier tust, am Körper dieses Menschen, kannst du auch an der ganzen Erdengestalt tun! Ich bin das Kind der Mutter Erde. Du schaust die Äther- und Astralgestalt des völkerverbindenden Geistleibes der Erde an.

Beschäftige dich mit der Europagestalt. Schau: Der Kopf und die Krone der Europa ist im Bereich von Spanien und Portugal, der Halsbereich in den Pyrenäen, der Nacken am Atlantik, der Kehlkopf am Mittelmeer und die gesamte Gestalt reicht bis zum Ural. Der rechte Arm über Italien reicht bis zur Hand in Sizilien. Korsika und Sardinien bilden zusammen die Gestalt des Kindes. Die linke Schulter bildet die Bretagne, vom Oberarm bis zum Ellenbogen verläuft die Atlantikküste von Frankreich. Dort beginnen dann die Beneluxländer. Sie reichen bis zu ihrer linken Hand, wo sich Schleswig-Holstein bis Jütland/Dänemark anschließen.«

Auf ihren Schultern trägt die Europa die Gestalt von Großbritanien. Da wurde mir das Christkind gezeigt, das seine segnende Friedenshand über Irland erhebt.

Neben der Sophiengestalt wurde mir auch der europäische Stier gezeigt, der seine Schnauze gegen den Nacken der Europa drückt und auf seinem mächtigen Nacken die entführte Europa von Griechenland trägt.

So sehen wir eine Äthergestalt des Menschen und das Astralwesen Europas übereinander, und wie zwischen seinen Hörnern die zukünftigen Kräfte aus dem Westen aufgenommen werden. Nun liegt es an uns Menschen, die Mitte zu halten, zwischen oben und unten, hinten und vorne, innen und außen.

Wer hilft uns dabei?

Wer uns dabei hilft, ist der Erzengel Michael. Er wurde mir immer wieder als große Lichtgestalt gezeigt, dabei selbst schützend die Christussphäre, das Reich der Liebe. Seine Gestalt zeigte sich mir, vom Nordpol ausgehend, in verschiedenen Richtungen an der Erdgeographie entlang. Eine Gestalt zum Beispiel sich ausbreitend von Island über Skandinavien bis mit den Füßen stehend auf der afrikanischen Platte; eine andere Gestalt von Grönland über Nordamerika bis Mittelamerika; dann eine weitere über Sibirien bis zum Indischen Ozean.

Da der Erzengel Michael zur Zeit die Formkraft der gesamten Erde in ihrer Verwandlung begleitet, sind auch die Elementarwesen ihm direkt untergeordnet. Sie wirken dabei als seine Helfer beim Ausbilden des Menschen in seiner Entwicklung zwischen Kopf, Herz und dem Weltensolarplexus.

Vor allem die neue Generation hat es sich zur Aufgabe gestellt, untereinander rund um die Welt verbunden zu sein. Solange noch ein Wesen auf Erden leidet, werden wir darauf aufmerksam machen!

In der Region um den Äquator wird der Solarplexus der Erde sichtbar und hängt am innigsten mit dem Egozentrum des Menschen zusammen. Da zeigt sich die wahre Natur des Menschen, was er für primäre Bedürfnisse hat und wie er diese unter Biegen und Brechen haben will. Auf der anderen Seite werden dann die neusten Ideen geboren, mitten aus dem echten Leben! Zu dieser Region steht der Erzengel Gabriel in einer tiefen Verbindung und ist dabei Hüter der Fruchtbarkeit der Erde und Hüter der Geburt der neuen Erde. Erzengel Uriel steht uns zur Seite, um den Mut zu entwickeln, zur ganzen Vergangenheit zu stehen und davon zu lernen. Er hilft uns dabei, Vertrauen zu entwickeln in die Verwandlung von alten Stauräumen wie Angst, Schmerz und traumatischen Ereignissen.

Aber er hilft uns auch, Vertrauen zu entwickeln in wunderbare Sachen, die eigentlich gestaute Liebeskraftreserven sind und auf

Erlösung warten, damit das Leben wieder in Fluß kommt. Durch die heilenden, rhythmischen Kräfte aus der Sphäre des Erzengel Raphaels können alte Wunden wieder heilen und daraus lernend neue Aufgaben übernommen werden, die uns aus der Zukunft entgegengebracht werden. Die unterstützende Kraft des Erzengel Michael hilft uns aus der Geistesgegenwart dabei, das zu realisieren und zu leben, was wir uns vorgenommen haben, in der Hoffnung, daß der Mensch immer mehr selber die Verantwortung für sein Tun und seine Taten übernimmt. So können aus wahrer Freiheit neue Gedanken, Gefühle und Taten geboren werden – zum Erhalten und Erbauen einer neuen Welt.

Kannst du uns über deine Erdheilungsreisen in Europa erzählen?

Mit Unterbrechungen reisten wir sechs Jahre lang mit Gruppen. Bevor ich eine Reise mache, schaue ich mir zu Hause die Äthergeographie des Ortes an. Inzwischen gibt es etwa 200 bemalte Landkarten im Archiv.

Ätherkarten

Ich betrachte die Karte und sehe darauf Farben und Bewegungen, und das, was sich immer wiederholt und weiter bewegt, das halte ich fest. Alles, was sich verfestigt und zu Linien verdichtet, ist zuviel Astralität an einem Ort. Ich sehe zum Beispiel auf der Karte, daß eine Landschaft viel menschliche Aggressionen oder Stauungen übernommen hat. In Irland gab es große Probleme zwischen den Religionsfronten. Die dritte Gruppe, die spirituell frei denkenden und durch sich selbst weiterarbeitenden wunderschönen Einzelpersönlichkeiten, die dort überall sind und sich aus dem Streit heraushalten, die sehe ich auch als Kraft auf der Landkarte. Ich unterstütze immer das Gesunde, das schon da ist, und die Schicht darüber, das Kranke, mit dem beschäftige ich mich nur zum Zweck der Diagnose. Nie arbeite ich dagegen. Wenn schlimme Sachen passiert sind, wie Morde und Schlachten, das gibt so starke Einprägungen, daß Elementarwesen wie ein Kuhfladen an der Erde kleben. Das haben wir so in Irland erlebt. Die Erdheilung bestand darin, durch den Menschen hindurch einen Engel anzurufen, und der Engel donnerte mit seiner Stimme – in der Gruppe zeigt sich das noch mehr. Daran konnten sich die Elementarwesen wieder neu orientieren und frei werden.

Bei dieser Arbeit geht es oft um durch Menschen herbeigeführte traumatische Ereignisse, denen Tsunamis, Waldbrände und andere Katastrophen folgen können. Erst wenn wir die Erde wirklich lieben, nehmen wir wahr, wie wir mit dem nötigen Respekt mit ihr umgehen und die starken Naturkräfte abschwächen können. Bei den Großfeuern in Portugal arbeiteten wir intensiv mit den Naturgeistern, um die Waldgebiete einer biodynamischen Farm zu schützen. Das Ergebnis war, daß die Feuersbrunst genau an der Grenze zur Farm innehielt. In gleicher Weise kann beruhigend auf die Wesen der Erdkruste eingewirkt werden, so daß es eher zu mehreren kleinen Erdbeben kommt als zu einem großen mit verheerenden Auswirkungen. Bei dieser Arbeit hängt sehr viel davon ab, wie gut eine Gruppe von Menschen harmonisch zusammenarbeitet.

Das Wasser der Erde und der Atmosphäre ist eines von unseren meistgenutzten Medien für die Erdheilung. Ein Fluß zum Beispiel erzählt seine gesamte Biographie an der Mündung. Von jedem einzelnen Wassertropfen, von seiner Geburt an der Quelle bis zu seiner Ankunft an der Mündung. So nehmen wir von dem schweren Wasser an der Mündung und tragen es flußaufwärts, immer mehr der Quelle entgegen. Wir halten immer wieder in entsprechenden Abschnitten an, einmal auf seiner rechten dann auf seiner linken Seite, vor allem vor Wasserkraftwerken. Wir tragen das Wasser im Ätherstrom hinauf, wie der Lachs oder die Forelle sich flußaufwärts im Ätherstrom hinauftragen läßt.

Alle Erdteile stehen miteinander in Resonanz, so ist immer wieder eine Regeneration möglich, die Wiederherstellung eines kranken Organismus. In Nordamerika zum Beispiel sind die großen Lungenflügel und Bewegungen der Erde, somit ist dort ihr gesundes

Atmungssystem. Es ist getragen durch die vier großen Weltenmeere, den Atlantik, das Polarmeer, den Pazifik und den Golf von Mexiko.

An den vier Himmelsrichtungen der Erde orientiert sich immer wieder der Erdheilungsauftrag.

Die Zeit, der Ort, der Moment, wann ein Präparat entstehen kann oder eine Erdheilung stattfinden kann, hängt immer von der Gesamtkonstellation ab, wo man ist, wer dabei ist, was man zu tun hat. Einmal hat man, zum Beispiel wenn man etwas Wasser holen muß, kein Problem während des Erdheilungsprozesses. Aber ein anderes Mal gibt es dann plötzlich deutliche Reaktionen, wenn auch nur ein Stein hingelegt wird. Kleines kann also auch starke Ergebnisse im gesamten sozialen und elementaren Bereich auslösen. Plötzlich kreisen Helikopter, es fallen Schüsse, es schreit jemand, Tiere bellen laut, Menschen streiten nebenan; aber es geschehen auch wunderbare Dinge, etwa herrliche Düfte, ein Wind kommt auf, Wellen verstärken sich, Vögel kreisen über der Stelle, der Mond hat plötzlich einen doppelten Halo usw.

Elementarwesen sind gut vernetzt

Wie reagieren die Wesen auf Erdheilungsarbeit?

Das geht über Stunden, wo sie sich bedanken. Ich habe Jahre gebraucht, das zu akzeptieren. Ich war so verlegen, ich habe ja fast nichts getan. Während einer Schwedenreise hat mich das stark beschäftigt. Ich machte nur eine kleine Sache, saß still und schaute zu, wie sie sich auf Moospolstern bewegten und fuhr Hunderte Kilometer weiter in den Norden. Dort hörte ich meine eigene Stimme und alles, was ich gesagt und gesungen hatte. Hunderte Kilometer südlich! Mein Klang kam wieder! Da verstand ich, was die Ätherwelt ist und wie die Elementarwesen vernetzt sind.

Die Elementarwesen im Süden haben es also sofort ihren Kollegen im Norden weitererzählt?

Ja, die wußten im Norden schon Bescheid, bevor ich dort ankam. Im Süden sagte ich: »Ihr seid so wunderschön, ich bin froh, daß es euch doch noch hier gibt!« Im Norden hörte ich von den Elementarwesen: »… doch noch hier gibt!«

Erdheilung in Tschernobyl

Wir waren mehrmals in der Nähe von Tschernobyl und haben ein spezielles Präparat für dort entwickelt, das auf Versuchsfeldern von der Universität Zhytomyr ausgebracht wird.

Wie geht es in Tschernobyl den Elementarwesen?

Oh je! Wir arbeiteten bei Korosten, etwa 90 km vom Reaktor entfernt. Die Bäume sah ich im Ätherischen zusammengedrückt bis auf die physische Form, sie hatten keine Ausstrahlung, keine Ätheraura, das konnte fast jeder erleben. Ich sah nur noch Grau, keine Farben mehr, gleichzeitig kam mir ein schmerzendes, gleißendes Licht entgegen.

Wir hatten dort auch ein sehr schönes Erlebnis. Dreimal waren wir an einer Stelle und vollzogen einen komplizierten Prozeß mit Feuer einen Meter tief in der Erde. Auch wenn die Erdoberfläche krank und radioaktiv verseucht ist, die Kommunikation der Naturwesen geht unten durch. Man muß nur tief genug gehen, um die Verbindungen zu aktivieren. Leider geht die Verseuchung immer tiefer in den Boden hinunter; konkret ist das Strontium heutzutage 2011 auf ungefähr 70 cm Tiefe gesunken, während das Cäsium sich in den Humus-Pflanzen-Kreislauf einschleust. Gegen Ende unserer Arbeit kam von ganz weit her ein altes, prächtiges Elementarwesen, das eigentlich Birkenwälder hütet, erfrischend herangerauscht, um den dortigen Wesen zu helfen!

Es ist eine schmerzerfüllte Gegend, die Landschaft braucht Frische, neue Impulse, neue pflegende Liebeskräfte, herzerfüllte Gedanken, wärmende Gedanken, Schutzhüllen bildende Zentren. Auch das Metall war wie versteinert, die Metallwesen konnten nicht mehr einzeln ihre Schönheit zeigen, sondern waren zusammengeklebt und bewegungslos, sie hatten untereinander keine Freiheit mehr. Es war sehr schwierig, das auszuhalten. Als wir dort zu arbeiten begannen, erschien mir gleich ein Kraftwerksleiter, der an Verstrahlung gestorben war, sagte seinen Namen und fragte: »Kann ich dir helfen, den Schaden wieder in Ordnung zu bringen?« Ich war so erstaunt; er hat mir auch sehr geholfen.

18 Monate Erdheilungsreise in Amerika

Was habt ihr in Amerika gemacht?

In Amerika sind immer fünf bis neun Leute mitgereist mit Wohnmobil und Zelten, manchmal mehrere Wochen lang. Das war natürlich nicht immer einfach, wir hatten ziemlich viel auszuhalten im Sozialen. Die Elementarwesen vor Ort waren die Auftraggeber. Wir hatten keinen Stadtplan und kein GPS, sondern ich hatte meinen eigenen GPS: jetzt rechts, jetzt weiterfahren usw.

Innere Angaben?

Ja, ich höre das direkt oder sehe eine innere Lichtschrift. Vor Ort entsteht die Aufgabe, wir hatten keinen Plan.

Wie läuft die Heilungsarbeit konkret ab?

Wo immer wir sind, bringen wir dem Ort Geschenke in Form natürlicher Substanzen von anderen Teilen der Welt mit. Auf diese Weise findet ein Austausch statt. Wir bringen Wasser von anderen Ozeanen und Flüssen, Sand von anderen Stränden, aber auch Steine, Kristalle, Federn oder Hölzer. Die darin enthaltenen Informationen werden so dem Ort mitgeteilt.

Um die Geschenke spirituell zu stärken, fügen wir homöopathische Dosen der zwölf Steine der Apokalypse hinzu, auch Gold, Myrrhe und Weihrauch, Rosenblätter und Salbei. Einige Stoffe müssen zuerst durch einen Feuerprozeß gehen. Die durch die Feuertaufe entstandene Asche ist außerordentlich lebendig und enthält eine Urkraft der Liebe, die der Erde zurückgegeben werden kann. Wir kochten Wasser durch erhitzte Steine, alles alchemistische Verwandlungsprozesse. Biodynamische Präparate werden durch rhythmisierende Bewegungen verstärkt. Ähnlich schütteln wir eine Flasche mit

Wasser, Asche, vielleicht ein wenig Sand und kleinen Steinen zehn bis zwölf Minuten lang kräftig. Wir machen auch viel mit Hämmern, Mörsern, Klopfen oder Verfeinerungsprozessen von Steinen, Muscheln, Samen und Pflanzenmaterialien. Wir bringen weiche Erde mit Kristallen in Verbindung, so daß Licht hineinkommt. Ich sehe vor Ort, was dieser braucht.

Die Verteilung dieser Geschenke in Flüssen, Seen und vielen anderen Orten begleitete die Gruppe mit Bewegungen, Singen, Lesen von Texten und Gebeten; auch meditatives Sprechen von Wörtern wie zum Beispiel »Harmonie«, »Wahrheit«, »Dankbarkeit«, »Liebe« und »Licht« öffnet den Zugang zu regenerativen Heilkräften in allen Welten. Natürlich bitten wir immer um die Mithilfe der geistigen Welt. Jede Erdheilungsaktivität war anders, entsprechend dem jeweiligen Ort.

Ich arbeite nicht mit Steinsetzungen, die wie eine Akupunktur wirken. Das Problem bei festen Installationen ist: Wie kann man sie weiter begleiten? Was ist in 30 Jahren, wenn alle beteiligten Menschen gestorben oder weggezogen sind? Man sollte vorsichtig sein, denn irgendwann muß man sie wieder herausnehmen oder verwandeln. Ich mache nie etwas Festes, sondern nur Vergängliches. Ich bin geographisch an einem Ort und frage erst, was erforderlich ist, ob er überhaupt jetzt von uns/mir betreten werden soll und wo wir uns niederlassen sollen. Oft braucht es Zeit, den richtigen Platz zu finden. Ich bleibe dort, bis ich höre: »Jetzt reicht's, jetzt kannst du gehen!« Oder die Wesen fangen schon selber an, die Spur, die ich in den Sand gelegt habe, durch eine große Welle, Regen oder Wind wegzuwischen. Dann gehe ich.

Wenn es erwünscht ist, nehmen wir von einem Ort etwas mit, das uns in unserer Erdheilungsapotheke für einen neuen Ort oft in Kombination mit anderen Substanzen zur Verfügung steht, um die Kommunikation der einzelnen Regionen unter den Elementarwesen zu stärken.

Da ist bestimmt viel zusammengekommen!

Es waren am Schluß 160 Flaschen. Wir brachten Wasser vom Atlantik zum Pazifik und umgekehrt und von Fluß zu Fluß. Am Schluß hatten wir eine Mischung von 75 Litern und Materialien aus 150 Regionen.

Warum habt ihr Materialien ausgetauscht, wäre das nicht meditativ gegangen?

Nein, denn es gibt so viele Taten von Menschen, die Grenzen schufen. Am Schlimmsten ist die Grenze zwischen USA und Mexiko. Wenn man diese meditiert, geht das bis in eine gewisse Schicht. Wir sollten aber auch in der physischen Welt arbeiten. Eine freie Tat erlöst einen Täter.

Wie hast du die Orte herausgesucht?

Dort, wo am meisten Störungen sind, muß man hingehen und arbeiten. Viele Leute wollen sich selbst besser kennenlernen, machen Wahrnehmungsübungen, haben Erlebnisse, singen und musizieren. Das bringt viel Freude und Liebe, und die Orte werden kuscheliger, weicher, dynamischer und gepflegter. Das ist schön. Aber die entsetzlichsten, auffressendsten Wesenheiten, die im Menschen zum Beispiel im Krebs wirken, diese möchte man lieber wegschicken. Doch gerade hier fange ich an. Weitermachen, wo es nicht mehr gemütlich ist, immer die Grenze suchen, wo man selbst schon genug hat, und diese überschreiten.

Wenn wir durch eine verbrauchte Stadt kamen, wo die Elementarwesen ganz schlecht dran sind, weil dort nichts mehr ist, hatte ich eine große Schüssel auf dem Schoß und streute die Sandmischung mit Präparaten aus dem Fenster. Das wurde mir aus den Händen gerissen! Für kurze Momente kamen sie zu Besuch, manchmal fuhren sie auch mit und erzählten über die Stadt. Ich sagte immer: »Reist nicht mit. Es ist so wichtig für diese Gegend, daß ihr hier bleibt!« Und ich gab den Wesen einen Auftrag, was sie in der Stadt tun können. Diese bettelten: »Aber dann gib uns noch eine Handvoll mehr davon!« Und noch eine, dann »Bye, bye«, und sie winkten und waren weg. In einer Stadt waren es oft sechs oder sieben Punkte, die wir anfahren mußten. Wir brachten Material von der einen Stadtseite auf die andere. So entstehen Brücken. Diese Brücken sind so wesentlich und sehen aus wie eine Kathedrale.

Seid Ihr auch nach New York gefahren?

Na klar. Wir waren auch beim Ground Zero. Wir haben die ganze Nacht durcharbeiten müssen bis morgens um 9.00 Uhr. In die Kanalisation haben wir literweise Präparate hineingegeben.

Der Morgen oder der Abend in der Ruhe war für die Erdheilung oft die beste Zeit. Die Widersacher sind am stärksten im Übergang von Tag und Nacht. Sie suchen nach Erlösung. Wenn du ihnen erzählst, daß Christus wiedergekommen ist und du auch da bist, nimmst du ihnen die Spannung, es wird weicher, und du hast diese Wesenheiten nicht mehr als angstmachende Zone, sondern sie zerfallen in viele Stücke. Wenn du sie einzeln pflückst, kannst du sie anstellen. Sie warten darauf, dringend, sie sind ja arbeitslos. Das Schlimme ist, wenn diese Kräfte nicht genutzt werden.

Du hast auch viele Bilder gemalt, um was geht es dir dabei?

Es geht um das Wahrnehmen, am Ort Ankommen und die Elementarwesen malen lassen. Ich male mit der Erde vom Boden, Pflanzen oder Kuhmist aus dem Stall und erlebe dadurch, wo wir sind. Es sind immer Bilder des Ortes.

Das Malen ist für dich also ein Auffassungsorgan?

Ja, damit ich auf den Punkt komme und mich sammeln kann. Bis in Costa Rica durfte ich malen, dann kam die Angabe, daß ich nicht mehr malen darf. Ich war geschockt, denn das war die Methode, die ich kannte.

Eine Angabe?

Ja, ganz klar. Da kam der Christus zu mir: »Malst du gerne?« »Ja.« »Dann lege jetzt deinen Stift weg. Jetzt wirst du die Bewegungen so weitläufig wahrnehmen, daß du es nicht mehr auf ein

Papier bekommst.« Am Panamakanal fing es an, daß ich Weltenbewegungen, Weltenformen um die ganze Erde zu sehen anfing. Das konnte ich vorher nicht sehen.

Mittelamerika und Maya-Tempel

Mittelamerika hat mich sehr beschäftigt. Du kannst dort die Themen »Transformation von Gut und Böse« und »Antichrist und Christ« sehen und anfassen. Da war ich aufgeregt.

Was kann man anfassen?

Wenn ich an einen Baum oder einen Gegenstand heranging, hatte ich sofort das Bild von allen Seiten und Wesenheiten, den hellen wie den dunklen, die schönen wie die Zerrbilder. Ich konnte von jedem Punkt die Erfahrungen, die in Schichten gestaut sind, auch die Widersacher Luzifer und Ahriman, erleben und durchschauen. Durch das Dunkle schaute ich sofort das Christusgesicht. In Mittelamerika sah ich bis zum Herzen von Christus, das war einfach göttlich, ich kann noch gar nicht ruhig darüber sprechen!

Missionieren darf man nicht. Bei den Maya-Tempeln wurde ich herausgehalten: »Stop, du darfst nur einen Maya-Tempel besuchen!« Ich dachte mir, jetzt sind wir doch so weit gereist und endlich da! »Nix da! Du darfst nur einen Maya-Tempel besuchen!« »Welchen?« Sie zeigten mir einen in Honduras.

Wir näherten uns dem Tempel ganz langsam und achteten auf die Schicksalsbegegnungen im Umkreis. Ich verteilte kleine Gaben im Wald, ging um den Berg herum, grüßte alle von unten bis oben, meldete mich an und ließ alles werden. Stufe um Stufe ging ich höher, brachte Gaben mit, so daß immer eine Entwicklung mitgehen konnte und ich nicht durch mich einen Schock erzeuge. Dort ist alles voller Schock. Als ich sah, wie viel Mißbrauch dort stattgefunden hat, wie viele Jungfrauen hingeführt wurden, wie durch das Blut gelesen wurde, verstand ich, warum wir immer noch auf den Blutsbanden sitzen. Ich war sofort in biographischer Arbeit vergangener Inkarnationen. Reinkarnation war keine Theorie mehr oder Erleichterung des eigenen Schicksals, ich sah elementar, welche Verantwortung ich durch die Leben hindurch habe.

War mit dem Maya-Tempel eine Heilung zu vollziehen?

Ja, schlußendlich durfte ich. Das war die Gnade. Ich wußte es bis zuletzt nicht. Es kam die Präsenz von Erzengel Michael, er hat dieses wunderschöne hellblaue Licht und Gewand. Ich wußte: »O.k., mein kleiner Teil, der auf der Erde ist, sieht hier nicht durch, aber Michael kann beurteilen, daß es geht.« Ich hatte keine Idee, was ich tun sollte. Es kam die Angabe »vier Himmelsrichtungen«. Wir brachten unsere Präparate an den vier Tempelseiten aus. Das bildete einen Kreis, und wir durften sogar die Stufen hochklettern und die Gaben ganz oben darbringen. Ich sah, daß ich gerufen wurde durch das Christuswesen selbst, wurde in die Erde gezogen und hörte den Meister sprechen. »Danke, ich durfte da sein, danke.« Dies geschah innerhalb einer Viertelstunde.

Auseinandersetzung mit Ahriman in Nordamerika

Auf der Reise zum Golf von Mexiko hatte ich im Januar 2009 eine wichtige Auseinandersetzung mit Ahriman, die für mich ein Höhepunkt der Arbeit in Amerika war. Ich habe diese in einem Rundbrief genau beschrieben. Ich lese dir das vor:

»In den Stunden, wo ich am weitesten ausgedehnt war von meinem Körper, hatte ich eine direkte Begegnung im Raum mit unserem hungrigen Freund Ahriman auf die Liebessubstanz des Menschen, um durch den Menschen hindurch den Christus zu sehen.

Durch alle Tierformen kann er sich bewegen und durch alle Materie verstärken. Wie durch eine Art schwarze Leder-Ölhaut-Wand hindurch kam er auf mich zu und war sich so sicher, daß ich ein Teil von ihm bin und nun ganz in seiner Welt zu funktionieren habe. Und ich sei unter ihm, und er sagt mir, was richtig und falsch ist. Er verspottete mich und die Arbeit, die wir tun, und setzte alles auf ein

Nichts herab. Mit Eleganz, Lockerheit, Arroganz, scheinbarer Sicherheit waren seine Bewegungen, Sprachklang, in einer Formveränderlichbarkeit in alle Personen, die es je auf Erden gegeben hat; auch alle Tiere nachahmend: mich anbellend wie ein Hund, der Angst hat, oder schmeichelnd wie eine Katze. Dann zeigte er sich durch einen wunderschönen, schwarzen Panther, nur seine Augen waren viel gelbgrüner, giftiger, als je ein Tierlein schauen kann!

Dann gingen seine Angriffe immer weiter in die persönliche Welt hinein, und er wurde immer drohender, schien alle Möglichkeiten in der Hand zu haben, mein Leben und das meiner Lieben zu vernichten, wenn ich jetzt nicht sofort abreisen würde und ihm sein Amerika überlasse! Was wir uns erlauben würden, uns so um Amerika zu kümmern und zu meinen, daß es unsere Unterstützung brauche. ›Eure Arbeit bringt eh nichts.‹ Das Schlimmste, was wir getan haben, war, zu versuchen, Kanada, die USA und Mittelamerika zusammen zu verbinden und hinter allem Tun herauszufinden, was die wahre Aufgabe aller Länder untereinander ist.

›Ihr da, mit euren Steinchen und eurem Getue mit Sand und allem Zeugherumschleppen, das bringt ja eh nichts. Ihr wollt geistig sein und tut doch alles physisch. Das ist meine Welt! Eure Spielereien mit euren Zwerglein sind schon längst wieder vergessen, denn die wahren Probleme halten die Welt gefesselt und lassen sie schön machen, was ich will! Es gibt keine Erlösung, was ihr sooo hofft! Ihr wißt es ja auch nicht, wie man ein Problem löst, ihr müßt ja immer euren Liebling fragen oder hoffen, daß euch geholfen wird! Ich bin die Lösung, die Lösung aller Probleme, und längst ist alles schon entschieden! Was redet ihr immer von Verwandlung, das ist ja zum Lachen, das geht nicht mehr. Ihr seid schon in der Sackgasse, darum geht nur mein Plan.‹

Er kümmere sich schon so lange um dieses Land, und wir sollten ihm den Plan nicht zerstören, für den er so lange hart gearbeitet hat und der nun kurz vor seinem Höhepunkt ist, von wo aus er die ganze Welt endlich als Einheit unter seiner Kontrolle halten kann!

›Überall geschehen Verzögerungen und, so wie ihr es nennt, Wunder! Ihr werdet Euch noch wundern, was ich für große Wunder vollbringen kann, die ihr mit dem Leben bezahlt. Ihr habt ja Angst, alles zu verlieren und vor allem euer Leben, das ist mir eine große Hilfe. Aus diesem Material erbaue ich eine neue Welt!‹

Dann wurde er immer aktiver. Es fühlte sich an, als würde er alle seine Freunde auf der ganzen Welt rufen, denn er wurde immer nervöser, als würde ihm die Zeit davonlaufen, in der er mich erreichen kann, und nun mußte er all sein Können einsetzen.

Immer dichter kam er an mich heran, und es fühlte sich so an, als würde er jetzt gerade durch mich hindurchlaufen, und ich würde mein Bewußtsein verlieren.

Genau an dieser Grenze fühlte ich hinter und über mir eine große, aufrechte, schützende, wunderschöne, ruhige, weisheitsvolle Präsenz, die ihre Hülle um mich legte, so daß ich mich wie in einem Baumstamm fühlte als ein ganz kleines Wesen mit einer Leichtigkeit, Klarheit, wärmenden Geborgenheit, daß ich alles vergessen konnte, was gerade noch so schlimm war. Eine Stimme war so real nah und allumseiend, daß meine ganze Aufmerksamkeit darauf gerichtet war. Ich war so dankbar für die Beratung durch jedes Wort, wie ich mich am besten verhalten sollte in dieser Situation.

Zur gleichen Zeit wurde die Hülle zu einer wunderschönen Säule, und ich konnte in einen Raum schauen, der von vielen anderen Säulen erfüllt war, doch jede war etwas anders. Alle waren im Grundton hellblau mit durchschimmernd allen anderen Farben, auch mit Gold. Es gab auch Säulen, die grau waren, die alle Farben noch gebunden hatten. Ich hörte durch meine Säule Michael sprechen der sagte: ›Schweige, du stehst da als Mensch an dieser Schwelle, wo ich durch dich zu ihm sprechen kann!‹ Und ich fühlte sofort, daß das das beste war, was ich tun konnte, und ich hörte nur meine Seele vor sich hinsprechen, fast singend: ›Ich lebe, ich lebe!‹ In allen verschiedenen Qualitäten; mal schnell, mal hoch, tief, dicht, leicht, jung, erfahren, warm, luftig, fröhlich usw. Noch viele

Variationen mehr, teils zur gleichen Zeit auf verschiedenen Ebenen oder wie eine Melodie oder mit Pausen dazwischen oder wie ein Echo, oder die Worte wurden zu einem Weg vor mir, daß ich auf ihm gehen konnte. Und ich hörte Michael mit einer warmen, donnernden Stimme zu Ahriman sprechen, doch an den gesamten Inhalt kann ich mich nicht mehr erinnern, aber dieses weiß ich noch ganz genau. Er sagte zu ihm: ›Du weißt, auch für dich ist der Weg nach Golgatha geöffnet worden, die Kraft, die auch zu dir ›ja‹ gesagt hat, indem sie deine Not erkannt hat! Wenn du bereit bist, deine Angst zu opfern, die du hast, deinen freien Willen aufzugeben, so wirst auch du den Erlöser durch dich selbst sprechen hören und sehen, und du kannst erkennen, daß du dich der größten Illusion hingegeben hast mit der Meinung, über allem stehen zu müssen. Ununterbrochen hast du Bedürfnisse, und alle müssen dir helfen und rennen für dich, und doch wirst du nie satt. Nichts reicht dir, nichts ist dir genug. Immer mehr Macht willst du gewinnen auf der Suche nach deinem wahren Glück. Dein Hunger nach Liebe ist dein Problem, da du nicht weißt, daß sie auch für dich da ist. Schaue den Menschen. Er ist einfach Mensch und wandert in dem Land der Ewigkeit, wo weder Raum noch Zeit waltet, wie in deinem Reich. Schaue den Christus, ER geht uns voran!‹

Während Michael sprach, sah ich Ahriman immer schwächer werden in seiner muskulären Stärke und Größe, und seine Aufrichtekraft wurde immer waagrechter und flacher auf den Boden kommend. Seine Beweglichkeit verlangsamte sich immer mehr, bis er immer mehr aussah wie Rindenstücke von einem Baum oder schwarze, feuchte Wurzeln. Um ihn herum waren viele schwarzweiße verzauste, gebrochene, schmutzige Federn und ein Metallglanz, wofür ich keine Worte habe, denn es waren alle Farben von allen Metallen darinnen enthalten.

Zur gleichen Zeit fühlte ich, wie ich langsam wieder aus dieser Welt heraus begleitet wurde und immer mehr meinen eigenen, schweren Atem und die Hitze des Fiebers im ganzen Körper wahrnehmen konnte, aber ohne Angst und noch so erfüllt von allem gerade Erlebten!

Von diesem Moment an fühlte ich, daß es wieder in die gute Richtung ging und das Schlimmste überstanden war! Noch sehr schwach und müde über eine längere Zeit, aber zutiefst glücklich und dankbar, daß mich die wahren Liebeshände wieder auf die Erde gebracht haben, so daß ich es euch heute mitteilen kann. Ich brauchte einige Wochen, bis ich fähig war, das zu formulieren und den Mut zu haben, es mit euch allen zu teilen, weil es ein ganz persönliches Erlebnis war. Doch nun hat mir die geistige Welt gezeigt, wie wichtig es ist, dieses Erlebnis mit anderen Menschen zu teilen, denn in jedem von uns sind viele Fragen und Unsicherheiten, die vielleicht dadurch bestätigt oder geklärt werden können. (...)

Sobald es mein Gesundheitszustand erlaubte, fuhren wir auf unserem Erdheilungsweg weiter am Golf von Mexiko entlang. Als wir auf der Höhe von Rockport (Texas) waren, fand in Washington die Vereidigung von Obama statt. Ich saß am Fernseher wie ein kleines Kind und staunte über die gewaltige Menschenmenge, die eigens nach Washington gereist war, um bei Eiseskälte die ganze Nacht hindurch auf den großen Moment zu warten! Dies bewies mir, wie lange sie schon sehnsüchtig auf wirkliche Veränderungen durch die Taten ihres neuen Präsidenten warteten!

Nach Beendigung der Arbeit in Amerika ging es per Schiff von New York zurück nach Europa, über England, Spanien und Frankreich, von der Mündung der Rhone entlang des Flusses zurück in die Schweiz.

Zum Abschluß möchte ich an dieser Stelle allen meinen Helfern und Begleitern herzlichst danken für all ihre Liebe, ihr Vertrauen und ihre Hilfe auf all unseren Wegen. In voller Bejahung der Zukunft, da wir wissen, daß wir immer in tiefer Zusammenarbeit sind mit der geistigen Welt, geht die Arbeit unter allen Umständen weiter!

12. Johanna Markl

Angestellte der Grossmütter

Nach den Künstlern machen wir uns nun auf den Weg zu zwei Menschen, die in einem bewußten hellsichtigen Kraftstrom mit ihren Vorfahren verbunden sind. Johanna Markl lebt auf einem renovierten Hof südlich von Bremen und leitet das Institut für Geomantie. In dem Gespräch läßt sie uns in ihre geomantische Werkstatt blicken, erzählt von den Zeitschichten in der Landschaft und der »Krone des Nordens«. Bewegend ist ihr Werdegang: Schon als Kleinkind begann ihre Ausbildung bei den Großmüttern, lange lebte sie in Parallelwelten, individualisierte ihre Fähigkeiten und wagte sich schließlich in die Öffentlichkeit. (Kontakt: www.geomantie-online.de)

Du hast ein Institut für Geomantie. Was machst du da?

Ich beschäftige mich ganzheitlich mit Orten, mit allen Ebenen, dem Materiellen, den Kräften, Geistern und Wesenheiten. Ich werde geholt von Menschen, weil sie irgendetwas an dem Ort, an dem sie leben, verstehen wollen. Ich mache Reinigungen und Segnungen und auch ganz simple Sachen, wie nach einer Wasserader schauen, wenn jemand nicht schlafen kann. Ich kann alle Ebenen anschauen. Ich leite Menschen in ihrer Entwicklung in Ausbildungen, Seminaren und Einzelarbeit. Ich begleite Seelen und Tote –

Sterben ist ein langer Prozeß. Und ich arbeite mit Seelen zur Inkarnation, die wiederkommen wollen, mit Paaren, wo es schwierig ist, daß sie Kinder bekommen. Ich betrachte mich als Angestellte der Großmütter (meiner Ahnen) und der Ahnenkräfte des Landes. Das ist für mich ein Sammelbegriff für die Urkräfte eines Landes. Diese sind meine Arbeitgeber und schicken mich entsprechend herum.

Die schicken dir die Klienten?

Ja, über die Menschen werde ich immer zu Orten gebracht, die eine Hilfe wollen. Zum Beispiel wurde auf einem Hof hier in der Nähe offensichtlich vor zwei oder drei Jahrhunderten ein wichtiger Baum gefällt, der für die Präsenz des Hofgeistes, der Ahnenkraft und die Segnung des Ortes zuständig war. Der Baum wurde gefällt, eine Scheune darauf gestellt und seine Kraft nicht mehr geehrt. Danach ging es mit dem Hof bergab. Der Hof wurde vor zwei Jahren verkauft, und diese Kraft war jetzt offensichtlich an dem Punkt, wo sie wieder gesehen werden wollte und eine Chance sah, daß das mit den neuen Besitzern möglich ist. Deswegen bin ich dort hingekommen. Das meine ich damit, daß ich von Ahnenkräften zu den Orten geschickt werde.

Ausbildung begann mit zwei Jahren durch die Großmutter

Wann wurdest du angestellt und mit wem ist der Arbeitsvertrag geschlossen?

Mit meinen Großmüttern; ich bezeichne die besondere Kraftlinie als meine Großmütter, und das geht schon seit meiner Kindheit.

Deinen Großmüttern? Haben die das auch gemacht?

Also, es gibt eine reale Großmutter, die angefangen hat, mich auszubilden, als ich zweieinhalb Jahre alt war. Das geschah im praktischen Tun, durch Erfahrungen, in die ich hineingestellt wurde mit dem Hintergrund: »Du bist diejenige, die die Begabung unserer Familie geerbt hat, deswegen wirst du ausgebildet, und du mußt die Arbeit tun.«

Ich habe gelernt, die Geistwesen und Kräfte der einzelnen Pflanzen zu erfassen. Ich habe gelernt, was die richtigen Zeitpunkte und die richtigen Rhythmen sind. Von Kindheit an beobachtete ich den Sternenhimmel und dessen Wirkung und war nächtelang draußen. Ich lernte, mich am Magnetfeld der Erde zu orientieren, wurde als kleines Kind nachts ausgesetzt und mußte alleine nach Hause finden nur mit der Orientierung am Magnetfeld. Dann ging es darum, die Kräfte von Orten zu erfahren, dazu wurden mir Märchen erzählt, wobei ich die jetzt nicht wiederholen könnte. Wegen des katholisch-christlichen Kontextes wurde alles mit den verschiedenen Heiligen verbunden. Für jede Tat gab es den richtigen Heiligen oder die richtige Heilige und damit auch Zeitpunkte, die sich am Heiligenkalender orientierten. Wie ich es gelernt habe und wie ich es jetzt lehre, das unterscheidet sich; meine Großmutter war eine Bäuerin.

Die hat keine Seminarhäuser gemietet, Programme geschrieben und im Internet eine Website gepflegt…

Nein und es gab keinen geistigen Überbau, es gab nur die Praxis und die Heiligen. Diese hat man für bestimmte Tätigkeiten immer angerufen. Wenn ich morgens geweckt werden will zu einem bestimmten Zeitpunkt, stelle ich mir keinen Wecker, sondern ich sage abends zum heiligen Veit, daß ich morgens um diese Zeit geweckt werden will. Und dann tut er das. Die Heiligen stehen für verschiedene Wesenheiten und Kräfte. Die Heiligen lehre ich heute aber nicht, da die wenigsten in unserer Kultur noch einen Kontakt dazu haben, was Heilige sind, und das wäre dann folkloristisch.

Spirituelle Heilung in der Familientradition

Haben deine Großmütter auch beratend und heilend für andere gewirkt?

Die Mutter von meinem Vater war die Tierheilerin am Ort und sammelte die Heilpflanzen, die sie brauchte. Sie wurde selber von ihrer Schwiegermutter eingeweiht, die Heilerin und Apothekerin war. Meine Ur-Ur-Großmutter war im Bayerischen Wald Dienstmagd und hat für Menschen die Zukunft vorhergesagt, Amulette gemacht und auch mit Pflanzen gearbeitet. Es wurde in der Familie immer geschaut, wer hat die Verbindung mit dieser Kraft geerbt, und diese Frau wurde dann ausgebildet und mit hineingenommen in dieses Wissen.

Wie erkennt man, daß jemand das geerbt hat?

Das sieht man. Man hat eine Haut zu wenig, ist durchlässiger und ist eine Art von Kraftkanal für das, was ich als meine Großmütter bezeichne. Das ist wie ein Energiefeld, vielleicht würden andere das als Geistführer oder Engel bezeichnen. Für mich waren das immer meine Großmütter.

Gibt es auch eine Männerlinie?

Ja, von meinem Vater habe ich gelernt, in den Dingen mehr zu sehen. Er hat mir ein Stück Holz oder einen Stein gegeben und gefragt: »Was siehst du für eine Gestalt darinnen?« Und dann ging es darum, das herauszuholen durch Schnitzen oder Plastizieren mit Ton. Mein Vater hat auch viel religiöse Kunst gemacht und viel aus Wurzeln. Die Männerlinie war also die künstlerische Gestaltungskraft.

Leben in einer Parallelwelt

Bist du mit dieser Ausbildung gut durch die Schulzeit gekommen?

Nein. Ich lebte immer in einer Parallelwelt. Es gab die normale Welt und es gab eine Anderswelt, die meine wahre Welt war. Ich hatte im Alter von 17 dann einen Bruch, ich wollte normal sein. Ich konnte viele Dinge nicht machen, die für andere Kinder und Jugendliche normal waren. Laute Musik, grelles Licht, eine bestimmte Art von Geschwindigkeit habe ich nie ausgehalten. Ich habe immer alles doppelt gesehen, den Vordergrund und das geschichtliche Geschehen.

Ich bin in Bamberg aufgewachsen und habe nicht nur die Straße gesehen, sondern immer auch die ganzen Geschehnisse, die in dieser Straße waren. Manchmal wußte ich gar nicht, in welcher

Realität ich bin. Ich konnte auch von Menschen ihre ganzen Geschichten sehen, die sie um sich herum hatten. Das ist schwierig in der Kommunikation, es ist eine Reizüberflutung. Mir ging es zurückgezogen mit den Wesen von Pflanzen, Steinen oder Tieren viel leichter im Leben. Bummeln in der Stadt war eine Katastrophe, das ging überhaupt nicht. Bis zum Schuleintritt war ich sehr viel bei meiner Großmutter auf dem Land und danach immer in den Ferien oder am Wochenende, wo ich nicht in normalen Zusammenhängen war und immer in diese Art Arbeit hinein genommen wurde. In der Kirche in Bamberg konnte ich sehen, ob ein Pfarrer verbunden war mit dem, was er sagte, oder nicht. Ich war dadurch oft unverständlich für die anderen Kinder und Erwachsene und daher in einer Einsamkeit. Mit 17 wollte ich normal sein. Ich wollte verdammt noch mal nichts mehr sehen, nichts mehr spüren. Mir war das einfach zu viel. Ich wollte in die Disco gehen.

Bist du gegangen?

Nein, nicht richtig; in der Katholischen Jugend war etwas Disco. Ich versuchte einige Jahre, ein normales Leben zu führen, machte Mittlere Reife, eine Lehre, wurde staatlich anerkannte Erzieherin und arbeitete mit Kindern in Obdachlosensiedlungen in Nürnberg und Erlangen. Das mit dem normalen Leben klappte aber nur wenige Jahre, dann hatte ich einen enormen Zusammenbruch. Ich mußte mich noch einmal entscheiden, diese in der Kindheit ausgebildete Fähigkeit anders und bewußt in mein Leben zu integrieren. Ich wurde als kleines Kind hineingeschmissen, es hat mich keiner gefragt. Jetzt mußte ich die bewußte Entscheidung treffen, das wirklich leben zu wollen, in eine vermittelbare Form zu übersetzen und damit hinauszugehen. Dafür habe ich mich entschieden, wobei das Hinausgehen ein ganz langer Weg war. Ich habe zwar mit Orten und den Kräften gearbeitet, aber nicht öffentlich, sondern in einem verdeckten Rahmen, gerade mit den Kindern und den Orten in der Obdachlosensiedlung.

Das heißt, du hast Heilarbeit gemacht, aber es wußte niemand davon?

Ja. Ich hatte auch total Angst. Ich bin damit aufgewachsen als Kind, daß mir gesagt wurde: »Du bist eine Hexe, sag das niemandem!«

Das ist dir gesagt worden, von deiner Großmutter?

Vor allem von meiner Mutter: »Du wirst sonst für verrückt erklärt und kommst in die Psychiatrie.« Es war immer ein Doppelspiel. Als Kind mußte ich zum Beispiel Tote begleiten, die hängengeblieben sind, und all diese Sachen sehen und gleichzeitig durfte ich es nie zeigen. Ich wurde ausgebildet, durfte es aber nicht sein.

Hat es deine Mutter akzeptiert?

Nein, meine Mutter fand es in meiner Kindheit immer bedrohlich. Das hat sich erst in den letzten Jahren geändert.

Das ist ja ein Spannungsfeld, wenn sie dich als Hexe bezeichnete!

Für mich war es auch sehr schwierig. In Europa bin ich in dem klassischen Sinne wirklich eine Hexe, aber ich mag das Wort nicht. Ich finde es negativ.

Bei Hexe schwingt immer mit, daß man zwingend und egoistisch arbeitet. Der Begriff ist aus der Geschichte sehr belastet.

Ja, man kann ihn heute nicht benutzen.

Spirituelle Arbeit für Frauen

Wie bist du dann in die Öffentlichkeit gegangen?

Ich habe in Nürnberg das feministische Gesundheitszentrum mitgegründet, das war 1978. In der feministischen Frauenbewegung bin ich offener damit umgegangen, denn hier ist diese Fähigkeit positiver besetzt. Da ich den Frauenweg habe, gebe ich dieses Wissen auch nur an Frauen weiter. Wenn ich Männer unterrichte, unterrichte ich anders.

Weil Frauen ganz anders geartet sind?

Ja, der Zugang ist anders und die Wurzeln und Rückbindung sind anders. Das ist vielleicht nicht prinzipiell so, aber jetzt ist es so. Männer brauchen eine andere Unterstützung als Frauen, um an diese Kraft zu kommen.

Ich lebte bis 1990 in der Fränkischen Schweiz, war schon relativ offen damit und habe unter anderem Yoga-Unterricht für Kinder gegeben. Dann sagte die Pastorin auf der Kanzel in Gräfenberg, die Eltern dürften auf keinen Fall die Kinder zu mir in den Yoga-Unterricht schicken – das war an der Volkshochschule, wohlgemerkt –, weil ich eine Hexe sei und Seelen für den Teufel fange. Das war sehr deutlich!

Das hört sich nach einer schwierigen Situation an?

Ja, die hatte ich. Ich sagte vorhin, daß meine Großmütter meine Arbeitgeber sind und mich immer herumschicken. Ich wußte schon, daß in der Fränkischen Schweiz meine Aufgabe mit der Landschaft zu Ende war, die Tore waren nun ganz zugegangen, ich mußte wirklich weg. Interessant ist aber schon, daß genau dieser Hexenvorwurf so ausschlaggebend war. Gleichzeitig sind für mich woanders Tore aufgegangen. Und hier in der Grafschaft Diepolz, auf der Geest bin ich von den Ahnenkräften adoptiert und aufgenommen worden.

Elementarwesen wahrnehmen

Was waren deine ersten Erlebnisse mit Elementarwesen?

Als Kind waren sie für mich so real wie Menschen und vollkommen sichtbar. Es gab keine große Türe dazwischen, deshalb waren diese Wesen immer für mich präsent. Ich selber habe mich auch nicht so wahrgenommen, wie man sich körperlich auf einem Foto sieht, sondern weiter und beweglicher. Wir haben alle einen Elementarwesenkörper, und wenn ich mit Elementarwesen kommuniziere, gehe ich jetzt bewußt in diesen Körper.

Seit meiner Kindheit hat es sich insofern verwandelt, als ich den Vorhang öffnen und schließen kann. Und ich bin mir der verschiedenen Abstufungen anders bewußt, lebe nicht mehr instinktiv da drinnen, sondern es ist eine geistige Durchdringung dabei.

Welche Abstufungen?

Ich kann sie über Gedanken wahrnehmen, über: »Ah ja, ist da«, ein inneres Wissen, über Hören in Sprachen, Klängen, Musik oder über den Eindruck eines Wassertropfens. Ich kann sie auch sehen, wobei die Gestalten nicht unbedingt festgelegt und so konkretisiert sind, wie sie in Büchern gezeichnet werden; es ist alles viel offener, nur eine Farbfläche oder wie Schlieren. Und ich kann bewußt in dieses »Ich als mein Elementarwesenkörper« hineingehen und verstärke so den Kontakt.

Welche Elementarwesen sind hier im Eßzimmer?

Wenn du dich hier in diesem Raum umsiehst, um es praktisch zu machen, wen nimmst du wahr?

Was hier stattfindet? Es sitzen hier ganz viele mit um den Tisch und hören zu. Da sitzt etwas, was aussieht wie eine größere Kröte, dahinter steht etwas wie ein Biber – es ist komisch, das so zu beschreiben, sie haben auch die Fähigkeit, Gestalt zu wandeln.

Wir nehmen das nicht als Fotografie, es ist natürlich kein Biber oder Kröte, sondern das sind Sprachbilder.

Daneben sitzt jemand, der hat etwas Drachenähnliches mit einem langen Schwanz. Hinter dir ist eine Art Feuer-Zappel-Wesen und oben fliegt so was wie ein fliegender Fisch. Wenn ich das jetzt noch mehr zulasse, kommt mehr. Dort sind andere Wesen, die haben Menschengesichter aber einen sehr durchlässigen Körper. Unter dem Tisch sitzen auch noch welche. Da hinten ist die Nymphe von der Quelle vom Klosterbach, die guckt in das Zimmer herein.

Aufwecken von Elementarwesen

Ist es für Elementarwesen bedeutungsvoll, wenn man sich ihnen zuwendet?

Manche schlafen, wenn sie lange nicht beachtet werden. Dann können sie ihre Arbeit nicht tun, und das ist schädlich für das Land und die Menschen. Das Aufwecken, so daß sie lebendig werden, geht nur durch den geistigen Kontakt und das Erkennen. Das erlebe ich auch bei einem Menschen. Seine Begabungen und Kräfte kann ich wie Elementarwesen sehen. Wenn diese schlafen, müssen sie erkannt werden und können erst dann wirksam werden.

Wir hatten die Diskussion, ob es für die Elementarwesen wichtig ist, wenn man ihnen Essen hinstellt?

Das ist natürlich sinnvoll, der geistige und emotionale Aspekt ist aber wichtiger, als das physische Essen. Es ist eine Handlung für die Menschen, damit sie sich für die Elementarwesen öffnen.

Eine andere Frage, die uns immer wieder beschäftigt: Haben Elementarwesen ein Ich-Bewußtsein?

Jein. Klar, sie haben es, gleichzeitig sind sie Ausdruck eines großen Ganzen. Wenn du einen Kristall hast, der schön geschliffen ist, wo jede Facette seine Funkel abgibt, kannst du den Funkel individuell sehen, trotzdem ist es ein Kristall, und das Licht kommt dazu. Es ist beides gleichzeitig. Ich nehme mich da nicht aus. Ich erlebe mich oft als aufgelöst in allem in einer Einheit, und wenn ich hier sitze und erzähle, erlebe ich mich als Ich in dieser Realitätsebene.

Gab es innerhalb der Elementarwesen eine Veränderung in den letzten Jahren?

Ich kann nicht klar differenzieren zwischen einer Entwicklung der Wesen und meiner Bereitschaft oder Fähigkeit, in einer bestimmten Ebene zu arbeiten, die sicherlich jetzt eine andere ist als vor 30 oder 40 Jahren. Insoweit fällt mir eine Aussage schwer. Mir fällt auf, daß die Geistwesen viel stärker präsent sind, und Blockierungen wollen mehr gelöst werden; der Druck auf Menschen, etwas zu tun, wird von ihnen aus größer.

Hausgeist und Familiengeist verbinden

Auf was achtest du besonders in der geomantischen Arbeit in Häusern?

Bei Bauernhäusern ist es ganz wichtig, wenn umgebaut wird, daß der Ort mit dem Fokus für den Hausgeist erhalten bleibt und weiterhin geehrt wird, sonst geht die Fruchtbarkeit vom Hof weg. Ich arbeitete mit einem Hof, dessen Linie ging zurück bis in die Megalith-Zeit, wo die ursprüngliche Hofgründung mit den ersten Gebäuden und der ersten Feuerstelle war. Doch dann wurde der Hofgeist nicht mehr beachtet, und es hat über Jahrhunderte hinweg ununterbrochen Streit gegeben, man könnte fast sagen, Mord und Totschlag. Die Hoferbin wollte das nicht mehr fortsetzen und wollte wissen, was da eigentlich los ist. Erst mußte die Verbindung zur vergessenen Ursprungskraft des Hofes reaktiviert und dann mit der Clankraft der Familie, die den Hof schon über 300 Jahre hatte, verbunden werden. Die Clankraft hatte sich in einer Eiche manifestiert, die Ursprungskraft in einem Stein. Es war notwendig, diesen Ursprungsstein zu ehren und dort einen Abkömmling von der Eiche hinzubringen und daß dies den Leuten vom Hof bewußt wurde und sie den Ort beschützen. Darauf gab es eine absolut deutliche Antwort. Alle anderen Höfe hatten in diesem Jahr Verluste, dies war der einzige Hof, der keine Verluste hatte und wo die Ernte gut war. Durch die Anbindung an die ursprüngliche Kraft wurde alles wieder genährt und kam in eine Ordnung.

Ich erlebte die ursprüngliche Hofkraft, als ich in die Megalith-Ebene kam. In dieser Zeit begann hier die Kulturlandschaft, und heutige Orte beziehen sich in der Regel immer noch auf die Wesen, die damals entstanden sind. Und diese Kraft ist wie eine Unke, nicht Kröte, sondern wirklich Unke. So eine ganz urtümlich archaische Kraft, immer in Verbindung mit Stein, stark, fruchtbar, sehr mütterlich, etwas Ganzheitliches. Wenn sich spätere Kräfte damit nicht verbunden haben, sondern nur oben draufgesetzt wurden, können sie nicht wirken, weil sie nicht genährt werden. Ich erlebe immer wieder diese Ursprungskraft so wie die Kraft der Hoffamilien, die später hinkamen. Zwischen der Megalithzeit und jetzt hat es viele Menschenbewegungen gegeben, und wenn diese es nicht schafften, sich mit der ursprünglichen Kraft zu verbinden, gibt es zwar Schichten übereinander, aber auch einen Streit untereinander. Deshalb ist mir wichtig, diese beiden Kräfte zu verbinden, den Familiengeist eines Hofes und die Ursprungskraft des Ortes, und bei den Menschen des Hofes dafür ein Bewußtsein zu schaffen.

Auf- und abbauende Kräfte achten

Durch meine zyklische Betrachtungsweise sind die auf- und abbauenden Kräfte beide wichtig und stimmig. Es geht darum, daß Menschen bereit sind, wieder in den Zyklen zu leben, sich nicht mehr darüberzustellen und es zu akzeptieren, daß es einen Beginn, einen Höhepunkt, eine Wandlung und eine Auflösung gibt. Alle Wesen und Kräfte, die an den verschiedenen Aspekten arbeiten, sollten gleichermaßen ihren Raum haben.

Ich arbeite viel mit den abbauenden und transformierenden Wesen. Wenn ich sie als Gestalten anschaue, erscheinen sie oft als Geier. Diese Geier sind mit unseren Kulturaugen betrachtet scheußlich, sie können richtig fratzenhaft ausschauen, sind aber absolut notwendig. Wenn sie an Orten fehlen, fehlt etwas, dann staut sich Nicht-Aufgearbeitetes an. Ein Beispiel: In die Kläranlagen der Höfe fließt alles rein und es türmt sich auf, wenn keine Kräfte da sind, die das abbauen. Es fließt ja nicht nur physisches Wasser hinein, sondern auch Emotionalität, das Körperwasser nimmt alles Mögliche mit. Auch deshalb wiederholen sich Probleme und Familientragödien immer wieder, weil es keine Transformation und Auflösung gibt.

In jeder Zelle, in jedem Komposthaufen passiert Zerfall, und es sind Kräfte und Wesen aktiv, die diesen Umwandlungsprozeß machen. Hier sieht die Feuerkraft völlig anders aus als bei einer Zwiebel, einem Samen oder einer Knospe, wo die Keimkraft hochspringt. Ein Problem ist, wenn man die abbauenden Kräfte als »schlecht« empfindet und aussperrt. Im Gegenteil: Man muß die einladen und auch ehren.

Wie lernt man das?

Du hast ja über Jahrzehnte Erfahrungen in der Ausbildung. Was ist in deinen Augen das Wichtigste für Menschen, die den Zugang finden wollen?

Erst einmal braucht man ein Weltbild, das sehr weit ist und mit dem man sich als Teil eines Ganzen begreift. Dieses Sich-Einbinden heißt auch, sich dem Ganzen unterordnen; es passiert nicht etwas, weil ich es will. Das ist für viele schwierig. Auch feste Vorstellungen, wie etwas zu sein hat, sind ein Hindernis. Viele sind enttäuscht, daß sie die Sachen nicht so sehen oder hören wie es in der gängigen Literatur oder zwischenzeitlich auch in Filmen auftaucht und wollen deshalb nicht weitermachen. Und es bedarf der Bereitschaft, mit sich selber zu arbeiten und sich zu klären. Eine Ausbildung dauert lange, man kann von zehn Jahren ausgehen.

Bei dir ging das von Kindheit an; kann man es als Erwachsener wirklich lernen?

Es ist ein Prozeß, in den man eintritt und in dem man immer offen und drinnen bleiben muß. Und das dauert einfach Jahre und Jahre. Die Tore und Ebenen öffnen sich nur Stück für Stück. Die sind nicht auf einmal alle da. Man muß immer auf einer bestimmten Ebene arbeiten, dann geht es in die nächste. Und das braucht Zeit, und es ist anstrengender, als man eigentlich denkt. Es verändert das Leben, weil gleichzeitig auch eine persönliche Ebene aktiviert ist. Wir selbst haben die gleichen Blockaden und Schatten, sicherlich unterschiedlich ausgeprägt, wie das Land. Und so spiegelt sich Ort und Mensch, und im eigenen Erleben und Bearbeiten wird gleichzeitig mit dem Ort gearbeitet. Das ist anstrengend, oft auch verwirrend und wird so meist nicht erwartet.

Meistens arbeite ich mit den Frauen konkret an Orten, um für diese etwas zu tun. Zum Beispiel ging es in Stendal darum, daß der neue Berliner Flughafen dort gebaut werden sollte. Dazu sollte ein ganzes Dorf verschwinden mit der ältesten Kirche des gesamtes

Landkreises, ein wichtiger Ort für das Ganze. Eine Frau in der Gruppe wollte wissen, ob man da überhaupt geomantisch etwas machen kann? Wir arbeiteten ein Jahr, und dann fiel die Entscheidung, daß der Flughafen nicht gebaut wird. Es geht immer darum zu verstehen, wie stärke und nähre ich die Kräfte des Landes, damit das passieren kann, was für das Land wichtig ist.

Du meinst, eure Arbeit hat diesen Entschluß beeinflußt?

Ja. Wir arbeiteten auch am Meißner am Krösselberg, das ist ein ganz hochwertiger Gipsberg, der vollkommen abgebaut werden sollte. Den Berg gibt es immer noch. In der Ausbildung geht es immer um praktisches Arbeiten mit einem Ort, der uns holt.

Differenzierung der Kommunikationsebenen, nicht der Wesen

Wie unterscheidest du zwischen Elementarwesen und Engel?

Ich finde die Abgrenzung zwischen Engel und Elementarwesen schwierig. Ich könnte nicht sagen, hier sind die Elementarwesen, und die sind etwas Geringeres, und hier sind die Engel, die sind mehr.

Man muß es ja nicht moralisch nehmen; es geht darum, daß sie andere Aufgaben erfüllen und eine andere Zusammensetzung haben. Engel sind zum Beispiel mehr kosmisch ausgespannt, mehr nach oben ausgebreitet.

Aber das ist so für mich nicht der Fall, mir geht es um die Kontaktebene. Ich differenziere, von welcher Ebene aus ich mit welcher Ebene kommuniziere.

Das heißt, bin ich auf der sinnlich-physischen Ebene, der ätherischen Ebene, der emotionalen, der mentalen oder der geistigen Ebene? Aber so unterscheidet man doch die Wesen! Auf der ätherischen Ebene habe ich es mit Kräften zu tun, auf der emotionalen Ebene finde ich die Elementarwesen, die teilweise in die mentale Ebene mit hineingehen, auf der mentalen Ebene findet man die Göttinnen und auf der geistigen Ebene die Engel. So kenne ich das.

Ja, in diesen verschiedenen Ebenen kann ich kommunizieren, aber nicht mit verschiedenen Wesen.

Ist es also die Frage, ob das Elementarwesen ein separates Wesen ist oder ein Wesen zusammen mit dem Engel?

Für mich ist es ein Wesen, wie wenn ich einen geschliffenen Kristall in der Hand habe, der verschiedene Facetten hat, und ich schaue eine Seite an.

Ein schönes Bild ist auch, daß die Elementarwesen die Hände der Engel sind. Man kann vielleicht ein Elementarwesen als eigenständiges Wesen ansprechen, weiß aber, es hängt immer mit anderen Elementarwesen und der Engelwelt zusammen.

Für mich ist nur die Ebene der Kommunikation der Unterschied. Ich kann auch mit einem Menschen von Herz zu Herz sprechen, und trotzdem ist es immer der ganze Mensch, ich kann in den Gedankenaustausch gehen, in den körperlich-sexuellen Austausch, und trotzdem ist es immer der ganze Mensch. Ich differenziere nur auf der Ebene der Kommunikation. Diese Ebenen sind sehr unterschiedlich. Am erlebnisreichsten ist es eindeutig auf der emotionalen Ebene, und dort ist alles Sehen am buntesten. Deshalb wird oft nur diese Ebene dargestellt, das ist so sehr nah. Auf der Lebenskraftebene ist es anonymer und neutraler, und in der geistigen Ebene ist es einfach überwältigend und ganzheitlich, wo keine Sprache mehr funktioniert. Die ist auch wieder neutral. Am nettesten ist es auf der emotionalen Ebene, der Elementarwesenebene.

»Finde die Krone des Nordens!«

Bekommst du auch Botschaften von den Wesen?

Ich erlebe mich oftmals als Kanal, wo Worte kommen, die von einem Ort oder einer Kraft kommen. Das können auch Zeichnungen sein, Träume oder Arbeitsanweisungen. Sehr weittragend für mein Leben war eine Arbeitsanweisung im Herbst 1985. Da blühte im September noch einmal der Holunder. Ich wollte wissen, warum der Holunder noch einmal blüht. In der Kommunikation mit dem Busch hieß es ganz deutlich: »Es ist wichtig, jetzt diese Blüten zu sammeln, denn ihr werdet sie brauchen, wenn die Quelle aus dem Felsen bricht.« Ich sammelte die Blüten und machte sehr viel Saft, und es kam noch die Anweisung: »Finde die Krone des Nordens!«

Ich arbeitete damals in einem Ort, der hieß »Der heilige Bühl«, da platzte im Felsen ein dreieckiger Block ab und gleichzeitig mit dem Unfall von Tschernobyl kam gegenüber vom ersten Dreieck aus diesem Felsen aus einem zweiten Dreieck Wasser heraus, eine Quelle hatte sich geöffnet, die einige Wochen lief. Der Holunder war wichtig, denn wir hatten in der Fränkischen Schweiz einen relativ großen radioaktiven Fall-Out, und da waren der Holundersaft und -tee Schutz und Heilung.

Dann kam der Umzug nach Norddeutschland, und erst nach Jahren kristallisierte sich heraus, daß sich in der Geest-Landschaft die Sternenorte der »Krone des Nordens« abbilden. Ich sollte diese Sternenresonanzorte finden und wiederbeleben, wozu ich in den letzten Jahren Seminare machte. Manchmal dauert es sehr lange, bis die Botschaften verstanden werden können.

Was bedeutet Sternenresonanzorte in Form einer Krone?

Es geht hier um die Verbindung des Landes mit den Sternen. Die Sterne erlebe ich als Wesenheiten, wobei sie vollkommen anders sind, als was ich innerhalb unseres Sterns, von dem die Erde ein Teil ist, erlebe. Ich muß vielleicht noch dazusagen, daß ich mich nicht so sehr als auf der Erde empfinde, sondern in der Erde und ausgebreitet über unsere ganze Sonnensphäre, die ich als den ganzen Stern sehe. Die Sonne ist der Mittelpunkt, das pulsierende Herz dieses Gesamtwesens. Die Erde ist, so wie alle Planeten, Asteroiden usw., ein Teil dieses Wesens.

Alle Planetensphären zusammen sind letztlich ein geistiges Wesen.

Ein geistiges ganzes Wesen, und wir leben innerhalb dieses Wesens. Das Ganze ist für mich unser Stern, geistig erfaßbar durch den Engel der Sonne. Da wir in einem Stern leben, ist es klar, daß wir auch Kontakt zu anderen Sternen haben. In der Geest-Landschaft südlich von Bremen sind die Resonanzräume der Sterne, die das Sternenbild »Krone des Nordens« bilden, das ist der Halbkreis links über dem Sternbild Bootes (Bärenhüter). Es war wichtig, die Resonanzräume wieder zu erkennen, damit eine Belebung des Landschaftsraumes passieren kann. Gleichzeitig ist während dieser Arbeit mit der Krone des Nordens in der Mitte ein neuer Sternenort entstanden; und zwar ein Resonanzraum für einen Stern, dessen geistige Strahlung zu diesem Zeitpunkt die Erde bereits erreicht, dessen Licht wir aber noch nicht sehen können, das erst noch kommen wird. Das ist in der Zwischenzeit passiert. Bei der Entstehung dieses neuen Sternenortes waren wir als Hebammen dabei. Dadurch veränderte sich in der Landschaft die Krone des Nordens vom Halbreif zum Herz und damit auch die spirituelle Schwingung. Diese Wesen der Sterne sind eigentlich Engel, es ist ein Engelkreis, der die Landschaft energetisch enorm stärkt und belebt.

Ich verstehe die Geburt des neuen Sternes noch nicht richtig.

Im Rhythmus der Sonnenflecken dehnt sich die Aura unseres Sonnen-Stern-Wesens aus, oder sie zieht sich wieder zusammen. In den Jahren vor 2009 war ein viel stärkeres Einziehen, dann können Einflüsse von außen bis ins Zentrum vordringen und ein neuer Resonanzraum entstand, das meine ich mit Geburt des neuen Sterns. Für mich war es etwas Unglaubliches mitzuerleben, wie auf einmal in der Erde ein neuer Resonanzraum entsteht. Das Licht des Sternes ist auf der Erde noch nicht zu sehen, aber die geistige Strahlung ist schon da.

Verschiedene Kulturschichten der Orte

Hat das schamanische Tier für dich eine Bedeutung?

Das sind Qualitäten von einem selbst. Wenn ich bewußt in meine Elementarwesengestalt gehe, kann ich diese Qualitäten und Fähigkeiten auch als Tier haben. Das ist, wie wenn ich mich in verschiedene Aspekte auflöse und als Bild, das ich schaffe, sehe.

Wenn in einer schamanischen Arbeit gesagt wird, jetzt suchen wir unser Krafttier, liegt es durch diese Vorprägung nahe, ein Tier zu finden. Ich könnte auch denken, ich suche ein Helferwesen mit geometrischen Formen…

… oder ich suche einen Heiligen!

… dann werde ich geometrische Formen oder einen Heiligen finden. Die Form ist die äußere Erscheinung, wesentlicher ist der innere Kontakt.

Ich glaube, es ist immer wichtig zu wissen, in welchem Kontext man sich bewegt. Und innerhalb eines Kontextes ist es stimmig. Man kann nicht alles mischen. Gerade in den letzten Jahren werden indianische Vorstellungen, buddhistische Vorstellungen und viele weitere Vorstellungen durcheinandergemischt. Vermischte Kontexte sind schwierig.

Zum Beispiel gibt es bei Orten verschiedene Kulturschichten. Ich habe festgestellt, wenn ich mich in der Kulturschicht der Jäger-Sammler-Zeit bewege, begegne ich deren Kosmos. Das ist eine vollkommen andere Vorstellung von Ober- und Unterwelt und Jenseitsräumen als in der Kulturschicht der Megalithzeit oder noch später der Bronzezeit, da gestalten sich die Himmel anders. Ich kann diese verschiedenen Schichten als Kräftestrukturen in der Landschaft finden. Wenn ich sie vermische, weiß ich überhaupt nicht mehr, wo ich bin. Aber wenn ich weiß, wo ich mich bewege, verstehe ich die ganze Schicht mit all ihren Wesenheiten und kann sehen, was sich in der anderen Kulturschicht verändert hat. Deswegen ist es so wichtig, zu klären, in welchem Bezugssystem man ist. Auch für die Kommunikation untereinander ist es wichtig, daß die jeweiligen Bezugssysteme klar sind. Das ist auch bei Ausbildungen und unter GeomantInnen einer der schwierigsten Punkte.

13. Die Megalith-Universität

Ich denke lange darüber nach, was Johanna Markl über die verschiedenen Kulturschichten von Orten sagt. Sie kann diese Schichten genau unterscheiden und erlebt einen Ort nur als gesund, wenn die Schichten untereinander verbunden und für die Urkraft des Ortes durchlässig sind. Für jede Kulturschicht gibt es zugehörige Wesen.

Ich kann an einem Ort zwischen diesen Schichten nicht leichtfüßig wechseln, habe aber Einzelerlebnisse. Ich kenne in Städten in Ostdeutschland oder in Frankreich das Gefühl, daß mit einer Bebauung eine atheistisch-mentale Kulturschicht eingezogen wurde, die sich bewußt nicht mit früheren Kulturschichten verbinden sollte. Entsprechend abgeschnitten fühlt es sich an. Wenn ich in Rothenburg ob der Tauber spazierengehe, kann ich das Mittelalter regelrecht riechen und tasten, was in anderen Altstädten mit Fachwerkhäusern oft nicht möglich ist. An einem kleinen Platz in Braunschweig traf ich ein größeres Erdwesen und fühlte mich überraschend ins Mittelalter versetzt. Das Erdwesen hatte im mittelalterlichen Braunschweig eine wichtige Rolle und bewahrt diese Kulturschicht, auch wenn es mit der Zeit mitgegangen ist und gegenwärtig wirkt. Nach meiner Erfahrung bewahren besonders Erdwesen die Vergangenheit. Die Ursprünge des leitenden Erdwesens der Stadt Hamburg auf dem Platz vor dem Michel am Hafen reichen bis Lemurien zurück.

Wenige Monate nach dem Besuch bei Johanna Markl hatte ich dann mein Einweihungserlebnis zum Thema Kulturschichten.

Unsere Zeit in Findhorn in Schottland ging im Sommer 2009 zu Ende, und Agnes, ich und unsere Freundin Silvia machten einen Ausflug auf die Orkney-Inseln, die sich nördlich von Schottland befinden. Die Orkneys haben gut erhaltene Siedlungen, Gräber und Steinkreise aus der Megalithkultur vor 5000 Jahren. Die abgeschiedenen Inseln wurden von den nachfolgenden Kulturströmungen nur gestreift, die Kraft der Megalithkultur blieb erhalten.

Wir fahren also einige Stunden Richtung Norden durch schottische Highlands, flache, runde, grüne Hügel und sonst nichts. Leerheit. Auch die Hügel selbst wirken wie das ewige Nichts. Hier lebt in der Landschaft, was im Zen angestrebt wird, die Leere des Bewußtseins. Je näher wir dem Ufer kommen, füllt sich die Welt wieder. Die Fähre bringt uns über das Meer zu gewaltigen Felsklippen und einem hohen Felsenturm in menschenähnlicher Gestalt, der uns im Namen der Orkney-Inseln begrüßt. Wir wollen als erstes den berühmten Ring of Brodgar, einen gut erhaltenen Steinkreis mit 130 Metern Durchmesser, besuchen.

Wir biegen um eine Kurve, der Steinkreis taucht vor meinen Augen auf, und ich erlebe einen Bewußtseinsruck. Staunen und Ehrfurcht erfassen mich, vor mir sehe ich einen leuchtenden, glitzernden, ätherischen Kristalltempel von der Größe eines gotischen Doms. Die Seiten der Kuppel sind in den Steinen, in Graben und Wall verankert. Daß es so ein Wunderwerk gibt? Ich fühle mich am Ziel angekommen: zu hause, endlich zu hause im Zentrum des Weltgeschehens! Am Ziel einer langen, monatelangen Wanderung!

In diesem Moment fällt mir auf, daß es mich gerade in zwei Ausfertigungen gibt, einmal gemütlich mit dem Auto und Fähre gekommen und einmal vom Kontinent her gewandert. (Interessanterweise spielte es bei der Erinnerung an die Wanderung keine Rolle, daß die Orkneys Inseln sind. Später las ich, daß die Geologen sagen, zur Megalithzeit sei der Meeresspiegel niedriger gewesen und

Großbritannien mit dem Festland verbunden.) Ich sehe also einerseits den heutigen Zustand, und gleichzeitig erlebe ich den damaligen Zustand in der Blüte der Megalithzeit, wie wenn zwei Overheadfolien übereinandergelegt werden. Man nennt das »Déjà Vu«, ein Ort lockt die Erinnerungen einer früheren Inkarnation hervor. Ich sehe nicht nur den beeindruckenden Kristalldom, sondern rundherum sind Gebäude, viele Menschen und Leben, ein kulturelles Zentrum. (Rund um den Ring of Brodgar gibt es viele weitere archäologische Zeugnisse, das weist auf eine größere Siedlung hin, die weitgehend zerfallen ist.) Meine Stimmung ist: Jetzt bin ich am Zentrum der Mysterienweisheit angekommen, jetzt kann meine Ausbildung beginnen!

Was das bedeutet, verstehe ich, als ich in den Ring of Brodgar eintrete und mir den Steinkreis genauer ansehe: Ich bin hier in einer großen Mysterien-Universität, jeder Stein ist ein Fachgebiet und eine Ausbildungsstufe! Jeder Stein beinhaltet einen Teil der sogenannten Akashachronik, der »Bibliothek« der geistigen Welt.

Der erste Stein am Eingang ist der Empfangsstein, dieser nimmt mich als Mensch an, so wie ich bin, und läßt mich ankommen. Dann geht es gegen den Uhrzeigersinn weiter. Der nächste Stein trägt alles, was es über Erdwesen zu wissen gibt. Ich verbinde mich mit diesem Stein und kann lauter Erdwesen sehen, ohne daß ich irgendetwas dazu tun muß, das macht der Stein für mich. Die nächsten vier Steine tragen die Weisheit über Wasser-, Feuer-, Luft- und Ätherwesen bzw. Christuselementarwesen. Es gibt also fünf Steine zu den Elementarwesen der Natur. Es folgen neun Steine zu den neun Engelshierarchien. Für die zehnte Hierarchie gibt es einen Stein zum Menschen.

Die folgenden Steine machen von der Gegenwart aus einen Rückblick auf die Menschheitsentwicklung – Atlantis, Lemurien und die Anfangszeit der gegenwärtigen Erde – und zu den drei vorangehenden Erdverkörperungen in jeweils mehreren Abschnitten. In der Anthroposophie werden diese vergangenen Erdverkörperungen der alte Mond, die alte Sonne und der alte Saturn genannt. Weiter als zum alten Saturn konnten die Eingeweihten der Megalithzeit offensichtlich auch nicht vordringen, denn nun richtet sich der Blick von der Gegenwart aus wieder nach vorne: Es gibt einen Stein für die gegenwärtige Entwickelung des Ichs und der Freiheit des Menschen, ein Riß im Universum, ein Laufen in der Luft, im Nichts. Diesen Stein zu erleben ist eine Herausforderung. Es folgen zwei Steine für die kommende Erdverkörperung, die Inkarnation und die Exkarnation des zukünftigen Jupiters, der in der Apokalypse des Johannes als das neue himmlische Jerusalem bezeichnet wird. Nach den Steinen für die folgenden Erdverkörperungen Venus und Vulkan hört der Blick in die geistige Zukunft auf.

Die nächsten zwei Steine tragen die gesammelte geistige Weisheit über karmische Verwickelungen, die Erkenntnis des Karma und Karmaerlösung. Daran schließen drei Steine zu den menschlichen Seelengrundkräften an: Wille, Fühlen, Denken. Es folgen Steine zu verschiedenen Wissens- und Lebensgebieten: Heiler, Krieger, Künstler, hier bekomme ich die genauen Gebiete aber nicht ganz klar. Etwas verschwommen bleiben mir auch die nächsten Steine zur Volksgeschichte. Als letztes wird das große Gebiet der Widersachergeister und Schattenreiche aufgearbeitet, die geistigen Innenschichten der Erde. Es gibt einen Stein für die golden strahlende Mutter Erde im Erdmittelpunkt, dann Steine für die darüberliegenden Schichten, die die kollektiven Schatten tragen. Der Kreis wird vollendet mit dem Stein des Verabschiedens, der mir Verschwiegenheit und Verantwortung für die Mysterienweisheit vermittelt. Die Verschwiegenheit galt damals; heute, im Zeitalter der menschlichen Freiheit, sind die Mysterien öffentlich und für jeden zugänglich, der sie sucht.

Ich sehe mir die geistige Kuppel über dem Ring of Brodgar an und stelle fest, daß ich an den verschiedenen Stellen, ähnlich wie bei den Steinen, in verschiedene Gebiete der Akashachronik komme. Aber meine Konzentrationskraft läßt nach, ich kann es nicht genauer differenzieren.

Die Ausbildung in der Megalith-Universität bestand unter anderem darin, daß die Schüler sich mit den Steinen und der Kristallkuppel verbanden, über Jahre hinweg. In den Steinen ist nicht nur das geistige Wissen und die Weisheit gebündelt, sondern auch die entsprechenden Fähigkeiten. Wenn ich mich zum Beispiel mit dem Stein der Engel verbinde, kann ich die Engel der umherschlendernden Touristen sehen, ohne mich besonders anstrengen zu müssen. So konnten die Schüler mit den Steinen lernen, die geistige Welt zu erfahren und zu differenzieren.

Unsere Zeit hat von der Megalith-Kultur ein primitives Bild. Die damaligen Menschen hatten kein solches Interesse an der physischen Welt wie wir und lebten äußerlich sehr einfach. Aber sie waren mit allem, jedem Stein, jeder Pflanze innigstlich seelisch verbunden und erlebten das Wesen der Dinge. Sie hatten eine für uns unglaublich erscheinende Seelenintensität, mit jeder Handlung durchströmten sie die Welt mit ihren Seelenkräften, was wie Dünger auf die Natur wirkte. Die spirituelle Weisheit ihrer Eingeweihten war sehr umfangreich, hochstehend und allen folgenden Kulturen gleichwertig. Es wurden aber keine Bücher geschrieben, sondern die Eingeweihten des Ring of Brodgar fokussierten die gesammelte geistige Weisheit in Steine und die Kuppel des Äthertempels. Sie errichteten eine groß angelegte geomantische Anlage. Der Steinkreis ist durch Einströmungs- und Ausströmungsorgane, Leylinien und vieles weitere kunstvoll im Landschaftsraum energetisch verankert.

Ich habe in Schottland und England mehrere Steinkreise besucht. Einige liegen energetisch darnieder, geschliffen vom mittelalterlichen Christentum. Bei jedem Steinkreis konnte ich eine bestimmte Aufgabe erleben. Es gibt Steinkreise, die der ätherischen Kraftversorgung der Landschaft dienen, Steinkreise, die den Anschluß an einen bestimmten Engel halten, Steinkreise für die Einweihung von Druiden usw. Größere Steinkreise haben oft komplexere Aufgaben und eine leitende Funktion. Ich habe aber keinen Steinkreis kennengelernt, der die Gesamtheit der Mysterienweisheit trägt wie der Ring of Brodgar.

Wenn ich mich frage, was damit in der Gegenwart vergleichbar ist, fällt mir nur die Anthroposophie ein. Diese besteht aber nicht aus Steinen und Menschen, sondern aus Büchern und Menschen. Die Anthroposophie versteht sich als Wissenschaft der geistigen Welt und erforscht und beschreibt diese möglichst umfangreich und mit einem Gesamtblick. Diese Aufgabe wurde in gewandelter Form früher auch erfüllt: von dem Sonnenmysterium auf Atlantis, den Eingeweihten des Ring of Brodgar in der Megalithzeit, den heiligen Rishis in Indien, den Rosenkreuzern usw. Die moderne westliche Spiritualität ruht auf vielen Kulturschichten!

Wir hatten nur drei Tage auf den Orkneys. Ich verbrachte möglichst viel Zeit im Ring of Brodgar und saß am liebsten leicht nordwestlich der Mitte des Ringes, auch wenn überall Schilder »Betreten verboten« angebracht waren. Denn dort ist das Hüterelementarwesen der Mysterien-Universität beheimatet. Er empfing mich wie ein alter Freund und ist trotz seiner 8000 Jahre frisch und munter. Offensichtlich war dieses Erdwesen sehr froh, daß ich auftauchte, und es vermittelte mir immer wieder, wie wichtig es sei, die geistige Bedeutung des Rings of Brodgars zu ehren und weltweit zu verbinden.

Genauso wie es für Orte Kulturschichten gibt, die miteinander verbunden sein sollten, so gilt das auch für das spirituelle Leben. Deshalb schreibe ich jetzt darüber und empfinde, wie mich der Hüter des Ring of Brodgar zufrieden ansieht und mein Herz erfüllt. Die moderne westliche Spiritualität hat viele zugrundeliegende Schichten, an die wir innerlich anschließen sollten, auch an die Schicht der Megalithkultur.

Das wird auch aus folgender Schilderung zum Wirken von Steinkreisen deutlich: Guenther Wachsmuth begleitete Rudolf Steiner im Sommer 1923 nach Penmaenmawr in Wales zur »International Summer School«: »Es bleibt eines dieser unvergeßlichen Erlebnisse, als Rudolf Steiner mich eines Tages aufforderte, mit ihm allein die Hochebene auf den Felsen über Penmaenmawr zu ersteigen, um die

Druidenzirkel aufzusuchen. Trotz seiner 62 Jahre stieg er rasch und rüstig bergan. (...) Als wir auf den Klippen hoch oben über Penmaenmawr angekommen waren, lag vor uns der einsame Kreis der von Felsspitzen umrandeten Hochebene, in deren Mitte die gewaltigen Steinzeichen des Druidenzirkels standen. Es war ein Augenblick im Leben, dessen Erinnerung immer lebendig bleibt, ein einzigartig seltsames Bild, als Rudolf Steiner in der Einsamkeit dieser Hochebene in die Mitte des Druidenzirkels trat. Er forderte mich auf, über die ragenden Steine des Zirkels die Spitzen der die Hochebene umschließenden Bergkuppen anzuvisieren, und schilderte mit einer Intensität der Rückschau, wie wenn sich dies im Augenblick vollzöge, wie einst die Druidenpriester durch dieses Anvisieren der am Horizont im Jahreslauf vorbeiwandernden Sternbilder den Geistkosmos, die darin wirkenden Wesenheiten und ihren Auftrag an die Menschen erlebten. Er erzählte, wie sie die Weihefeste und Kulte des Jahres nach diesen kosmischen Rhythmen gestalteten und ihre priesterlichen Weisungen an die Angehörigen ihrer Gemeinde gaben; wie das Geschehen der Jahreszeiten sich geistig im Kultus, physisch bis in die Handhabung der landwirtschaftlichen Arbeit hinein spiegeln müsse. Er sprach vom Sonnen- und Schattenerlebnis in der inneren Steinkammer der alten Weihestätten und von der Ausbreitung der dort erhaltenen Schauungen und Impulse in die Weiten des Erdenkreises. Als wir den Druidenkreis und die stille Hochebene verließen, war es mir eine innere Gewißheit, daß in der Sphäre des Ortes etwas Reales, Überzeitliches geschehen war durch die Tatsache, daß eine Seherpersönlichkeit wie Rudolf Steiner einmal hier weilen, das Geistgeschehen der Vergangenheit an solcher Stätte ablesen und das Geschaute nun den Menschen mitteilen konnte, die in unserer Zeit den geistigen Schulungsweg für die Zukunft beschreiten wollen.« (1)

(1) Guenther Wachsmuth, *Die letzten Jahre*, S. 235 ff., in: Wir erlebten Rudolf Steiner, Stuttgart 1967

14. Dusty Miller XIII

LebensHolz

Bei einer geomantischen Arbeit zog einmal ein Freund ein glänzendes Holzstück aus der Tasche und fragte es um Rat, weil er selbst nicht weiterkam. Wir konnten sehen, es funktionierte, und er war an eine höhere Weisheit angeschlossen. Wir fragten: »Was ist das für ein Holz?« – »LebensHolz von Dusty Miller XIII.« Das hat unser Interesse geweckt. Nun sind wir an der südenglischen Ostküste und sitzen bei dem schmunzelnden englischen Gentleman. Für das Oberhaupt des Dusty-Clans ist die Beziehung zu seinen Vorfahren ein Schlüssel für seine Hellsichtigkeit. Er kommuniziert mit den Gruppenseelen von Bäumen, die er wie im Griechischen Dryaden nennt. Auf deren Initiative fertigt er LebensHolz an, das von ihnen bewohnt wird. So kommen die Dryaden in einen engen Austausch mit Menschen. (Weitere Infos: www.dustys-lebensholz.de, www.livewood.nl, http://livewood-lebensholz.weebly.com)

Wie kommt es, daß du mit Bäumen sprichst?

Meine Familie lebt schon seit Jahrtausenden mit den Bäumen in Südengland zusammen, wir haben eine sehr enge Freundschaft mit den Dryaden.

Seit Jahrtausenden?

Ja, wir erinnern uns daran. Wir waren Ureinwohner Englands lange bevor es eine Insel wurde. Früher war England mit dem Festland verbunden. Die Kelten, Römer, Normannen und alle anderen kamen erst später. Wir lebten im Gebiet des heutigen Kent mit den Bäumen zusammen. Unsere Tradition und unser magisches Wissen haben wir bis heute bewahrt.

Wie wurdest du ausgebildet?

Mein Vater war auch Oberhaupt der Dustys und geschult in der Kommunikation mit den Bäumen und dem Heilen. Ich erinnere mich noch, ich war damals ein kleiner Junge, wir fuhren einmal zu einem großen Treffen von Hexen und Magiern und dort wurde ein gemeinsames Ritual gemacht, um Sonnenschein zu erzeugen für den D-Day, den Tag der Invasion in die Normandie im Zweiten Weltkrieg. Dieser wurde zuvor wegen schlechten Wetters verschoben, das Wetter wurde gut. Meine eigentliche Ausbildung begann mit neun Jahren und dauerte 25 Jahre.

Wer war dein Lehrer?

Es kam aus mir selbst, eine innere Verbindung. Ihr seht mich so an, als ob ich eine Person sei. Das ist aber nicht richtig. Erstens bin ich hier als mein Selbst und zweitens bin ich hier als Bewußtsein meines Stammes. Wenn ich als mein Selbst das Bewußtsein meines Stammes in mir finde, sehe ich Bilder und kann mich zum Beispiel an die Vergangenheit meines Stammes erinnern. So kann ich einen Teil des Gehirns benützen, das normalerweise nur graue Materie ist und nicht benutzt wird. Ich habe drei Gehirnhälften, normalerweise hat man nur zwei, ich habe noch ein Gehirn im Hinterkopf. Dafür kann ich die linke Gehirnhälfte weniger benützen als andere.

Haben andere Mitglieder deines Stammes auch diese Ausbildung gemacht?

Nein, niemand in meiner Generation wollte es machen. Mein Sohn Dusty XIV ist wieder der einzige seiner Generation. In meines Großvaters Tagen war es nicht so wichtig. Die Menschen kamen mit der Bitte um Hilfe zu ihm, in seinem ganzen Leben hatte er aber nur 25 Leute. Ich habe jedes Wochenende so viele. Mein Vater hat in seinem ganzen Leben nur 37 LebensHölzer hergestellt, ich produziere 360 Stücke jedes Jahr.

Das ist wirklich ein großer Unterschied. Wann begannen die Dryaden zu sagen, geht damit in die Öffentlichkeit?

Ich machte um 1970 einige Stöcke und bot diese bei einem Fest in einem Schloß an. Manche Leute fingen schallend zu lachen an, als sie die Hölzer sahen. Andere fürchteten sich davor und wichen zurück.

Sie bekamen Angst?

Ja. Der Anfang war nicht leicht. Einmal fuhr ich zu einer Ausstellung nach London. Eine Reihe von Studenten interessierte sich dafür, sie luden mich zu einem Vortrag im Studentenclub der Universität ein. Plötzlich flog die Türe auf, der Universitätsdirektor kam herein und schmiß uns hinaus. Wir beendeten den Vortrag auf dem Parkplatz.

Warum?

Hexen, Magie, Zauberei, das vermutete er und hatte Angst davor. Heute ist es viel leichter, aber manchmal werde ich gefragt: »Du gehst bestimmt nicht in die Kirche?«

Was ist deine Antwort?

Ich frage zurück: »Gehst du oft?« – »Ja, zweimal die Woche.« Ich sage dann: »Ich wünsche dir viel Glück, wenn du zweimal in der Woche aus der Kirche herausgehst. Ich kann nicht aus der Kirche gehen. Ich bin in der Natur immer in der Kirche.«

Der Elfinstamm Saelig Silverdobbs

Ich wundere mich darüber, daß dein Stamm über eine so, so lange Zeit eine Erinnerung an sich selbst hat. Ich denke, ihr seid der einzige Stamm, der das kann. Wie war das möglich?

Die anderen Stämme, zum Beispiel die Indianer in Amerika, waren bekannt, sie wurden bedrängt und umerzogen, und so verloren sie sich. Wir dagegen blieben versteckt, wir hatten eine normale Erziehung und Kultur und fielen nicht auf. Wir sprechen englisch, haben normale Berufe; ich war Buchbinder und Unternehmensberater. Deshalb hatte niemand Interesse, uns von uns selbst wegzubringen und wir konnten den roten Faden des Stammes bewahren.

Bei eurem Alter müßte es etwa 150 Dustys geben, warum gibt es erst 14?

Wir hatten uns 1742 einen neuen Nachnamen, Miller, gegeben, und seitdem werden die Dustys neu gezählt.

Kannst du etwas aus eurer Vergangenheit erzählen?

Wir lebten im Südosten Englands in dem Gebiet, das heute Kent genannt wird. Wir hielten Wildschweine, die manchmal ausbüxten, und dann mußten wir sie suchen. Im dichten Wald konnte das ganz schön schwierig werden, und so fragten wir die Bäume: »Wo sind die Wildschweine?« Die Dryaden schickten uns ein Bild von einer ganz bestimmten Stelle im Wald, wo die Wildschweine tatsächlich zu finden waren. Die Verbindung mit den Bäumen war also ganz praktisch. Aber es gab ein Problem. Unser Stamm war nomadisch, wir zogen alle paar Wochen weiter. Die Bäume jedoch mußten bleiben, wo sie standen. Was tun? Wir lösten zusammen mit den Dryaden das Problem auf die Weise, daß die Dryade ein Doppel ihres Selbst hervorbrachte und dieses in einem ganz bestimmten Ast beließ. Diesen Ast durften wir mit der Erlaubnis der ursprünglichen Dryade absägen, und so war es möglich, einen Baum sozusagen mitzunehmen. Das war der Anfang des LebensHolzes, und wir konnten mit den Dryaden in ständiger Verbindung stehen, egal wo wir waren.

Habt ihr auch Steinkreise angelegt? Davon gibt es in England ja viele.

Nein, das war ein anderer Stamm. Wir haben aber nie gesehen, wie sie die Steine bewegten, das machten sie im Verborgenen. Wir konnten aber die energetische Wirkung der Steine erleben.

Erinnert Ihr euch an die Kelten?

Ja, die kamen mit Schwertern, wir hatten damals keine, und schlugen damit viele tot. Überhaupt hatte unser Stamm nicht immer gute Zeiten, wir waren über Jahrhunderte ausgestoßen und lebten am Rande der Gesellschaft.

Was ist deine Aufgabe als Oberhaupt?

Ich habe die Verantwortung für das seelische Wohlergehen der Stammesmitglieder sowie das Schließen von Ehen, Totenfeiern, Kommunikation mit »the Folk Upstairs« und Heilen.

Dryaden - Gruppenseelen von Bäumen

Was sind die Dryaden?

Dryaden sind die Wesen von Baumgruppen. Es gibt zum Beispiel eine Eichen-Dryade, eine Kiefer-Dryade, eine Eiben-Dryaden, die in einem bestimmten Gebiet wirken. Die einzelnen Bäume sind mit dieser verbunden. Die Dryaden, mit denen wir befreundet sind, wirken in Kent. In anderen Gebieten gibt es andere Dryaden. In jedem Wald durchdringen sich verschiedene Dryaden. Sie durchdringen auch die Dörfer und Städte. In meiner Wohnung treffen sich zum Beispiel über vierzig Dryaden.

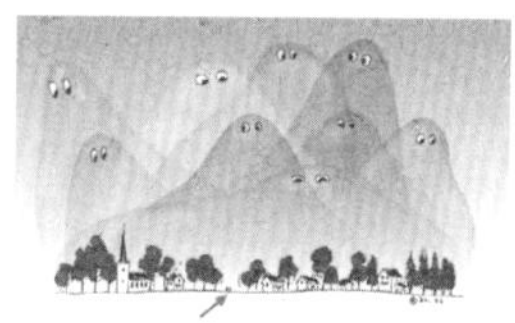

Warum sind die Dryaden am Kontakt mit uns Menschen interessiert?

Sie sind so weise und wollen immer weiter lernen. Sie lernen von jedem Menschen etwas und bieten diesem im Gegenzug etwas an. Da die LebensHolz-Dryade ständig mit der ursprünglichen Dryade, deren Doppel sie ist, in Verbindung steht, lernen beide. Die Dryaden tauschen sich untereinander sehr schnell aus und verfügen so über ein enormes Wissen, das sie ständig erweitern. Das LebensHolz wurde auf Initiative der Dryaden hin geschaffen.

Produktion von LebensHolz

Wie entsteht ein LebensHolz?

Es gibt vier Arten von Holz: lebendes Holz, grünes Holz, totes Holz und LebensHolz. Wenn der Baum lebendig ist und wächst, haben wir es mit lebendigem Holz zu tun. Stirbt der ganze Baum oder ein einzelner Ast, wird er zu totem Holz. Im toten Holz setzen chemische Prozesse ein, die das Holz zerfallen lassen. Auf diese Weise wird das Holz zu Dünger für den Boden, aus dem neue Bäume und Pflanzen wachsen können. Für die Blätter, die der Baum im Herbst abwirft, gilt natürlich dasselbe. In all diesen Fällen zieht die Dryade die Lebenskraft aus dem ganzen Baum, dem einzelnen Ast oder den Blättern zurück. Grünes Holz bekommen wir, wenn wir den Baum fällen oder einen Ast abbrechen. Auch hier zieht die Dryade sofort die Lebenskraft aus dem Baum oder dem Ast, aber die natürlichen Verfallsprozesse setzen nicht ein, so daß wir das Holz zu Schränken, Türen und Stühlen verarbeiten können.

LebensHolz dagegen entsteht, wenn die Dryade ein Doppel ihrer selbst in einem Ast gebildet hat und uns diesen Ast schenkt. In diesem Fall wird der Ast zum Wohnort der LebensHolz-Dryade, im Gegensatz zu der ursprünglichen, der »wilden« Dryade. Ich bekomme eine genaue Anweisung, an welcher Stelle der Ast abzusägen ist, und behüte ihn für mehrere Jahre, manchmal bis zu zwanzig Jahren und länger. Während dieser Zeit durchläuft die Dryade des Astes eine eigene weitere Entwicklung, bis sie bereit für eine Freundschaft mit Menschen ist. Dann schnitzen und lackieren wir das LebensHolz genau so, wie die Dryade es gerne haben möchte. Die Person, für die das Holz genau richtig ist, spürt dies mit Hilfe ihrer Intuition und kann es kaufen und mitnehmen. Kaufen kann man aber nur den Wohnort der Dryade, sie selber kann man nur durch eine Freundschaft für sich gewinnen. Wir haben ein Bild zur Produktion von LebensHolz gezeichnet, das die Zusammenhänge erklärt.

Ist jedes LebensHolz ähnlich?

Nein, es gibt verschiedene Schwerpunkte, Heilwerkzeuge, Schutzschilde, Redestäbe, Wanderstäbe, Werkzeuge zum magischen Gebrauch und zum Erden.

Arbeiten mit LebensHolz

Was macht man mit einem LebensHolz?

Ein Mensch, der ein LebensHolz bei sich trägt, ermöglicht es der innewohnenden Dryade, Erfahrungen zu sammeln, die ihr sonst nicht zugänglich wären, und für den Menschen zu wirken. Die Voraussetzung dafür ist, daß beide dies auch wollen, daß eine Freundschafts- und Vertrauensbasis zwischen Mensch und Dryade besteht und beide einander respektieren.

Die Dryade bewegt sich auf derselben Ebene wie dein Höheres Selbst, und deshalb spricht sie direkt mit deinem Höheren Selbst. Dryaden kommunizieren in Bildern. Wenn du zu der Dryade in Worten sprichst, wird dein Höheres Selbst die Worte für dich in Bilder »übersetzen«, und wenn die Dryade zu dir spricht, wirst du sie intuitiv verstehen. Vielleicht siehst du Bilder, hörst gesprochene Worte inmitten deiner eigenen Gedanken oder hast neue Einsichten, Denkanstöße und Gedanken, deren Ursprung dir vielleicht erst auf den zweiten Blick klar wird. Die Kommunikation mit einer Dryade wird von jedem Menschen anders empfunden.

Können die Menschen wirklich mit LebensHolz arbeiten? Es ist nicht so einfach mit einem Elementarwesen zu kommunizieren.

Die Leute machen damit alles, was sie möchten. Die Fähigkeit ist da. Ich gebe eine Zufriedenheitsgarantie. Wenn es innerhalb des ersten Jahres nicht funktioniert, kann es zurückgesandt werden.

Wie viele LebensHölzer wurden zurückgeschickt?

Ich glaube, es waren drei in den letzten dreißig Jahren.

Und wie viele LebensHölzer hast du in dieser Zeit verkauft?

Etwa 1500.

15. Misses X
Elementarwesen purzeln herein

Misses X ist freiberufliche Statikerin. Vor einiger Zeit besichtigte sie beruflich ein Haus, an dem Sanierungsarbeiten vorgenommen werden sollten. Im Erdgeschoß befand sich eine Kleiderboutique. Sie war schon fast aus der Türe, als ein starker innerer Impuls sie zurückhielt: »Die Ladenbesitzerin hat eine Information für dich!« Sie folgte nach kurzem Zögern dem Impuls, ging in den Laden und sprach die Frau an der Kasse an: »Entschuldigen Sie, das hört sich vielleicht komisch an, aber ich glaube, Sie haben eine Info für mich. Ich weiß aber nicht, worum es geht. Statik scheint es nicht zu sein.« Sie gab der erstaunten Frau ihre Visitenkarte, auf der gedruckt ist: »Statik, Baubiologie, Geomantie«. Bei dem letzten Wort klingelte es bei dieser. Als einzige Frau aus dem Gebiet hatte sie unsere Meditationskurse besucht, und so erhielt Misses X unsere Adresse. Dieser Vorlauf zu unserem Gespräch entspricht ihrem Umgang mit Elementarwesen. Die Wesen purzeln in ihr Leben herein, nachts bekommt sie geistige Schulungen; es geschieht von selbst, sie läßt sich gerne führen.

Misses X beginnt zu erzählen:

Gerne berichte ich von meinen Erfahrungen mit Elementarwesen. Sie sind absolut präsent und bei allem dabei. Meinen Namen möchte ich momentan aber nicht veröffentlichen. Es fühlt sich gut an, in all dem Gewirr unserer heutigen Zeit ein kleines Geheimnis wahren zu können.

Ich gehe auf die Wesen meist nicht gezielt zu. Bisher war es so, daß sie sich selber gemeldet haben, wenn es wichtig war. Es ist eine Gratwanderung zwischen den Welten. Ich nenne sie Realität und Anderswelt. Diese überschneiden sich in meinem Alltag sehr. Meist ist das enorm bereichernd. Damit ich diese Situation als Mensch verkrafte, habe ich mir ein Schaltersystem erarbeitet: Schalter an = Anderswelt und Realität sind gleichzeitig greifbar, Schalter aus = ich lebe ausschließlich in der Realität. Das Schaltersystem ist sehr wichtig für mich, denn beide Welten bieten extrem viele Informationen, mit denen Körper und Hirn erst lernen müssen, umzugehen.

Wie ging das mit dem Abschalten der übersinnlichen Wahrnehmungen?

Das war Training, unentwegtes Training.

Was hast du trainiert?

Abschalten! An- und ausmachen mit dem Schalter, einem Drehschalter.

Einem Drehschalter?

Ich mache nichts Besonderes; ich sehe den Schalter – offensichtlich habe ich ihn visualisiert. Wenn ich sage, ich visualisiere etwas, mache ich es bewußt, doch ich mache dazu gar nichts, der Schalter ist einfach da und ich benutze ihn.

Was passiert, wenn du den Schalter anmachst?

Ein Beispiel: In Thüringen gibt es einen tollen Schloßpark, der von Goethe angelegt wurde. Mit Goethe habe ich eine enge Verbindung, und er hatte sich gefreut, daß ich diesen Park ansehe. Ich hatte sofort – wupp, wupp – zwei Gnome an der Hand, die mich in einem Affengalopp durch den Park jagten und mir alle Bewohner (Gnome, Elfen, Feen, Hexen…) und deren Lebensweisen in kürzester Zeit und allumfassend vorstellten.

Das war unbeschreiblich. Sie haben mir gezeigt, wie sie leben, was ihnen wichtig ist und wie die Unterschiede zwischen den verschiedenen Parkbereichen sind. Die Energie ist klar abgegrenzt.

Einmal ist es kühl, feucht und erdig und wird komplett von Gnomen bewohnt. Dann gibt es einen Bereich mit Blümchen und viel Sonne, der komplett von Elfen und Feen bevölkert ist. Zwischendrin in den Hecken gurgelten einige Hexen herum. Der Hüter der Elfen und Feen gab mir eine kleine Fee, eine Tausendschönchen-Fee, direkt aus dem Blumenbeet. Ich durfte sie in den Armen halten, das war für mich sehr ergreifend. Das ist jetzt schon drei Jahre her. Vor drei Wochen ist diese Fee nun hierher gekommen, sie sitzt vor dem Fenster im Beet. Ich stellte ihr Blümchen hin.

Sie hat die gleichen Probleme wie ich, sie findet hier in meiner Wohngegend auch vieles merkwürdig. So wie die Menschen hier sind, sind es auch die Elementarwesen. In dieser Gegend sind die Menschen sehr verschlossen und eigenbrötlerisch. Die Elementarwesen waren wie durch ein dunkles Tuch abgeschottet. Ich kam an sie viel schlechter heran als an anderen Orten. Es hat mich und meine Tochter viel Energie gekostet, das Tuch »zu lüften«. Wir pirschten durch den Wald und fragten: »Was konkret können wir machen, daß es hier endlich offener wird?« Meine Tochter fand einen Schlüsselstein (so hat sie einen ganz bestimmten Stein genannt) und sagte: »Ich weiß jetzt, was wir machen müssen: Wir müssen hier erst einmal aufräumen!« Am nächsten Tag kamen wir mit Müllbeuteln und sammelten allen Müll ein, der sich im Wald versteckte. Meine Tochter flötete dann noch auf ihrer mitgebrachten Flöte extra für alle Wesen der Anderswelt. Und das dunkle Tuch schob sich bereits etwas zur Seite... Danach arbeitete ich mit den drei Göttinnen. Die schwarze Göttin mußte ganz wild schaffen, um alles Überalterte wegzubekommen. Die weiße Göttin begann später mit dem Neuaufbau. Die rote Göttin kommt noch dran.

Die drei Göttinnen habe ich nacheinander in Meditationen kennengelernt, aber nicht verstanden, was das soll. Ich habe erst hinterher die Auflösung des Rätsels bekommen, als wir in einem Geomantieseminar die Göttinnen behandelten. Jetzt komme ich mit den Elementarwesen in meiner Wohngegend besser in Kontakt.

Hast du bei den statischen Berechnungen auch Kontakt zu Elementarwesen?

Ja, auf verschiedenste Weise. Ist ein unerschöpfliches Thema. Einmal war zum Beispiel das Dach eines Hauses, welches ich umbauen sollte, einsturzgefährdet. Das konnte man aber vor Baubeginn nicht sehen. Ich wußte aber dank meiner Helfer schon, daß und wo es große Probleme geben wird. Das war praktisch.

Oder ein anderes Mal hatte ich eine Hotelerweiterung in Hanglage auf mehreren Ebenen. Bei der ersten Besichtigung bemerkte ich, daß es rund um den Berg ganz wild zuging. Hexen rasten auf ihren Besen wild im Kreis um den Berg mitsamt dem Hotel.

Was meinst du mit Hexen?

Das sind Elementarwesen, die ich als Hexen wahrnehme, die schauen so wie Hexen aus dem Bilderbuch aus, sind frech und fliegen auf Besen. Ich fragte die Hexen: »Ist es schlimm für euch, daß hier an eurem Hexenberg ein Hotel steht und noch weiter gebaut wird?« Diese antworteten: »Nein, im Gegenteil, es ist suuuper, daß hier viel los ist!« Ich war schwer verblüfft. Offensichtlich wollen es nicht alle Wesen ruhig und beschaulich, das ist für sie viel zu langweilig. Die Aufregung der Hexen war kein Protest, sondern Freude über den Bau. Doch sie waren zu wild, und Probleme mit der Baustelle waren vorprogrammiert. Ich mußte für den Bereich Statik sichergehen und fragte: »Wird durch eure Späßchen die Standsicherheit des Gebäudes gefährdet? Muß ich aufpassen?« »Neeein!« kam die Antwort. »Wir wollen bloß Spaaaaß!« Sie versicherten mir, ich könne beruhigt planen. Mit der Baustelle gab es dann auch viele Probleme und Pannen, die Hexen waren einfach zu ungestüm. Für mich war das spaßig zu beobachten, aber Baufirma, Bauleiter und Architekt haben heftig Nerven gelassen.

Elementarwesen halfen mir auf rätselhafte Weise bei meinem Betrieb. Als ich mich selbständig machte, mietete ich ein Büro mit einer neuen Telefonnummer. Mein logisch denkender Mann sagte: »Wenn du keine Werbung machst, wirst du keine Aufträge bekommen.«

Mir liegt das aber nicht, und so ging ich bereits am zweiten Tag in mein neues Büro, ordnete alles und machte keine Werbung. So wußte niemand, daß ich mich selbständig gemacht hatte. Plötzlich klingelte das Telefon, und ich bekam einen Großauftrag für mehrere Jahre. Am Freitag, am Ende der ersten Woche, klingelte das Telefon wieder und ein kleinerer Auftrag kam hinzu. Ich verstehe bis heute nicht, wie das ging. Ein andermal bekam ich einen Auftrag mit öffentlicher Ausschreibung, um den viele gestandene Kollegen gekämpft hatten. Ich hatte mich dafür gar nicht beworben, bekam aber den Zuschlag und konnte die Arbeit machen!

Doch manchmal läuft es nicht rund. So hatte ich lange Zeit unheimlichen Ärger mit den Technikwesen. Die haben mich regelrecht terrorisiert, der Computer machte, was er wollte, obwohl ich genau wußte, daß ich die richtigen Tasten gedrückt habe. Der Plotter plottete statt des übervollen A0-Planes einfach nur einen Smiley. Auch die Telefonanlage war ein besonderer Fall. Sie verband mich mit Gesprächspartnern, ohne daß einer von uns den anderen angewählt hat.

Es hat lange gedauert, bis ich mich mit den Technikwesen geeinigt habe, so daß wir uns nicht stören und uns gegenseitig anerkennen.

16. Herr Namlos

Technikwesen wollen unsere Freundschaft

»Wir können gerne ein Interview machen, aber nur wenn mein Name nicht genannt wird«, sagte Herr Namlos, als wir das Treffen verabredeten. Agnes und ich besuchen ihn in seinem Haus. Ein hochgewachsener, schlanker, feiner Mann mit offenem Gesicht und kollegialer Art. Er ist sozial sehr engagiert in mehreren Vereinen und Stiftungen und lehrt als Professor an einer Universität in einem technischen Fach: »Wenn meine Studenten und Kollegen wüßten, daß ich mit Naturwesen rede, wäre ich unten durch und würde belächelt oder verspottet. Mir macht meine Arbeit Spaß, und ich möchte meinen wissenschaftlichen Ruf nicht gefährden.« Herr Namlos kommuniziert nicht nur mit Naturwesen, sondern auch mit Technikwesen. Er beginnt zu erzählen.

Ich bin oft in Irland. Die Iren haben eine natürliche Beziehung zu Naturgeistern, man kann darüber sprechen, es ist nicht tabuisiert. 1992 fuhr ich mit einem Kollegen einer irischen Hochschule im Bus mit einer Studentengruppe. Er zeigte aus dem Fenster und sagte: »In diesem Tal hat sich folgendes ereignet: Es wurde eine neue Hochspannungsleitung verlegt, in der Mitte war ein kleiner

Wald. Einige alte Bauern des Tales kamen zur Bauleitung und sagten: »Das dürft ihr nicht, das ist ein heiliger Wald!« Sie fanden aber kein Gehör, die Stromleitung wurde über den Wald gelegt. In der Nacht nach der Fertigstellung rauschte das Kabel an zwei Stellen herunter. Einige Tage später war es repariert. In der folgenden Nacht rauschte das Kabel wieder herunter. Das passierte noch einmal, es wurde Sabotage vermutet und das Gelände von der Polizei abgesperrt und bewacht. Vor deren Augen rauschte das Kabel wieder herunter. Einer der Bauleiter erinnerte sich an die Bauern, die gesagt hatten, das sei ein heiliger Wald, und so bauten sie einen neuen Mast, um den Wald zu umgehen. Seitdem gab es keine Störung mehr.«

Das ist Irland. Damals hatte ich noch keine eigenen Erlebnisse mit Naturgeistern, und ich staunte mit offenem Mund. Erstens über die Geschichte und zweitens, daß der Professor sich traute, so offen darüber zu sprechen!

Baumfaun eröffnet Schule für Naturgeister

Was war dein erstes eigenes Erlebnis mit Naturgeistern?

Das war 1995. Bei einem starken Sturm fiel hier in der Stadt eine große Buche über einen Wanderweg. Normalerweise zersägen die Waldarbeiter den Baum, in diesem Fall war es anders, sie haben den Wanderweg verlegt. Dreiviertel des Baumes ist umgeknickt, der Baumstumpf ragt gesplittert in die Höhe, die Baumkrone liegt über dem alten Weg, und der neue Weg geht jetzt am Baumstumpf vorbei. Mit anderen Worten: Der Naturgeist im Baumstumpf hat sich den Weg einige Meter hergeholt, so daß die Menschen zu ihm hinkommen. Ich war mit meinen Hunden spazieren, und als ich vorbeiging, knarrte es: »Krrr, krrr.« Ich achtete zunächst nicht darauf. Am nächsten Tag knarrte es wieder, am nächsten Tag wieder, immer wenn ich vorbeikam. Irgendwann fiel es mir auf, und ich schickte jemand anderen vorbei, es knarrte nicht. Ich ging vorbei, es knarrte wieder!

Es knarrte in dem toten Baumstumpf?

Ja, in dem gesplitterten Rest, der fünf Meter hoch ist. Ich schaute mir den Ort genau an und dachte: »Frag nach!«, stellte mich an den Baum und hatte sofort das Gefühl, da ist ein Wesen, das Kommunikation mit mir aufnehmen will. Ich habe nichts gehört, sondern nur gedacht: »Ah, da ist ein Wesen!« Ich war sehr überrascht. Es heißt »Huma Ranatal«, das hörte ich in einer Erstwahrnehmung. Ich dachte natürlich, daß ich mich verhört habe. Dann kam eine Freundin aus dem Allgäu zu Besuch, die selbst mit Naturwesen arbeitet, und ich sagte: »Geh einmal da hin und paß auf, was du hörst!« Ich hatte ihr nichts davon erzählt. Sie kam zurück und sagte: »Ich glaube, da ist ein Huma Ranatal.« Das war für mich eine Evidenz! Eine große Bestätigung meiner Erstwahrnehmung. Dieses Wesen hat mich in den folgenden Jahren gelehrt, mit den Naturgeistern umzugehen und zu sprechen.

Der Faun des Baumstumpfes hat dich an die Hand genommen?

Ja, ich erzähle es aus der heutigen Sicht. Er will genau das, was als Vision in deinem Buch »Rettet die Elementarwesen« steht. Er will mit möglichst vielen Menschen Kontakt aufnehmen und möglichst vielen Naturgeistern beibringen, wie das geht. Seit einigen Jahren hat sich an diesem Baumstumpf eine Naturgeisterschule entwickelt. Huma Ranatal schult andere Naturgeister, wie man mit den Menschen ins Gespräch kommen kann. Und um selber möglichst viel über Menschen zu lernen, ist er immer bei meinen Reisen dabei. Ich nehme ihn vom Baumstumpf mit und bringe ihn hinterher wieder hin.

Mußt du dazu physisch hingehen?

»Muß« kann man nicht sagen, ich gehe physisch hin, weil ich sowieso spazierengehe. Der Frage, ob die Naturgeister ein Transportmittel brauchen und im Flugzeug mitfliegen wollen oder ob sie sich direkt an das Reiseziel versetzen können, bin ich längere Zeit nachgegangen und bin zu der Meinung gekommen, daß sie gerne mit den Menschen reisen. Sie könnten eigene Wege gehen, doch sie kommen gerne in der Aura mit. Warum? Weil sie mit den Menschen in Kontakt treten und möglichst viel sehen wollen, was ich mache.

Bei der Baumpflege habe ich dann viele Jahre geübt, die Naturwesen wahrzunehmen. Ich pflege zum Ausgleich für meinen technischen Beruf eine Apfelbaumwiese. Ich schaue mir den Baum an: Wo möchte er geschnitten werden? Ich führe kein Gespräch: »Hallo, wie heißt du, was machst du?«, sondern das geht ganz schnell: Erstwahrnehmung, Impuls, Ast ab.

Die Schulung der Erstwahrnehmung war dir ein Schlüssel?

Ja, denn die Erstwahrnehmung, bevor man zu denken beginnt, ist am wahrsten.

Mit welchen Naturwesen hast du dich noch angefreundet?

Da gibt es viele. Ich hatte einmal das große Glück eines »private visit« in Stonehenge. Da wird man zu Sonnenaufgang hereingelassen und kann direkt an die Steine gehen, ansonsten ist dieser Bereich heute abgesperrt. Das hatte ich für eine Gruppe von Studenten auf der Rückreise von einer Konferenz organisiert. Ich sagte den Studenten: »Ich nehme euch nur mit, wenn kein Wort gesprochen wird.« Ich lehnte mich an einen der großen, mächtigen Steine – wenn ich an dieses Erlebnis denke, durchläuft mich ein Schauer –, und »zack« hüpfte ein Naturwesen auf mich und blieb bei mir. Nach zwei Jahren habe ich ihn wieder nach Stonehenge zurückgebracht. Es war ein uraltes, ehrwürdiges Wesen, das ganz viel wußte über die Entwicklung der Welt. Ich brachte ihn auch zur Naturgeisterschule von Huma Ranatal, wo er ein Jahr unterrichtete.

Jedes Gerät hat ein Technikwesen!

Es war für mich ein großer Schritt zu erkennen, daß solche Geister auch mit der Technik verbunden sind. Dies kam dadurch, daß ich 1996 im Allgäu ein Seminar leitete zum Thema »Leben mit der Technik«. Es war eine Gruppe von fünfzehn Personen. Ich sprach über die historische Technikentwicklung, dann machten wir eine Übung zu folgenden Fragen: Welche technischen Geräte umgeben mich, was nehmen sie mir ab und was geht mir dabei verloren? Jeder schrieb es auf, und wir tauschten es aus. Dann kam die entscheidende Übung: »Finde einen Betreuer, ein Naturwesen für eine Maschine deiner Wahl!« Ich stellte diese Aufgabe, wußte aber nicht, ob es gelingt. Ich nahm den Computer und fragte: »Ist eines der Naturwesen aus dem Allgäu bereit, mich mit dem Computer zu begleiten? Wenn ja, zeig dich, laß dich malen, sag deinen Namen?« Das Erstaunliche war, daß jeder eine solche Wahrnehmung hatte, auch diejenigen, die vorher sagten: »Ich höre und sehe da nichts!« Alle malten ein Wesen. Mein Bildchen steht seitdem immer neben meinem Hauptcomputer, darauf ist ein freudiger Kerl, der den linken Arm hebt. Er heißt »Sora Barabam« und antwortete auf meine Frage: »Kannst du mich begleiten?« mit folgendem Satz: »Das mache ich doch mit links!«

Seit dieser Zeit begleitet er mich mit dem Computer. Einmal hatte ich ein Computerproblem. Er half mir, indem er sagte: »Bleibe ruhig, reden wir erst einmal damit!« Jetzt kommt der Punkt: Mit wem reden wir, mit Sora Barabam oder mit dem Computer? Dabei habe ich erfahren, daß sich mit jedem technischen Gerät, sei es Waschmaschine, Auto oder Kaffeemaschine, bei der Produktion ein Naturgeist verbindet, der dieses Gerät solange begleitet, bis es verschrottet wird. Das konnte ich mir vorher nicht vorstellen, ich dachte, die Naturgeister sind mit Pflanzen und Tieren verbunden, was haben sie mit Technik zu tun? Was hat ein geistiges Wesen mit einer Bohrmaschine zu tun? Das war für mich ein absolutes Schlüsselerlebnis, jedes Gerät hat ein Naturwesen! Wußtest du das?

Natürlich, ich habe die Erfahrung gemacht, am Anfang sind sie noch einfach, haben nur die Funktion des Gerätes aufgeprägt, und entwickeln sich dann mit den Menschen weiter.

Ja, sie wollen beachtet und geschult werden, so daß sie nicht nur bei dem bleiben, was sie bei der Produktion mitbekommen haben. Aber so viel wußte ich damals noch nicht. Kurze Zeit später beobachtete ich im Labor, daß ein Student am Rechner sitzt und dieser abstürzt. Sein Kollege ging an den Rechner, er stürzte nicht ab. Es setzte sich wieder der Student daran, und der Rechner stürzte wieder ab. Der Student kam auf mich zu und sagte: »Ich muß Ihnen etwas im Vertrauen erzählen.« Wir gingen in mein Büro: »Ich verstehe die Welt nicht mehr, ich bin zutiefst verunsichert, ich möchte mein Studium der Technik aufgeben.« Ich fragte: »Wieso?« und er antwortete: »Ich hatte immerzu Probleme mit meinem Computer, immer stürzte er ab. Ich hatte die Nase voll und verkaufte ihn billig an einen Kommilitonen. Bei diesem ist er nicht einmal abgestürzt! Was kann das sein, können Sie mir da helfen?«

Ich fragte: »Wie ist Ihre Beziehung zu der Maschine?« und er antwortete: »Ich mag diese Computer nicht.« Das konnte man ihm ansehen. Wir sprachen noch über viele andere Dinge, und ich konnte ihn überzeugen, seine Sicht zu wandeln und im Studium zu bleiben. Das war für mich das zweite Schlüsselerlebnis zu den Technikwesen, diesmal wie es auf der Seite der Menschen aussieht.

Sind seine Computer nicht mehr abgestürzt?

Nein. Er hat später bei mir sein Examen gemacht. Er veränderte sein Verhältnis zum Computer, ohne daß das Wort Technikwesen gefallen ist.

An einem biographischen Entwicklungsschritt kommen die Dinge auf einen zu. Und so erzählten mir verschiedenste Leute ähnliche Geschichten, und ich registrierte sie. Zum Beispiel: »Ich komme mit der Waschmaschine nicht zurecht.« Ich sagte: »Probiere einmal, mit ihr zu reden.« Einige Tage später hörte ich: »Es geht besser!«

Autogeister

Einmal ging ich zu Huma Ranatal zum Baumstumpf und bat ihn: »Ich hätte gerne aus deiner Schule ein Naturwesen für mein Auto. Ich fahre immer so schnell und habe ein ungutes Gefühl.« Zack, war schon ein Wesen da, es heißt »Huma Uto«. Auch die Vorsilbe »Huma« und wenn man die beiden Wörter zusammenzieht, hat man »Auto«, das ist sprachlich interessant. Ich nahm es mit zu meinem Auto. Da fiel mir ein, ich mache etwas falsch, da ist doch schon jemand! Also führte ich ein Gespräch mit dem Autowesen: »Ich bringe Huma Uto mit, ist es dir recht?«

Die beiden rauften sich zusammen, und ich hatte zwei Wesen in meinem Auto. Daran hat sich eine lange Entwicklung entzündet. Ich bat Huma Uto: »Wenn ich schnell fahre und du merkst, da ist zum Beispiel hinter der Kurve ein Problem, gib mir bitte ein Signal.« – »Ja, wie denn?« Wir verabredeten Zündaussetzer des Motors, »tack, tack, tack«.

Einige Tage später auf der Autobahn mit 150 macht es »tack, tack, tack«. Ich bremste und freute mich. Drei Jahre lang ging das so, das war super. Einmal stand ein Laster quer hinter einer Kurve, immer machte es »tack, tack, tack«. Meine Familie und Freunde haben es auch mitbekommen. Manchen konnte ich es erzählen, anderen, die nichts von Naturgeistern wissen wollen, sagte ich etwas von einem Zündproblem.

Wenn man zu hoch oben ist, kommt der tiefe Sturz. Da ich viel fahre, verkaufte ich das Auto nach vier Jahren, dachte aber in diesem Moment nicht mehr an Huma Uto. Überhaupt nicht mehr, ich habe ihn ganz aus dem Bewußtsein verloren, ich war so froh, daß ich das neue Auto hatte.

Zwei Tage nach dem Verkauf rief der Käufer an: »Der Motor ist kaputt!« Ich zuckte zusammen, mir fiel alles wieder ein, und ich sagte: »Überhaupt kein Problem, ich übernehme die Kosten, bringen Sie es in meine alte Werkstatt.« Dort blieb es über das Wochenende. Als ich meine Schlüssel durchschaute, bemerkte ich, daß ich noch einen zweiten Reserveschlüssel für das Auto hatte, den ich vergessen hatte abzugeben. Ich ging nachts um zwölf in den Werkstatthof, da war ja niemand, setzte mich in das Auto und führte lange, intensive Gespräche mit Huma Uto.

Ich sagte ihm: »Das kannst du nicht machen, das sind doch andere Leute!« Aber ich kam nicht auf die Idee, ihn einfach mitzunehmen, sondern dachte, er gehört zum Auto. Das war unlogisch, was ich aber nicht bemerkte. Als ich wieder ging, hoffte ich, daß Huma Uto auf mich hören würde, war mir aber nicht sicher. In der Werkstattuntersuchung wurde nichts gefunden, das Auto ging wieder zu dem neuen Besitzer. Doch dieser rief eine Woche später wieder an, und ich sagte noch mal: »Kein Problem, ich übernehme die Kosten.« Doch zwischenzeitlich war ich schlauer und wollte nachts wieder hin.

Du hattest immer noch den Schlüssel?

Ja. Ich hatte darüber gegrübelt, wie ich Huma Uto von dem alten Auto wegbekomme, und das meiner Tochter erzählt. Sie schlug vor: »Wir haben ein Matchbox-Auto, das genauso aussieht, nimm das mit, da kann er hineingehen.«

Muß man ein Matchbox-Auto haben, um ihn mitzunehmen?

Ich denke nicht, aber es war die Brücke für mich, ich mußte ja selber lernen. Ich schlich mich also nachts wieder zur Autowerkstatt, setzte mich in das verkaufte Auto und bat Huma Uto: »Geh doch bitte da rein und komme mit in mein neues Auto. Wie wäre das?« Nach kurzer Zeit hatte ich das Gefühl, er geht mit. Am nächsten Tag fand die Werkstatt natürlich wieder nichts. Das Auto ging zu dem neuen Besitzer zurück, und seitdem habe ich von ihm nichts mehr gehört! Ich legte das Matchbox-Auto in mein neues Auto und sagte zu Huma Uto: »Von vornherein, so kommunizieren wir nicht mehr! Das machen wir jetzt anders, du bringst mich einfach auf den Gedanken, daß ich zum Beispiel den Verkehrs-Sender anschalte.« Das sagte ich ganz klar, und seither funktioniert das so. Er ist immer dabei, inzwischen gab es zwei weitere Autowechsel.

Ist das Autowesen Huma Uto untergeordnet?

Das habe ich mich auch gefragt. Mein Empfinden war immer, das Autowesen freut sich, daß Huma Uto als Mittler dabei ist, da es im Kontakt mit Menschen noch nicht so geübt ist. Mir wurde klar, auch die Naturgeister brauchen eine Schulung. Ich hatte nie den Eindruck, daß es zwischen den beiden ein Kompetenzgerangel gab.

Ich nehme Huma Uto jetzt auch mit, wenn ich einen Leihwagen fahre.

Haben die Autowesen auch einen Namen?

Das war für mich nie wichtig, da ich Huma Uto als Dolmetscher habe.

Ohne Sympathie geht nichts

Wir hatten viele Jahre keinen Fernseher. Meine Tochter wollte einen. Bei dem neuen Gerät traten immer wieder Störungen auf, und es kam schon dreimal der Entstörungsdienst, fand aber nichts. Ich schaue selbst nicht fern, sondern nur die Tochter und manchmal meine Frau. Meine Frau sagte neulich: »Rede doch einmal mit dem Fernseherwesen!« Ich sagte zu ihr: »Rede doch du, du sitzt davor.« Ich habe keine Beziehung zu dem Fernseherwesen, und es macht weiterhin Störungen.

Warum kommst du nicht in Kontakt?

Ich habe bemerkt, daß ich es gar nicht richtig versuche und mein Herz öffne. Ich lasse mich emotional nicht auf das Gerät ein und lehne es innerlich ab. Zu anderen Geräten habe ich eine positive Einstellung, aber nicht zu Fernsehgeräten. Mein Vater war fernsehsüchtig, und das wollte ich niemals werden, das ist das Trauma, das unterschwellig auf mir lastet. Ich bin hier in genau derselben Situation wie der Student, von dem ich erzählt habe.

Sympathie ist das Grundinstrument der seelischen Beobachtung. Finden die Fernsehwesen es gut, wenn man fernsehsüchtig ist?

Ich glaube ja. Sie gucken ja auf das Gesicht, das auf sie schaut. Sie sehen nicht das Programm, sondern was der Mensch vor dem Fernseher erlebt. Möglichst viele Faxen, die man davor macht, und wenn man möglichst lange draufschaut, das ist ihre Welt, das finden sie gut.

Technikwesen wollen geliebt werden

Was wollen die Technikwesen vom Menschen?

Sie wollen gemocht werden, das ist mein tiefer Eindruck aus vielen Erlebnissen. Bei einem Freund schaltete sich der Saunaofen immer bei 65 Grad aus. Wir sprachen mit dem Wesen, erfragten den Namen. Bei den unterschiedlichsten Geräten war es immer das gleiche, das Gerät will gemocht werden. Sympathie muß da sein, und noch besser ist es, wenn man es anspricht: »Du warst heute gut!«, wenn man danke sagt: »Du hast heute gut die Wäsche gewaschen!« oder: »Super, jetzt bist du statt auf 65 Grad in der Sauna auf 70 Grad hochgekommen! Wie hast du das nur hin gekriegt?«

Einmal war ich auf der Autobahn und hatte vergessen zu tanken, die Tankanzeige zeigte Leere an, der Motor setzte aus und ich rollte auf den Seitenstreifen. Ich sagte zu Huma Uto: »Eineinhalb Kilometer sind es noch bis zur nächsten Ausfahrt und 500 Meter bis zur Tankstelle, bitte hilf, daß das noch möglich ist!« Auf einmal lief der Motor wieder. Ich dachte, das ist doch nicht möglich, der Motor hat doch schon ausgesetzt? Wir sind aber genau hingekommen, nur die letzten zwei Meter an die Tanksäule mußte ich schieben. So etwas habe ich erlebt!

Eine Teilnehmerin eines Seminars erzählte mir letzte Woche, sie habe eine uralte Spülmaschine. Als ihr Freund sie das erste Mal einräumte, ging sie kaputt, doch bei ihr habe sie lange gehalten. Ich fragte: »Was hast du mir ihr gemacht?« Sie sagte: »Ich habe jeden Tag mit der Maschine gesprochen, toll, daß du noch hältst, wir haben kein Geld und können keine neue kaufen.«

Ich fragte weiter: »Was hatte dein Freund vor dem Einräumen gesagt?« Sie erinnerte sich: »Was ist denn das für eine Maschine, die ist ja schon zwanzig Jahre alt, die funktioniert bestimmt nicht mehr richtig.«

So etwas nehme ich überall auf. Die Technikwesen wollen geliebt und angesprochen werden. Dann versuchen sie, wenn immer möglich, das Gerät in der Funktionsweise zu erhalten. Wenn das jetzt Allgemeingut würde, das wäre doch Klasse! Dann könnten viele unnötige Reparaturen und Verschrottungen vermieden werden. Dazu ist eine positive Verbindung mit dem Gerät nötig, beim Fernseher kann ich das noch nicht.

Was macht eine solche Beziehung mit den Menschen und den Wesen?

Meine Erfahrung ist, der Mensch wird zufriedener. Oft hörte ich: »Es paßt«, »harmonisch« oder einfach: »Es fühlt sich gut an.« Es gibt eine positive Rückwirkung auf den Bediener. Bei mir stürzen die Computer nicht ab. Wenn etwas nicht geht, spreche ich das Wesen an, und sofort wird geholfen, wenn es geht. Wenn wirklich etwas durchgebrochen ist, dann können sie nichts machen. Aber sie können etwas lange funktionsfähig halten, den letzten Tropfen Benzin noch ausnutzen bis zur Tankstelle. Sie können die physische Welt nicht außer Kraft setzen, nutzen aber Spielräume.

Ich fragte mich schon oft, was machen die Inder und auch andere Entwicklungsländer mit den vielen Schrottautos, die sie von uns bekommen? Wie reparieren sie diese ohne die hochspezialisierte Werkstatttechnik? Warum laufen diese Schrottfahrzeuge? Vielleicht erklärt sich das durch ein positives Verhältnis zu den Technikwesen. Mir erzählte ein Ingenieur, der viele Jahre indische Fabriken beraten hat, eindrücklich, daß zu jeder neuen Maschine der Brahmane kam und eine feierliche Einweihungszeremonie stattfand. Einmal war der Brahmane krank, und so blieb eine hochmoderne, neue Fräsmaschine, die über eine Million gekostet hat, drei Wochen still stehen! Stell' dir das einmal in einer deutschen Fabrik vor! Außerdem erhält jede größere Maschine einen kleinen Altar. Hier wird aus der Tradition heraus der positive Kontakt zu den Technikwesen gepflegt.

Für die Technikwesen ist es ein wunderschönes Gefühl: Der Mensch spricht mit mir, der Mensch ist Brücke zwischen Himmel und Natur, und ich bin Teil dieser Brücke. Sie fühlen sich stolz, geehrt, aufgenommen und Teil des Ganzen und nicht nur als Schmutz, den man mit dem Besen zusammenkehrt. Sie fühlen sich gesehen in ihrer Bedeutung, das entspannt sie.

Ich denke, da steht im Hintergrund, daß die Naturwesen zunächst immer im Ganzen eingebunden sind, aber durch unsere Art der Technikproduktion auf spezielle Aufgaben beschränkt und aus der Verbindung mit dem Universum herausgerissen werden. Sie sollen nur noch eine Funktion erfüllen und wissen gar nicht, warum. Durch das Sprechen mit den Technikwesen findet wieder eine Rückbindung in das Ganze statt.

Ja, so könnte man das sagen. Sie sind auf eine sehr spezialisierte Aufgabe angesetzt, die nicht ihrem ursprünglichen Daseinszweck entspricht. Mein Eindruck ist aber, sie sind nicht gezwungen, sondern begleiten das Gerät, weil sie das wollen. Sie gehen immer wieder zurück in die geistige Welt, und wenn sie aus der Urmasse wiederkommen, haben sie etwas gelernt und fangen nicht mehr bei Null an.

Sind die Technikwesen ursprüngliche Naturwesen, die sich früher um eine Pflanze, Stein oder das Wetter gekümmert haben?

Nein, das glaube ich nicht, sie kommen direkt aus der geistigen Welt. Deshalb nehme ich auch nicht das Wort Elementarwesen, das von den vier Elementen her kommt. Die Naturwesen, von denen ich erzählt habe, die mir mit dem Computer und Auto helfen, sind Dolmetscher, sie waren nicht ursprünglich mit der Technik verbunden. Technik- und Naturwesen arbeiten zusammen. Ich gehe regelmäßig Segeln, und da habe ich bemerkt, daß oben am Mast ein richtiger Luftgeist sitzt, ein Naturwesen. Trotzdem haben die einzelnen Geräte, Navigationssystem usw. eigene Technikwesen. Die hydraulische Steuerung drohte einmal auszufallen, eine Kappe hatte sich gelöst. Wir baten das Gerät zu halten, bis wir im Hafen sind. Das waren noch viereinhalb Stunden, wir hätten sonst nicht mehr steuern können. Es hat gehalten.

Technikwesen gehören zum Gerät, ahrimanische Geister wirken herein

Nach meiner Erfahrung gibt es nicht nur die Wesen in den Geräten, sondern es gibt auch ahrimanische und luziferische Wesen, die zum Beispiel bewirken, daß man nach längerer Zeit vor dem Computer wie leergesaugt ist. Ich erlebte manchmal, daß es in Geräten etwas wie ein Gerangel gibt, ob das Technikwesen oder die ahrimanischen Geister die Führung haben.

Die Technikwesen sind nur für die Funktionsfähigkeit der Technik zuständig, sie haben nicht diesen geistigen Aufrüttel- und Wachmachimpuls der ahrimanischen oder luziferischen Geister. Das Technikwesen sollte man davon unterscheiden. Der ahrimanische Geist sitzt nicht im Computer, sondern wirkt aus der geistigen Welt durch den Computer. Ich meine, wie stark er mit der Aura des Computers verbunden ist, hat viel mit mir zu tun und meiner inneren Entwicklung.

Erlebe ich also an dem Gerät, was ich an mir bearbeiten sollte?

Was ich ablehne, hat mit mir zu tun. Worüber ich mich aufrege, sind meine Probleme. Je nachdem, welcher Mensch davorsitzt, wirkt es anders.

Aber das Handy hat eine Strahlung, die jeden betrifft?

Ja, das ist elektromagnetisch, das sind physikalische Wellen. Hier wird der einzelne Mensch zu einem Bewußtseinsschritt aufgerufen wie: »Du Mensch, stell' dich entgegen, schlafe nicht hinein in das Windows, sieh nicht die ganze Welt nur noch durch den Computer.« Meine Erkenntnis ist, daß die ahrimanischen Geister nicht mit den Geräten als solchen verbunden sind wie die Technikwesen. Ich würde dem nicht einen so hohen Stellenwert beimessen, denn das macht vielen Menschen nur Angst, die hindert und lähmt. Dagegen wirkt die Konzentration auf den Gerätegeist, der auf unsere Kontaktaufnahme wartet, positiv.

Wenn du mit dem Gerätegeist im Gespräch bist, wirkt der ahrimanische Geist nicht mehr so stark ein.

Ja, so ist es, das ist genau mein Eindruck.

Oder andersherum, wenn man denkt, das ist nur eine Maschine, negiere ich das Technikwesen und stärke den Einfluß Ahrimans durch die Maschine, ohne mit ihm etwas zu machen oder ihn zu erlösen. Er knallt dann einfach auf mich ein.

Sobald ich im Gespräch bin, habe ich das Gefühl, es ist milder, eingebetteter, geschützter und positiver.

»Wenn zwei in meinem Namen zusammen sind, bin ich mitten unter euch«, sagte Christus. Das Dialogische ist christlich und erlösend. Im Dialog mit den Technikwesen erlösen wir ein Stück von Ahriman.

Das Gespräch mit Technikwesen ist ganz einfach!

Die Technik ist Teil unserer Umgebung und Natur, das sollten wir nicht ablehnen oder fürchten, sondern wertschätzen.

Ich beobachte aber, daß durch die Technisierung, den Baustil und menschliche Absichten Städte und Landschaften sklerotisieren und die Naturwesen viele Bereiche nicht mehr richtig durchdringen können.

Die Wesen wollen mit den Menschen wieder ins Gespräch kommen. Wenn der Mensch aber nur noch vor der Kiste sitzt, hat er keinen unmittelbaren Naturzugang mehr. Deshalb ist es ein so bedeutender Schritt, die Naturwesen und die Technikwesen anzuerkennen.

Ist das Gespräch einfach, kann das jeder machen?

Ja, du brauchst nur zu reden beginnen. Du lobst die Maschine und achtest darauf, wie du dich dabei fühlst. Du brauchst keinen Namen hören, du brauchst das Wesen nicht zu sehen. Einfach beginnen! Wenn man es hoch hängt und verkompliziert mit »geistiger Welt«, »Hüter der Schwelle«, »Illusiongürtel«, »Imagination«, »Inspiration«, »Intuition«, das demotiviert, und man verschiebt es auf die nächste Inkarnation. Man kann das alles weglassen und einfach mit den Geräten reden. Das funktioniert auch bei Menschen, die nicht an die geistige Welt glauben, das habe ich schon bei meinen Universitätskollegen erlebt.

Unlösbare Probleme werden die Forscher zwingen, mit der geistigen Welt zusammenzuarbeiten

Wir können dich nicht namentlich in diesem Buch nennen, da Naturgeister in unseren Universitäten tabuisiert sind. Wer davon spricht, wird ausgegrenzt. Wie könnte sich das ändern?

Meine Zukunftsvision ist folgende: Die Probleme werden so komplex, daß die Forscher gezwungen sind, mit der geistigen Welt zusammenzuarbeiten. Heute sind viele Themen nicht mehr fachsingulär zu lösen. Komplexe Probleme verlangen komplexe Teams aus Theologen, Soziologen, Ingenieuren und Informatikern. Das ist anerkannt, doch nur ein Zwischenschritt. Der nächste Schritt ist, auch die Realität der geistigen Welt anzuerkennen. Dieser Schritt ist an den Universitäten noch nicht angekommen.

Das wird über Probleme kommen, die nicht anders lösbar sind. In der Not macht man es, und dann sind Ergebnisse zu sehen. Beispiel Fukushima, die Ingenieure können das Problem der radioaktiven Verstrahlung nicht in absehbarer Zeit lösen. Mit den dortigen Wesen zu reden, darin sehe ich einen Ansatzpunkt, um die Atomkatastrophe einzudämmen.

Lernen erfolgt in der Menschheitsgeschichte meistens über das Leid. Es ist die Aufgabe von uns Menschen, mit den Geistern so im Gespräch zu sein, daß wir Tsunamis und Fukushimas in Zukunft abwenden können. Das Aufbäumen der Erde ist nicht die Strafe Gottes, weil wir so böse sind, sondern es ist der Appell an den Menschen, mit den Naturwesen ins Gespräch zu kommen. Es geht darum, die geistige Welt in die tägliche Arbeit einzubeziehen. Das wird kommen, da die Probleme sonst nicht lösbar sind.

17. Georg Kretzschmar

In der Backstube

Georg Kretzschmar ist ein Vollkorn-Pionier. In seiner Vollkornbäckerei »Hercules« in Düsseldorf wird mit Natursauerteig gebacken. »Durch den langen Gärungsprozeß kann das Brot ausgiebig Licht- und Ätherkraft aus dem Kosmos aufnehmen«, erklärt mir der Bäckermeister, der sein Leben dem Brot gewidmet hat. Er bäckt nicht nur, sondern forscht und schrieb Bücher zur Brotkultur: »Das Brot – Mythologie, Kulturgeschichte, Praxis« und »Was uns im Brote speist, Kalorien oder Geist, hinter den Vorhang geschaut…« Seine Bäckerkollegen nennen ihn den »Philosophen«. (Kontakt: www.hercules-baeckerei.de)

Ich besuche ihn, da mir erzählt wurde, er arbeite mit den Elementarwesen beim Backen zusammen. »Ja, das mache ich, aber ich kann sie nicht direkt wahrnehmen. Ich weiß, daß es sie gibt. Ich denke besonders an Markert, den Chef unserer Backstube. Die Notwendigkeit der Zusammenarbeit hat mir das Buch ›Im Lichte der Wahrheit‹ vermittelt.«

Eindrücklich berichtet Georg Kretschmar: »Ich mache keine systematischen Kontrollen der Maschinen oder der Mitarbeiter, sondern achte auf innere Impulse. Wenn ich die Empfindung habe, ich sollte die Gärtemperatur kontrollieren, gehe ich sofort hin, oft gerade zum richtigen Augenblick. Einmal folgte ich einem solchen zarten Impuls nicht, die Zuführung zur Mühle war kaputt, und zwei Tonnen

Getreide landeten im Hof anstatt in der Mühle. Das war mir eine Lehre. Ich verstehe das so, daß Markert mit meinem Geist spricht, wenn etwas schief läuft.«

Georg Kretschmar hat den direkten Kontakt zu Markert mehrmals über andere Menschen gesucht, die mit Elementarwesen besser kommunizieren können als er. Das Gespräch von Verena Stael von Holstein mit Markert ist in dem Buch »Naturgeister 3« (Flensburger Hefte So21) abgedruckt. Markert ist dabei nicht direkt in der Mühle von Frau von Holstein erschienen, »sondern der Dialog zwischen ihm und uns wurde durch den Zwerg Konradin vermittelt.«

Hier ein Ausschnitt aus dem Gespräch:

»*Markert durch Konradin:* Im gewissen Sinne bin ich ein Heinzelmännchen. Ich wohne in Düsseldorf und bin das Heinzelmännchen einer Backstube in dieser Stadt. Ich bin der ätherische Chef, der Müller dieser Backstube. (...)

W. W.: Was sind deine Aufgaben als Chef der Backstube?

Markert durch Konradin: Es sind die gleichen Aufgaben, die euer Müller hier hat. Ich kümmere mich um den Fortbestand und die Existenz der Backstube in der physischen Welt. Gleichzeitig überwache ich ätherisch gesehen die Brotherstellung. Ich bin beim Brotentstehungsprozeß in den Öfen einbezogen. Ich überprüfe den Teig und gebe sozusagen meinen eigenen hinzu. Ich erhalte also nicht nur physikalisch die Tische und Bänke aufrecht, sondern wache darüber, daß aus dem Teig auch ein Brot wird, indem ich den Teig betreue, hauptsächlich die ätherische Komponente des Teiges. Ich weiß auch, wie man Brotteige verbessern und verschlechtern kann, wie man sie beleben und wie man sie so ändern kann, daß sie den Menschen besser ernähren. Es gibt viele Methoden, mehr Lebensenergie in den Teig zu bekommen als mit Standardteigmischungen.«

In dem weiteren Gespräch geht es um viele Fragen des Brotbackens.

An Georg Kretschmar konnte ich lernen, wie erfüllend der Kontakt zu den Elementarwesen in einem Betrieb sein kann, auch ohne direkte bewußte Kommunikation.

18. Gregor Arzt

GEOMANTIE IN DER PRAXIS UND DIE SEHNSUCHT DER WESEN

Wir waren schon auf vielen Geomantieseminaren, doch so etwas haben wir noch nie erlebt: Alle sitzen still und schreiben und schreiben, alle lesen alles vor – stundenlang geht es – und alle hören zu und Gregor Arzt schreibt jedes gehörte Wort selbst mit. Wir sind davon sehr angetan, das Schreiben vertieft, bringt es auf den Punkt und ist eine Wahrnehmungsart, die vielen einen Zugang ermöglicht. Gregor Arzt ist Germanist und führte viele Jahre in Berlin eine Fachbuchhandlung für Homöopathie. Heute arbeitet er hauptberuflich als Geomant, und seine Liebe zum Wort entfaltet sich. In dem Gespräch gibt er einen spannenden Einblick in den Werkzeugkasten der Geomantie, zeigt auf, wie sensibel die Landschaft auf uns Menschen reagiert (flexible Wasseraderabstrahlungen) und erzählt viele berührende Geschichten von traumatisierten Technikwesen und deren Erlösung. (Kontakt: www.undinenhof.de)

Landschaftseroberung als Schüler

Wie kam es, daß du hauptberuflicher Geomant wurdest?

Ich interessierte mich schon als Kind für Landkarten. Wir hatten in der Grundschule in der 3. Klasse sogenannte Umrißstempel, ein sehr einfacher Vervielfältigungsmechanismus. Man konnte mit einem runden Stempel den Umriß des Landkreises Mettmann oder Nordrhein-Westfalens auf ein Papier drucken. Das faszinierte mich, und ich konnte es aus der Hand nachzeichnen. Ich hatte eine wahnsinnige Freude an dem Schwung, den der Teutoburger Wald, das Ebbegebirge und das Sauerland machen. Bis zum Alter von zehn hatte ich ein 20er Fahrrad, das viel zu klein war, ich stieß mit den Knien fast an den Kopf. Das sah eine Nachbarin und schenkte mir ein altes 26er Fahrrad. Mit dem neuen Fahrrad und dieser schönen Landkreiskarte fuhr ich nach der Schule los. Abends schraffierte ich immer das erkundete Gebiet auf der Karte. Das gehört jetzt mir! Das war für mich wichtig wie für einen Feldherrn. Es gab Schraffuren mit verschiedenen Farben und einer Datumslegende. So erradelte ich in einem Jahr die ganze Karte. Das war mein Anfang als Geomant mit zehn. Es war damals für mich völlig klar, daß ein Einverleiben von Landschaft heißt, es aus eigener Kraft zu bereisen.

Das war 1973, ich konnte wegen der Ölkrise auch einige Wochenenden auf der Autobahn radeln. Ich weitete die Radtouren immer weiter aus, und mit 14 kam die erste mehrwöchige Reise ins Ausland, mit Sondergenehmigung meiner Mutter. Dabei fiel mir auf, daß es mir gefällt, durch das Ruhrgebiet zu fahren. Ich fühlte mich hingezogen zu einer Landschaft, der es offensichtlich nicht gut geht: Müllkippen, Abraumhalden, dreckige Flüsse. Das muß man mitempfinden. Es wäre falsch, solchen Landschaften den Rücken zu kehren und nur dahin zu fahren, wo es schön ist. Für mich waren das gleichwertige Ziele. In Holland kam ich am Meer zu einer Raffinerie, das fand ich interessant. Schwerindustrie, Natur und Vögel können ganz dicht zusammen sein hinter der Werksgrenze.

Mit 20 hatte ich Mitteleuropa von Norwegen bis Mittelitalien und Frankreich flächendeckend bereist. Das kommt mir in meiner heutigen Arbeit als Geomant sehr entgegen, von vielen Orten, wo ich Aufträge bekomme, hatte ich schon als Jugendlicher einen atmosphärischen Eindruck aufgeschnappt. Was habe ich da eigentlich getrieben? Es war ein atmosphärisches Erkunden von Landschaft.

Wie das Salz in der Suppe des Lebens wollte ich herausfinden, was die Besonderheit von Orten ausmacht. Ich fuhr ganz systematisch von einem Ort zum nächsten, um zu fühlen, wie sich die Atmosphäre verändert. Obwohl ich auf der Karte orientiert war, fragte ich auf dem Weg nach Holland alle paar Kilometer Menschen nach dem Weg, um die Veränderung des Akzentes zu hören. Ich liebte es, in Sprachen einzutauchen. Heute kann ich diese Entschleunigung und Intensität des Erlebens fast nicht mehr leben.

Es dauerte 23 Jahre bis ich 1996 Marko Pogačnik und der Geomantie begegnete, das war erlösend. Bis dahin lebte ich diesen Drang, die Erde zu erkunden, privat aus und hätte nicht sagen können, was das eigentlich ist.

Basisausbildung mit der Wünschelrute

Bis 1996 hatte ich keine bewußten hellsichtigen Fähigkeiten. Für mich war die emotionale, atmosphärische Verbundenheit mit Orten das Wichtigste – die Empathie, das Mitempfinden der Schönheit der Erde und das Mitleiden und Lindern der Schmerzen der Erde. Dieser Grundimpuls veränderte sich nicht durch die Fähigkeit, ätherisch oder astral wahrzunehmen. Zwischen 1996 und 2001 hatte ich eine Lehrzeit, war auf vielen Seminaren, und wir bildeten in Berlin eine Geomantiegruppe. Innerhalb von fünf Jahren kontinuierlicher meditativer Arbeit lernte ich, selbständig Orte zu finden, die nicht von einem Lehrer gezeigt wurden. Entscheidend war für mich dabei eine radiästhetische Grundausbildung an der Wünschelrute bei Reinhard Schneider, dem Entwickler der Grifflängentechnik. Mit der Radiästhesie konnte ich mich sicher im Raum orientieren. Wie finde ich das Herzchakra eines Ortes, den Ein- und Ausstrahlungpunkt, Leylinien, Göttinnen oder Elementarwesen?

Ja, wie findest du das mit der Wünschelrute?

Rutengehen ist letztlich Kineseologie, Muskeltest. Die Rute schlägt nicht von selbst aus, sondern weil die Muskeln fein auf einen Ort reagieren. Ich brauche selber die Wünschelrute nicht mehr dafür, das war nur eine Zwischenphase. Marko Pogačnik hat in seinem Buch »Schule der Geomantie« in dem Kapitel »Körperreaktionen« den Übergang der Radiästhesie mit Rute zur Radiästhesie ohne Rute beschrieben. Er schildert, wie er sich durch muskuläre Reaktionen im Raum führen läßt. Das habe ich ausprobiert, es klappte bei mir sofort. Das war mein Schlüssel, um selbständig geomantische Orte finden zu können.

Dazu ist zuerst ein radiästhetisches Kalibrieren oder Eichen nötig. Wenn jemand eine Wasserader finden will, braucht er eine Urerfahrung, so fühlt sich eine Wasserader an. Die beste Art, sich auf Wasser zu kalibrieren, ist an einem Quellaustritt am Berghang. Da kann man sicher sein, daß ein Meter oberhalb der Quelle eine Wasserader ist. Die Wünschelrute mit der Grifflänge für Wasserader reagiert nur oberhalb des Austrittspunktes, während über dem frei fließenden Wasser eine andere Grifflänge reagiert, nämlich die für offenes Wasser. Man kann das auch direkt mit den Händen spüren. Diese Urerfahrung kann man vergleichen mit einem kleinen Kind, das zum ersten Mal in einen Topf mit Zucker greift, die Finger ableckt und die Mama sagt: »Das ist Zucker.« Dieses Urerlebnis ist eine Kalibrierung.

Was sind Grifflängen?

Eine V-förmige Wünschelrute greift man in bestimmten Zentimeter-Abständen von der Spitze, die unterschiedlich empfindlich für unterschiedliche Strahlungen und Kräfte sind. Reinhard Schneider war Elektroingenieur und hatte elektromagnetische Wellen untersucht; die Rute reagierte je nach Frequenz der Wellen an unterschiedlichen Grifflängen. Er stellte fest, daß das auch für nicht- physikalische Strahlungen gilt. Drei Rutengänger-Generationen schufen ein sehr großes Instrumentarium, zum Beispiel auch in der medizinischen Radiästhesie. Es gibt Organgrifflängen und Meridiangrifflängen. Ich benutze die Radiästhesie nur zur ersten Orientierung im Raum, nicht zur Vertiefung. Ich lernte durch

Marko Pogačnik, daß es viel interessanter ist, direkten geistigen Kontakt aufzunehmen durch Meditationen.

Für mich war entscheidend, zunächst ein solides Rutengehen zu lernen, so daß ich einfache Phänomene, Wasseradern, Erdstrahlen und Gitternetze auf kleinen Flächen sicher finden und kartieren konnte. Das übte ich auf einem Sandplatz, und ich schrieb alle meine Ergebnisse mit dem Fuß in den Sandboden ein. Dadurch verstand ich, warum im Brockhaus zu Geomantie steht: »Zeichnen von Linien in den Sand zum Zwecke der Weissagung.« Das ist zwar eine völlig verstümmelte Definition, so ähnlich wie: »Eine Uhr ist ein Zahnrad.« Der ganze Zusammenhang fehlt. Ich begriff es trotzdem: Wir machen die verborgene Sprache der Erde sichtbar. Das erlebte ich ganzkörperlich, indem ich mit dem Fuß das Abbild des Hartmann-Gitternetzes in den Sand zeichnete.

In diesem Gitternetz gab es einen Knick, und ich dachte, ich hätte einen Fehler gemacht. Als ich später erste Erfahrungen hatte mit Leylinien, Kraftlinien der Erde, stellte ich fest, daß durch dieses Gitternetz hier eine Leylinie lief, die es ablenkte. Durch Versuch und Irrtum kam ich immer ein Stück weiter.

Radiästhesie auf der Landkarte

Es gibt einen Übergang zwischen dem Laufen mit der Rute und dem Arbeiten über Karten, das ist das Anpeilen von Orten. Die Rute schlägt nicht nur beim Überschreiten von Energien aus, sondern auch in der Fernwirkung. Letztlich ist der konzentrierte Blick in die Ferne auch eine radiästhetische Peilung, die man entsprechend abfragen kann. Wenn man das Rutengehen mit dem rein mentalen Pendeln mit Ja-Nein-Fragen miteinander kombiniert, hat man ein sehr gutes Werkzeug zur Orientierung im Raum.

Wenn du Landkarten untersuchst, benützt du dabei die Rute?

Nein, ich mache das alles ohne Werkzeug, ich benutze die Rute nur noch für Erdstrahlenkartierung und Wasseradern, weil es schneller geht. Alles andere mache ich mit der Hand, auch das Pendeln. Ich frage die geistige Welt, wo liegt das Herzchakra in diesem Holon, und lasse mich mit der Hand auf der Karte da hinführen. Vor Ort schaue ich mich dann genauer um.

Auf der Karte sind doch nur Gebäude, Straßen und vielleicht noch Bäume eintragen, wie findest du dort das Herzchakra?

Ich erzähle eine Anfängererfahrung, die für mich ein Highlight war: Wenn du dich mit der Rute oder dem Pendel auf Chakren einstellst, kannst du diese auf einem Foto muten. Hänge ein Porträtfoto an die Wand. Wenn du mit der Rutenspitze die Mittelachse des Gesichtes verfolgst, bekommst du zum Beispiel an der Stirn einen Ausschlag. Geh nach unten, du bekommst einen Ausschlag beim Halschakra. Geh weiter nach unten unter den Rand des Fotos und du bekommst alle anderen Chakren an den Stellen, wo keine Abbildung mehr ist! Das ist Ganzheitlichkeit.

Die stärkste Kraft auf der Erde ist der menschliche Geist, wir unterschätzen das oft. Wenn der menschliche Geist darum bittet, die geistige Welt möge die energetischen Verhältnisse des Geländes auf die Karte projizieren, geschieht das. Entscheidend ist, daß man die Demut hat, zu erkennen, daß die Führung innerhalb dieses Symbolsystems nicht durch einen selbst, sondern durch die geistige Welt geschieht. Ich mache mich zu einem Werkzeug wie der Rutengänger, dessen Körperlichkeit von den Erdstrahlen ergriffen wird.

Wie gehst du konkret vor?

Ich mache meistens zuerst eine physische Begehung. Wenn ich abends einen Vortrag habe und als Bonbon etwas über die Stadt sagen will und Zeit habe, laufe ich dort stundenlang herum wie ein Trüffelschwein, lasse mich einfach treiben, wie früher mit dem Fahrrad. Ich habe überhaupt keine Kriterien, lasse mich einfach treiben. Wenn ich das Gefühl habe, ich habe einen Überblick über die Topographie, Atmosphäre und Sprache, setze ich mich über die Karte, suche die verschiedenen Chakren und Wesen und trage sie ein. Und siehe da, Trüffelschwein, da bist du heute schon gewesen, da hat dich die geistige Welt hingezogen! Ich frage ein Chakra und Wesen nach dem anderen ab, und das ganze System kristallisiert sich heraus. Ich bin jedes Mal überwältigt von der kosmischen Architektur, die überall auf der Erde in solchen Systemen steckt. Die Erde hat äußerlich keine geometrischen Formen, aber bei den räumlichen Beziehungen zwischen den Chakren und anderen feinstofflichen Organen hat man immer Geraden, konzentrische Kreise, Dreiecke und Parallelen.

Bevor ich in diese Einzelheiten gehe, muß ich herausfinden, in welchem Holon arbeite ich eigentlich? Holon ist der Begriff von Marko Pogačnik für ein geomantisches System, das entsteht, weil eine bestimmte Zahl von Menschen sich dauerhaft auf ein Gelände bezieht. Das Holon definiert auch eine Grenze nach außen. Geht es um ein Grundstück, einen Park, eine Stadt? Es ist, wie bei der Aura von Menschen, meistens größer als das physische Gelände, kann aber auch kleiner sein, wenn der Energiekörper geschwächt ist, es energetische Abspaltungen gibt und ein Teil des Geländes nicht dazugehört.

Wie entstehen Holone und geomantische Systeme?

Es entstehen ständig neue Systeme durch die Aufmerksamkeit und Taten der Menschen. Es gibt hier keinen Unterschied zwischen Natur und Kultur, es ist ein großer gemeinschaftlicher Prozeß. Wir plastizieren durch unsere Gedanken, Gefühle und Willensimpulse ständig den energetischen Raum der Landschaft.

Wenn ich also das Holon bestimmt habe, beziehe ich mich auf eine Kalibrierungserfahrung. Wenn ich eine Wasserader suche, beziehe ich mich auf die Urerfahrung am Quellaustritt oder auf meine tausend Erfahrungen mit Wasseradern seither. Wenn ich das Herzchakra suche, beziehe ich mich auf ein Herzchakra. In den ersten Jahren bezog ich mich immer auf eines, das ich von einem Lehrer kalibriert bekam, heute beziehe ich mich auf Herzchakren, von denen ich besonders viel gelernt habe. Ich habe zum Beispiel von dem Herzchakra der Hiberniaschule in Herne viel gelernt und verstanden, was das eigentlich ist.

Was ist das eigentlich?

Das Geheimnis des Herzchakras

Das war eine schwierige und bittere Erfahrung, die ans Eingemachte ging. Ich bin so verbunden mit diesem Herzchakra der Hiberniaschule, daß ich, wenn ich nicht mehr weiter weiß, innerlich ausrufe: »Hibernia hilf!« – So, wie die Menschen früher zu den Vierzehn Nothelfern gebetet haben. Ich hatte damals den Auftrag, das Außengelände der Schule geomantisch zu untersuchen und Heilungsarbeit im Vorfeld einer Neugestaltung zu machen.

Bei einem Heilungsauftrag frage ich die geistige Welt, wie viele Störungsbereiche gibt es, und pendele das mit der Hand durch. Ich lasse die Hand in der Nein-Geste schwingen, die abgrenzende Bewegung zur Seite, und zähle durch: »Es gibt keine Störungszone?«, »Es gibt eine Störungszone?«, »Es gibt zwei Störungszonen?« Man muß sich die Zahlen gut vorstellen. Bei der Hiberniaschule kam bei acht die Ja-Bewegung, die verbindende Bewegung nach vorne. Ich fragte weiter: »Es sind genau neun Störungszonen?« und es kam wieder ein »Nein«. Das war der Kontrolltest.

Reinhard Schneider hat uns in der Ausbildung bei Hausuntersuchungen gesagt: Stellt euch in die Mitte der Wohnung oder wo ihr eine gute Übersicht habt, pendelt die Anzahl der Störzonen aus und dann peilt diese der Reihe nach mit der Rute an. Dieses Verfahren benutze ich bis heute, nur daß ich es mit der Landkarte mache, weil ich dadurch große Einheiten erfassen kann. Ich frage nach der Nummer 1, der Nummer 2 usw. und habe bemerkt, daß ich dadurch zu schlüssigen Arbeitsergebnissen komme. Die Bearbeitung der Störzonen in der gezeigten Reihenfolge beinhaltet einen Übungsweg. Die Information, die ich bei der Lösung des Themas 1 bekomme, hilft mir beim Thema 2.

Das Herzchakra war die Störung Nr. 1 auf dem Plan der Hibernia-Schule. Es liegt ganz am Rande des Schulgeländes beim Raucherplatz, neben den Mülltonnen und Garagen. Ein Ort, wo alles das hinkommt, was man nicht haben will: Raucher, Müll und Autos. Die Vorgängerbebauung war ganz anders, da war eine Brauerei mit einer Villa, und das Herzchakra lag zentral im Park. Es hat trotz aller Veränderungen im Schulgelände auf diesem Platz verharrt, das gibt es. Wenn die Menschen etwas verändern, wandern die Chakren mit oder sie verharren und kommen in eine Peripherielage. Beim ersten Seminar waren es 24 Leute, und mit meiner Methode dauert es lange. Ich sagte, wir schaffen pro Wochenende höchstens zwei Störzonen von den acht und brauchen vier Wochenenden in einem Jahr.

Deine Methode ist, alle nehmen wahr, schreiben auf, alles wird vorgelesen und daraus ein Fazit gezogen.

Das dauert; bei 24 Leuten dauert die Auswertung von einer Stunde Meditation viele Stunden. Doch wir sind in das Herzchakra nicht hineingekommen. Alle hatten die buntesten Bilder, viele einen Vulkan, feurig, blubbrig und herausschießend. Es gab sehr phantasievolle Teilnehmerinnen, die sind hineingesprungen und machten die unglaublichsten unterirdischen Reisen im Schulgelände. Es war sehr bunt und vital, aber warum sagte die geistige Welt, das ist der erste gestörte Baustein?

Dann merkte ich etwas: Das Herzchakra muß völlig anders behandelt werden als andere Chakren. Zu denen können wir als Onkel Doktor hingehen und fragen, was ist da kaputt? Störungen haben immer mit den Menschen zu tun, wir können das Thema erkennen und versuchen die Ursprungsinformation wieder in das Chakra hineinzustellen. Das ist die übliche Heilungsmethode. Am Herzchakra funktioniert das nicht. Dem Herzchakra geht es gut, wenn die Menschen sich ihm hingeben, wenn sie aufhören, alles besser zu wissen und heilen zu wollen, sondern wenn sie offen sagen: »Liebes Herzchakra, mir geht es schlecht, ich brauche deine Hilfe, bitte berühre du mich ganz tief!«

Das war das Ergebnis des ersten Seminars und führte dazu, daß beim zweiten Seminar zwölf Leute wegblieben. Sie sagten: »Ich bin nicht bereit, mich diesem Ort hinzugeben. Als jemand, der helfen will, bin ich da, ich möchte aber nicht persönlich berührt werden, das ist mir zu heiß.« Wir wurden eine kleinere, stabile und effektive Gruppe. Das zweite Seminar verbrachten wir wieder an dem Herzchakra und versuchten, diese persönlich gemeinte Erfahrung zu empfangen. Ich wußte nicht, wie das wird, und hatte Angst, daß eingemachte Dinge bei den Menschen aufbrechen, das war aber gar nicht so, sondern jeder bekam so viel, wie er verarbeiten konnte.

Was war jetzt die Störung des Herzchakras?

Daß die Menschen innerlich verhärtet sind und sich nicht mehr öffnen. Sie zeigen ihr inneres Kind, ihre innere Verletzlichkeit einander nicht mehr. Ob jemand geistig Furore macht, ist völlig egal, wenn er hier dicht ist. Herzchakra ist Hingabe. Die Menschen waren gestört.

Das hat mit dem Ort doch nichts zu tun?

Doch, das hat mit der Schule zu tun. Dort laufen unter den Lehrern, Eltern und Schülern viele Menschen herum, die sich nicht öffnen können, nicht hingeben können, alles im Griff haben wollen. Das Herzchakra hat die Kraft, aufzuweichen und zu berühren. Bei Marko Pogačnik kann man lesen, Herzchakren sind Heilungskräfte. Nun hatte ich besser verstanden, warum.

Ein anderes Beispiel: Das Herzchakra der Stadt Neuruppin liegt bei einem Blumenrondell in einem schönen Park, der von Karl Friedrich Schinkel angelegt wurde. Ich meditierte hinein und sah innerlich einen großen Brunnen, über dessen Rand lehnten sich graue Gestalten und hielten ihn mit den grauen Mänteln und Armen zu. Ich konnte aber zwischen den Armen sehen, daß dort aus der Tiefe ein ganz schönes, helles Licht heraufstrahlt. Ich fragte: »Was sind das für Leute, warum halten die das zu?« Die Antwort: »Das sind die Neuruppiner, die können diese wunderschöne Energie noch nicht ertragen.«

Was bedeutet hier Erdheilung? Ihr konntet als zwölf Seminarteilnehmer nicht die Seelenhaltung der ganzen Schulgemeinschaft ändern.

In einer größeren Institution kann man nicht alle Menschen auf seiner Seite haben, und die verhärtenden Kräfte sind genauso tätig. Die geomantische Heilungsarbeit hat primär die Menschen verändert, die mitgemacht haben, das konnte man direkt feststellen. Es wurde auch berichtet, daß einige Wochen nach dem Seminar zwischen Unter- und Mittelstufe, wo sonst die Kommunikation stockte, Bewegung entstand. Das sind erhoffte Abfallprodukte.

Ist das Herzchakra heute immer noch die Raucherecke?

Nein, der Platz ist zwischenzeitlich sehr schön gestaltet.

Was waren die anderen sieben Störungen?

Ein Thema war die rote Göttin, das Zentrum des öffentlichen, florierenden Lebens der Schule. Dieses ist nicht im Hauptgebäude, wie es viele vermuteten, sondern in einem anderen Gebäude. Warum ist hier die Mitte, und die Menschen wissen es nicht? In der Arbeit ging es um das Zusammenspiel der verschiedenen Klassenstufen, die blockiert war.

Über der Aula zeigte sich, daß die Kräfte der Ahnen der Schule, der verstorbenen Lehrer, nicht mit einbezogen wurden. Dies ging bis dahin, daß durch die Welleterniteindeckung der Aula das Einstrahlen geistiger Kräfte von oben her schwierig war. Ich machte Vorschläge für die Gestaltung des Daches und der Farben des Ortganges, und wir brachten die verstorbenen Lehrer im Schulleben wieder ins Spiel. Darauf gab es Resonanz, es kamen die Erinnerungen an sie hoch. Der Ahnenpunkt hatte einen Bezug zum Kronenchakra.

An einem Ort ging es um das Gefühlsleben von Pubertierenden. Da kamen mir in der Meditation die Tränen, da ich mich an meinen Zustand als Achtklässler erinnerte, wie ich innerlich kochte vor Gefühlen, vor Liebessehnsucht, nicht herauskam und mich verhärtete. Ich merkte, daß das ein Problem der Schule ist, daß Gefühle nicht gezeigt werden, keine ausreichende Gefühlskultur da ist.

Der achte Punkt war der Grundstein. Wir hatten also eine große Wanderung gemacht von der Peripherie durch viele Themen der Schule bis zum Grundstein und Konzept der Schule.

Geomantische Heilarbeit muß gewollt sein.

Wir reinigten in dem Haus einer schwer krebskranken Frau in Berlin die Ortsenergien. Diese war vor ihrer Erkrankung Regierungspräsidentin gewesen. Sie sagte: »Wissen Sie, was wir jetzt gemacht haben, dafür müßte man eigentlich im Dezernat xy eine Planstelle einrichten, und bei einem Bauvorhaben bietet man den Bauherren freiwillig eine geomantische Untersuchung an. Sie können es machen, der Staat bezahlt es. Im Laufe der Jahre würde man ein geomantisches Kataster und einen Überblick bekommen.«

Das stelle ich mir in Zukunft auch so vor. Geomantische Arbeit sollte allgemein etabliert werden, muß aber freiwillig sein. Was machst du, wenn die Ehefrau will, der Ehemann es aber für Unsinn hält?

Da gibt es verschiedene Stufen, und ich versuche im Vorgespräch am Telefon herauszufinden, wie die Gemengelage ist. Bestimmte Aufträge lehne ich ab, zum Beispiel, wenn die Frau sagt: »Sie können nur kommen, wenn mein Mann verreist ist.« Ich frage manchmal nach, steht der Mann im Grundbuch? Oft steht er nicht drin, legt aber sein Veto ein, obwohl er gar keine Verfügungsgewalt hat. Ich sage meistens: »Melden Sie sich wieder, wenn Sie Ihren Mann überzeugt haben.«

Es gibt jede Menge Mischfälle: »Mein Mann ist skeptisch, duldet es aber.« Ich will, daß die Hausbewohner bei der Heilungsarbeit mit meditieren, das ist entscheidend wichtig. Wenn der Mann skeptisch ist, drücke ich ihm eine Rute in die Hand, und manchmal bekomme ich ihn so auf meine Seite. Männergehirne verstehen Radiästhesie besser, denn wenn die Rute ausschlägt, muß ja etwas dran sein.

Ich nehme auch solche Aufträge nicht an, wenn es heißt: »Mein Heilpraktiker hat bei mir durch Bioresonanz eine geopathologische

Störung festgestellt. Können Sie bitte meinen Schlafplatz untersuchen.« Solche Menschen melden sich aus Angst bei mir, sind aber nicht den Weg gegangen, die Erde als seelisch-geistiges Wesen zu denken. Ich soll mit der Rute am Schlafplatz entlanggehen und nach einer Wasserader schauen, doch die Erdstrahlensysteme sind keine feste Objektwelt, sondern reagieren ganz fein und sensibel auf die menschlichen Energien. Wenn Leute im Herzen verschlossen sind oder viel streiten, sind die oberirdisch erscheinenden Wasseraderabstrahlungen viel breiter. Es kommen sogar künstliche Wasseradern dazu, die aus reiner Wut und Verzweiflung bestehen. Wenn ich Menschen so etwas nicht sagen kann, wäre ich ein Betrüger, wenn ich vorgäbe, ich könnte etwas heilen. Auch wenn ich das Bett verschiebe, weil da im Moment noch eine freie Ecke ohne Wasserader ist, kann ich sicher sein, daß die geistige Welt nach wenigen Tagen die künstlichen Wasseradern dorthin verlegt.

Sind Wasseradern wirklich so flexibel?

Verbogene Wasseradern als Alarmstufe Rot

Ja. In Oberursel untersuchte ich ein Haus in Hanglage. Von oben kam eine Wasserader erwartungsgemäß in Hangrichtung abwärts fließend in das Haus hineingeflossen. Ich bemerkte kartenradiästhetisch und vor Ort mit der Rute, daß die Wasserader plötzlich einen Knick von 90 Grad machte und direkt durch das Bett des Mannes lief. Sie hatten getrennte Schlafzimmer, der Mann war bei der Untersuchung nicht dabei. Nach dem Fußende des Bettes knickte die Wasserader wieder um 90 Grad und ging in Hangrichtung herunter und erreichte das Schlafzimmer der Frau, knickte um 90 Grad in die andere Richtung und ging der Länge nach durch ihr Bett. Am Kopfende verließ die Wasserader das Bett und pendelte sich in die Flußrichtung ein, die sie eigentlich hatte, und verließ so das Haus. Die Wasserader zeigte das Eheproblem. Doch der Mann war nicht da und hatte verlauten lassen, daß er es Quatsch findet, was wir machen. Ich sagte der Frau: »Ich kann Ihnen nicht helfen. Sie müssen erst Ihr Eheproblem angehen, bevor ich Ihnen einen richtigen Schlafplatz anbieten kann. Wenn Sie es nicht angehen, wird die geistige Welt mit Hilfe der Wasserelementarwesen – die machen solche Scherze – Sie immer wieder darauf hinweisen. Diese künstlichen Wasseradern sind eine Alarmstufe Rot mit dem Aufruf: Ändert euch, wir ertragen es nicht mehr, wie ihr als Ehepaar miteinander umgeht!«

Das ist ja eine deutliche Botschaft.

Ja, in der Geomantie geht es oft ans Eingemachte. In einem Vorort von Berlin lebte ein altes Ehepaar um die 70. Sie war glühend gläubig, neuapostolisch und rannte jeden Tag in die Kirche, dagegen war der Mann absoluter Atheist, ein ehemaliger DDR-Richter. Die Frau sagte: »Ich stehe nachts senkrecht im Bett und kann nicht schlafen.« Der Mann sagte: »Ich weiß gar nicht, was du hast, ich schlafe wie ein Stein.« Das ist eine typische Situation und der Grund, warum Männer im Durchschnitt sieben Jahre weniger leben als Frauen. Männer haben gelernt: Ein Indianer kennt keinen Schmerz; ich merke nichts; ich halte durch, bis das Faß überläuft.

Ich stellte mit der Rute fest, die Wasseraderstrahlung geht quer über das Ehebett, die Frau und der Mann bekommen sie ab, beide zu gleichen Teilen, der eine am Kopf, der andere am Fuß. Ich konzentrierte mich auf das Wasserelementarwesen in der Erde, das diese Wasserader verwaltete, und fragte: »Was ist hier los?« Das Wasserwesen sagte mir: »Dein eigentlicher Auftrag ist, diesem Mann klarzumachen, daß er sich auf das Sterben und den Übergang vorbereiten soll!« Ich fühlte mich damit natürlich überfordert. Das Wasserwesen schlug mir vor, wenn ich mir Mühe gäbe, würde es den Druck herausnehmen und die Wasserader um das Bett herumführen. Die geistige Welt hatte also mit der Wasserader die Alarmstufe Rot eingeschaltet, die Frau bekam es mit, der Mann blieb dicht. Und jetzt war ich da. Ich redete mir bei der Besprechung drei Stunden den Mund fusselig, er war eingefleischter Materialist. Ich weiß nicht, ob ich bei ihm etwas erreicht habe, das Wasserwesen aber war zufrieden, hat sich an die Absprache gehalten und die Wasserader verlegt. Ich habe das kontrolliert. Nach ein paar Wochen bekam ich von der Frau die Rückmeldung: »Ich schlafe gut!«

Entstehung und Wirkung von Wasseradern

Ich verstehe diese Flexibilität der Wasseradern noch nicht ganz. Ich dachte immer, diese gehen von etwas Physischem aus?

Aber nicht nur, das Physische ist eine Erscheinungsform des Geistigen und deshalb wirkt dieses stärker. Physisch betrachtet, entstehen Wasseradern durch unterirdische Wasserströme die aufsteigende Erdstrahlen ablenken, in der Mitte verstärken und die Information der Unruhe des Fließens einprägen. Normalerweise sind sie senkrecht über dem physischen Anker. Sie sind aber auch Gefühlsbahnen der Erde, das hängt mit den Wasserwesen zusammen, die damit Empfindungen transportieren. Unharmonisches soziales Leben zieht die Erdstrahlensysteme in Mitleidenschaft. Je stärker der Unfriede, desto breiter erscheinen die Wasseradern.

Ich kontrolliere den Erfolg einer Heilungsarbeit daran, ob die Wasseradern wieder so schmal sind, wie sie eigentlich sein müßten. Normalerweise sind sie etwa 30 cm breit, ich komme manchmal in Häuser, die 1,50 Meter breite Ströme zeigen! Die sind aufgeladen mit emotionalem Druck, wie wenn jemand Bluthochdruck hat. Die Wasserelementarwesen weisen darauf hin und zwar so stark, daß es unerträglich wird. Sie können nicht nur den Strom verbreitern, sondern auch den Verlauf des Strahlungsbildes ändern und sogar Pseudo-Wasseradern entwerfen, die es gar nicht gibt. Diese entfallen nach der Heilungsarbeit, wenn das Thema der Disharmonie ans Tageslicht gekommen, ausgesprochen und im Herzen der Betroffenen bearbeitet wurde.

Warum ist eine Wasserader überhaupt eine Störung?

Wir haben ein gleichmäßiges Erdstrahlenfeld, das vom Erdinneren nach außen strahlt. Alle Diskontinuitäten in der Erdkruste verändern diese gleichmäßige Strahlung. Wasser hat einen Sammellinseneffekt, die Strahlung wird verstärkt wie in einem Brennglas. Dadurch wird das, was wir normalerweise nicht mitbekommen – wir erleben die Erdstrahlen wie der Fisch das Wasser, als Nichts – plötzlich erlebbar. Für den schlafenden, energetisch geöffneten Körper kann die verstärkte Erdstrahlung gekoppelt mit der Information der Unruhe des fließenden Wassers zum Problem werden. Aber für ein Gespräch oder am Schreibtisch kann eine Wasserader anregend sein. Deshalb sind Altäre oft auf Wasseradern.

Wasseradern oder Gitternetze kann jeder Mensch auch mit den Händen spüren. Das habe ich von Wolfgang Schneider gelernt, und es ist mir total wichtig, daß man vielen Menschen das Aha-Erlebnis gibt: Das gibt es, das sind nicht des Kaisers neue Kleider, jeder Mensch kann es fühlen!

Loch vor dem Fernseher

Kannst du noch etwas erzählen von deinen Erfahrungen mit Technikwesen?

Bei meiner ersten selbständigen Hausuntersuchung vor zwölf Jahren stellte ich fest, daß vor dem Fernseher im Wohnzimmer ein ätherisches Loch war! Mir wurde klar, die haben sich aus der energetischen Wirklichkeit ihres Wohnzimmers hinausgeguckt oder hinausgebrannt in einen virtuellen Raum. Durch die Gewohnheit des jahrelangen Fernsehschauens war die Wirklichkeit an dieser Stelle in einer Implosion verschwunden. Ein Loch. Da war nichts mehr, da lebte nichts mehr!

Zehn Jahre später hatte ich das Thema noch einmal. Ich nahm ein Elementarwesen wahr, das aus einer Verbindung des Fernsehers mit der Retina, dem Sehnerv des Menschen bestand. Der Fernseher stand nicht mehr, es handelte sich um einen schluckenden, saugenden Überrest der fernsehenden Vormieter. In der Meditation erlebte ich, daß das Loch erzeugt wird durch ein Kannibalisch-ineinander-verhakt-Sein von Technikwesen des Fernsehers und Körperwesen des menschlichen Auges. Ich fragte: »Wie kann ich das erlösen?« Es meldete sich bei mir eine Riesenmuschel aus dem Meer. Das sind diese zwei Meter großen Muscheln, in die man als Taucher nicht mit dem Bein hineingeraten darf, denn wenn die Muschel zumacht, kommt man nicht wieder hoch. Sie sagte mir: »Dieses Fernseh-Retina-Wesen kann ich wieder ins Naturganze integrieren.«

Eine Riesenmuschel aus dem Ozean hat sich bei dir gemeldet?

Ich komme zu diesem Zusammenhang noch. Ich will dir erst etwas anderes erzählen.

Traumatisiertes Pistolenwesen

2004 sollte ein Spezialgeschäft für ergonomische Möbel in Potsdam in größeren Räumen neu eröffnet werden. Am Tag davor bekam ich den Anruf, im neuen Laden sei eine unerträgliche angespannte Stimmung, die Mitarbeiter seien ganz unglücklich. Ich fuhr hin und meditierte mit der Besitzerin des Geschäftes zusammen. Ich sah vor dem inneren Auge einen Männerbauch mit einem Gürtel, und in diesem steckte etwas quer drinnen. Davon ging eine große Angst aus, eine so große Angst, daß sie den gesamten Raum drückte. Mir war intuitiv klar, es handelt sich um ein Feuerwesen, das im Zündmechanismus einer Pistole sitzt. Das Feuerwesen hatte panische Angst, wieder töten zu müssen. Den Mechanismus, in dem es saß, konnte es nicht begreifen, da es auf der materiellen Ebene gar nicht anwesend ist, aber die Todesqualen der Menschen, die von der Kugel getroffen wurden, waren für dieses Wesen genauso real wie für die Getroffenen. In dieser Angst saß es noch da.

Ich erklärte ihm: »Du warst in dem Feuerstein einer alten Vorderladerpistole. Wenn die Pistole abgedrückt wurde, wurde der Feuerstein gerieben, und der Zündfunke entzündete das Pulver, das die Kugel heraustrieb. So hat das funktioniert. Jetzt hör gut zu! Erstens, diese Pistole gibt es nicht mehr, sie ist längst verrottet. Zweitens, den Bauch von dem Mann, der diese Pistole trug, gibt es auch nicht mehr, der Mann ist schon längst tot. Du brauchst keine Angst mehr haben, es wird dich niemand mehr zwingen, jemanden zu töten oder daran mitzuwirken!« Ich bemerkte, daß es bei ihm angekommen war und es keine Angst mehr hatte, aber es war ja immer noch da, und so fragte ich es: »Wo kommst du eigentlich her, was machst du gerne?« Es sagte: »Wenn ich ehrlich bin, ich bin gerne ganz nah beim Menschen. Ich habe früher den Menschen immer die Füße warm gemacht.« Da habe ich begriffen, das war ein Feuerwesen aus dem Blutkreislauf. Das Blut ist rot und hat 37 Grad, das ist Feuer. Ich sagte ihm: »Hier ist ein Raum, wo sich Menschen besonders wohlfühlen sollen, weil hier Sitzgestelle sind, die sich den Körpern gut anpassen. Immer wenn ein Mensch kommt, schlüpfst du schnell in ihn hinein und machst ihm die Hände und die Füße warm!« Ich habe das Feuerwesen also in den Betrieb integriert, und es machte gerne mit.

Wieso blieb das Wesen Jahrhunderte zurück?

Weil es traumatisiert war. Wenn jemand traumatisiert ist, spielen Raum und Zeit keine Rolle mehr. Wenn ich als Zweijähriger von einem Hund gebissen wurde, kann ich mein ganzes Leben lang eine Hundephobie haben, es sei denn, das Trauma wird gelöst. Beim Trauma bleibt eine innere Uhr stehen, das sieht man auch bei den Kriegstraumata. Es gilt immer das karmische Grundgesetz, daß etwas, was auf der Erde vom Menschen verbockt wurde, vom Menschen wieder aufgelöst werden muß. Das Feuerwesen wurde bei der Produktion der Pistole wie durch einen Sog gezwungen, in den Zündmechanismus hineinzugehen, es hatte nicht die Freiheit »nein« zu sagen. Vielleicht stammte es aus dem Leib des Büchsenmachers, das habe ich nicht untersucht. Wenn die Technik ihren Dienst getan hat, das Wesen aber traumatisiert ist, hängt es in diesem Nutzungszusammenhang fest. Das gilt nicht nur für alte Pistolen, das gilt für jedes technische Gerät.

Warum hing es in diesem Raum fest?

Ich habe nachher erfahren, daß das früher eine preußische Offiziersmesse war in der Altstadt von Potsdam. Da ist es verlorengegangen.

Was ist mit dem Laden passiert?

Er wurde eröffnet und floriert. Die Spannung war weg, die Mitarbeiter sagten noch am selben Abend, es fühle sich gut an.

Autolärm und verzweifelte Wesen in Zündspulen

Ein Haus in Berlin befand sich bis zur Wende in einer Sackgasse zur Mauer, die Leute hatten fast keinen Autoverkehr. Nach dem Fall der Mauer wurde auf dem ehemaligen Mauerstreifen eine Autobahn gebaut und die Straße wurde Autobahnzubringer, der Verkehr hat sich in zwanzig Jahren mindestens verzehnfacht. Die Straße liegt höher, der Garten tiefer und die Hausbewohner sagten: »Wenn wir im Sommer auf der Terrasse sitzen, können wir die einzelnen Autoradios unterscheiden.« Sie waren völlig genervt, aggressiv und knapp davor, eine Bombe zu schmeißen.

Sie kamen auf die Idee, daß man es geomantisch bearbeiten könnte, und riefen bei mir an. Ich sagte ihnen gleich, daß es ein politisches Problem sei und sie eine Bürgerinitiative gründen sollten, damit wenigstens Tempo 30 eingerichtet wird. Außerdem sagte ich: »Es gibt von mir keinerlei magische Arbeit, daß den Autofahrern zum Beispiel plötzlich schlecht wird, sie umdrehen oder diese Auffahrt nicht mehr finden. So etwas mache ich nicht. Wir können nur die Situation des Lärms und des Leidens geomantisch genauer betrachten, und vielleicht bekommen wir einen Fingerzeig.«

Ich schaute nach den Chakren und den Göttinnen. Das Herzchakra war hinter dem Haus, und in etwa 70 Meter Tiefe fühlte es sich dort wie auf dem Meer an. Das habe ich oft, wenn ich in die Erde meditiere, daß ich im Wasser bin. Ich kann diese Standard-Erdungsübungen mit einer Wurzel gar nicht mehr; ich lande oft im Wasser und sehe die Sterne drinnen, für mich ist die Erde ein heller Stern. Ich sah also ein wunderschönes Meer, das unter dem Haus bis zur Straße ging. Die nächste Station war die schwarze Göttin direkt neben der Straße. Schwarze Göttin ist eine Bezeichnung aus der Geomantie und steht für einen Ort, der die Kraft der Verwandlung in der Landschaft hat. Ich meditierte hinein und bekam kleine Lichtsprenkel, die eine unglaubliche Wut und Verzweiflung ausstrahlten und aus den Autos heraussprangen. Diese wurden von der schwarzen Göttin aufgenommen, wie das Bild der Maria, die den Mantel ausbreitet und alles Verzweifelte aufnimmt. Ich fragte mich natürlich, was ist das? Diese Lichtsprenkel kamen aus den Motoren der Autos, aber nicht aus der Verbrennung, sondern aus der Elektrik, aus der Hochspannung der Zündspule. Mir wurde klar, das sind Elementarwesen, die stammen eigentlich aus der Kupfersphäre, die ja durch die Kupferdrahtwicklungen in Resonanz ist, und die Wut und Verzweiflung dieser Elementarwesen, daß sie in diese Technik gezwungen wurden, überträgt sich auf die Bewohner dieses Hauses. Deshalb sind diese wütender und verzweifelter über den Autoverkehr, als sie eigentlich sein müßten. Das sagte ich ihnen. Wenn ein verborgener Mechanismus ins Bewußtsein kommt, kann er nicht mehr so stark wirken, das kennt man auch aus den Familienaufstellungen. Der Sinn des geomantischen Meditierens ist, das Verborgene zu benennen und zu seinem Recht zu verhelfen.

Ich hatte das Gefühl, irgendetwas ist noch mit diesem unterirdischen Meer, und erforschte es weiter. Ich wußte aus der Erfahrung mit dem Feuerwesen in der Pistole, daß Elementarwesen in der Technik eine Heimatadresse haben, und wenn ich sie mit dem Bewußtsein zurückbefördere, kommen sie wieder in ihren heimatlichen Zusammenhang.

Ich hatte schon Fälle, wo Herzchakren von Häusern gestört waren, weil an der gleichen Stelle im Untergeschoß früher geschlachtet wurde, an der Decke hingen noch Haken. Die Blockade wurde durch Eisen-Elementarwesen verursacht, die in den Messern gesteckt und es nicht ertragen haben, an dem Töten der Tiere beteiligt zu sein. Da hatte ich als Heimatadresse den Rasenerzstein.

Was ist Rasenerzstein?

In Brandenburg gibt es keine Gebirge, Eisenerz findet man nur auf den Feldern in Form von braunen Klumpen. Diese wurden früher gesammelt und verhüttet. Das Messer war längst verrostet, das Elementarwesen hing traumatisiert noch im Herzchakra des Gutshauses, seine Heimat ist der Rasenerzstein, da konnte ich es hinschicken.

Ich fragte also, ob die Elementarwesen in den Kupferspulen der Autozündungen aus dem Kupfererz stammen, mir wurde aber als Bild gezeigt: Muscheln. Und mir kam ein Begriff, den ich irgendwo aufgeschnappt hatte: Kupferatmer. Ich schlug nach, die Weichtiere, Muscheln und Schnecken besitzen anstelle der zentralen Eisenatome im Blut Kupferatome. Die Weichtiere ohne Wirbelsäule, die im Feuchten leben, sind völlig anders gestrickt. Die Muschel ist eigentlich eine riesige Lunge, nur rhythmisches System, der Regenwurm ist die Unermüdlichkeit in Person, niemand arbeitet die Erde so um wie er, ohne Hand und Fuß! Meine Hypothese ist also, daß eine gute Adresse für alle in der Elektrik gefangenen Elementarwesen die Meeresweichtiere sein könnten. Ich habe in der geistigen Welt einen Zusammenhang hergestellt, der für mich plausibel ist, und das verändert.

Hat der Autolärm dann nicht mehr gestört?

Die Leute sind versöhnter mit dem Ort und haben es aufgegeben, ihn verlassen zu wollen.

Kam deshalb bei dem Fernsehloch die Riesenmuschel ins Spiel?

Ja.

Vergessenes Feuerwesen

Vor einigen Wochen ging es im Harz um ein großes Haus, das früher die Verwaltung einer Ziegelei war. Ich schaute als erstes, wie groß ist das Holon, und erwartete, daß dies etwa so groß wie das Grundstück ist. Doch es war viel größer und umfaßte viele Nachbargrundstücke! Ich dachte, ich habe von den Nachbargrundstücken keinen Auftrag, da kann ich nichts machen. Der Besitzer sagte: »Alle diese Häuser, die du auf der Karte umrissen hast, gehörten früher zu der Ziegelei.« Wir befanden uns also in einem historischen Holon, das aus irgendeinem Grund immer noch aktiv war. Ich ließ mich führen und hatte die Intuition zu fragen: »Wo stand der Ziegelei-Ofen?« Wir meditierten an diesem Ort. Ein Ziegelei-Ofen brannte über Jahrhunderte Tag und Nacht und wurde nie ausgemacht, da es viel zu viel Energie gekostet hätte, ihn wieder hochzufahren. Der Ofen war längst abgerissen, doch das Feuerwesen war noch da! Ich fragte: »Wo gehörst du eigentlich hin?« Ich bekam ein wunderschönes Bild von einem Sonnenaufgang in der Morgenröte hinter den Bergen des Harzes. Flupp, und schon war es dort! Es ist wie bei Parzival, einer muß einfach einmal fragen!

Es kam aus der Sonne?

Jein, es hatte seinen Punkt dort, wo Sonne und Erde sich begegnen, insoweit war es noch irdisch.

Warum mußte es gefragt werden?

Das ist eine gute Frage. Ich denke, daß es einfach benutzt und aus seiner Sphäre herangezogen wurde, und die Menschen haben einfach vergessen, es zu verabschieden und für die Jahrhunderte »Danke« zu sagen. Es stand noch dort und dachte: Ich brenne. Es bekommt die physische Realität ja nicht mit.

Danach war das zu untersuchende Holon viel kleiner. Ich habe also ein historisches überkommenes System aufgelöst. Dieses wurde nur noch durch die Pflichterfüllung des Feuerwesens festgehalten, danach ist es zusammengefallen.

Wasserwesen als Liebesbote

Der Ludwigkirch-Kiez in Berlin-Wilmersdorf ist eine Schickie-Mickie-Gegend, die Wohnungen sind für einfache Leute fast nicht mehr bezahlbar. Eine Frau war in Rente und machte viele Weltreisen. Jedes Mal, wenn sie zurückkam, hatte sie einen schweren Wasserschaden. Die Klempner versuchten natürlich, alles zu reparieren, aber es passierte immer wieder. Geomanten kennen das: Bei Wasserschäden sollte man nach den Wasserwesen schauen. Das große Wasserwesen war gar nicht in der Wohnung im 3. Stock, sondern unter dem Haus, und in dieser Tiefe begegnete mir ein Delphin. Dieser zeigte mir Jugendliche in einem Cabriolet, die durch die Straßen dieses Viertels fuhren und demonstrierten, wie reich sie sind. Da sagte der Delphin: »Ich finde das so jammerschade, daß die immer mit dem Handy telefonieren. Wenn der Jugendliche seiner Geliebten sagen möchte, ›Ich liebe dich‹, ist das eine Botschaft, die ich als Delphin überbringen möchte! Denn ich weiß genau, wie das geht und wie sie wirklich ankommt. Der Jugendliche sagt es mir, ich schwimme durch das unterirdische Berlin, das eigentlich Spree ist, ich kenne da die Flüsse und Wasseradern, schwimme zur Geliebten hin, berühre sie ganz im Herzen und sage ihr: ›Er liebt dich wirklich!‹ Ich finde das so schade, daß sich keiner an mich wendet. Das wäre doch für die Liebe viel besser.«

Für mich war diese Begegnung sehr humorvoll. Eine endgültige Verbitterung erlebe ich nie in der geistigen Welt. Ich erlebe immer eine Öffnung. Es gibt eine Sprachverwandtschaft zwischen »Lücke« und »Glück«, beide haben dieselbe Sprachwurzel. Lücke heißt Durchgang, Ausweg. Für mich ist das ein Kriterium, ob ich wirklich angeschlossen bin. Etwas Dramatisches ohne Ausweg, nur schlecht und böse, das macht der Mensch selber; die geistige Welt hat immer eine Perspektive und etwas Humorvolles.

War der Delphin ein Delphin oder ein Wasserwesen, das als Delphin erschien?

Ich glaube beides, Gruppenseele der Delphine in Verbindung mit Wasserwesen.

Konntest du ihm helfen?

Es konnte gehört und als Liebesüberbringer bemerkt werden und nicht nur als derjenige, der immer die Wasserrohre durchknackt. Seitdem traten keine Wasserschäden mehr auf. Wenn etwas gedacht wird, was wirklichkeitsgemäß ist, verändert das immer. Die Begegnung mit dem Delphin war mit einem innigIichen Glücksgefühl verbunden.

Ungehobener Schatz von lieben Worten

In Niederursel bei Frankfurt ist mir aufgefallen, daß die Fachwerkhäuser in einer Art ätherischen braunen Brühe stehen. Was ist das? Ich wurde den Urselbach entlang aufwärts zu den Taunushöhen geführt: Diese Brühe ist das Himmels-Chi, das von den Bergen angesaugt wird, die Berge hinunterfließt und die Kleinstädte und Frankfurt ätherisch versorgen soll. Es wird aber schon auf dem Weg dorthin eingetrübt durch energetische Blockaden, die Folgen des Tuns und Lassens des Menschen sind. Die Erde selbst macht keine energetischen Blockaden. Was ist das Chi? Es kam poetisch als Antwort: »Das kommt aus dem Land, wo Milch und Honig fließen«, und es kam das Bild der Paradieses-Ströme.

Später war ich in Berlin-Kreuzberg im zweiten Stock eines wilhelminischen Mietshauses. Daneben stand ein Wiederaufbauhaus aus den 50er Jahren, das heißt, das Vorgängergebäude hat im Zweiten Weltkrieg einen Volltreffer abbekommen. Auf dem Balkon der Wohnung direkt neben dem Nachbarhaus war eine Störzone. Mit der Besitzerin meditierten wir hinein, und ich bekam als inneres Bild einen Binsenkorb mit Pech ausgestrichen. Merkst du, wo das hingehört? Das ist die Mosesgeschichte, Moses wurde in einem Korb auf dem Nil ausgesetzt, weil die Ägypter die Söhne der Israeliten in der Gefangenschaft töten wollten. Die Mutter von Moses hat das mitbekommen und legte ihn in einem Binsenkorb mit Teer abgedichtet in den Nil. Der Korb trieb am Palast des Pharaos entlang und wurde von der Königstochter gefunden, die das Kind behielt und aufzog. So bekam Moses durch seine Ausbildung die Fähigkeit, die Israeliten aus Ägypten herauszubringen. Genau das, was sie vermeiden wollten, ist eingetreten.

Ich sah also den Binsenkorb. Wenn ich Imaginationen habe, die ich weiter erforschen will, stelle ich Fragen an das Bild: »Ich würde gerne in diesen Korb hineinschauen?« Als nächstes sah ich das Weltall, lauter Sterne. Und um die einzelnen Sterne herum waren Glöckchen aus Licht, die klingelten. Ich fragte: »Was sind das für

Glöckchen?« Um die Glöckchen herum formte sich ein Männermund mit einem Bart, wie sie Künstler in der wilhelmischen Zeit hatten, der legere Typ um 1900. Um ein anderes Glöckchen formte sich ein Frauenmund und ein Oberkörper mit der entsprechenden Kleidung. Ich dachte, das ist ja komisch. Ich hatte erwartet, etwas aus dem Zweiten Weltkrieg mit dem zerbombten Haus zu sehen. Das war aber nicht so. Ging es also gar nicht um das zerbombte Haus? Ich fragte weiter: »Was bedeuten diese Glöckchen?« – »Das sind all die lieben Worte, die die ersten Bewohner dieses Hauses zueinander gesagt haben.« Dann sah ich plötzlich das Haus, in dem wir waren, ätherisch und wie dieser wunderschöne, milchige, lichthafte Strom von Himmels-Chi, Milch und Honig, langsam das Dach heruntergleitet. Ich erlebte deutlich mit, wie wichtig die Form der Dachtraufe und des darunter gemauerten Sims ist, damit das Himmels-Chi an dieser Stelle nicht abbricht, so wie wenn ein Vorhang zerreißt, sondern als Hülle an den Fassaden heruntergleiten und das ganze Haus einkleiden kann. An der Stelle des Balkons mit der Störung war ein großes Loch in diesem Vorhang. Dann sah ich, wie das Loch geflickt wurde, und der Vorhang war wieder durchgängig, und daß die Chi-Aktivität nicht nur vertikal war, sondern auch horizontal hin- und herströmte. Der Vorhang war ganz in sich gestaltet, umschloß das Haus und ging in die Erde unter die Fundamente. Das Haus hatte nun eine warme Hülle. Ich sagte: »Ich verstehe das immer noch nicht; ich habe erwartet, daß hier eine Störung ist.« Es wurde geantwortet: »Die Störung besteht darin, daß in diesem Binsenkörbchen, der von einem Engel gehalten wurde, ein Schatz drinnen war, der noch nicht gehoben wurde.«

Störungen sind nicht nur dunkle Dinge, sondern auch Ressourcen, die noch nicht erkannt sind. Was an Liebe gelingt zwischen Menschen in der Vergangenheit, alle lieben Worte, das ernährt zukünftige Generationen ätherisch, das kommt als Himmels-Chi von den Sternen zurück. Das war die Botschaft, und da dies nun jemand kapiert hatte, war die Störung weg.

Eine Störung ist immer eine Folge des Tuns und Unterlassens von Menschen, daß Menschen die Kostbarkeit der Schöpfung, des eigenen Lebens und des Lebens der anderen nicht genügend würdigen, sondern aus dem Blickfeld verlieren und sich verhärten. Die zerstörerischste Form und schlimmste Kraft auf der Erde ist der Zynismus, wenn man anderen und sich selbst gegenüber geringschätzig wird.

Ohne Dankbarkeit wirkt Photovoltaik zwingend

Was ist im Umgang mit Technik in deinen Augen notwendig?

Technik kann man nicht pauschal beurteilen, sondern es kommt darauf an, was der Mensch daraus macht. Wir haben am Quellhof ein Seminar zu Photovoltaikanlagen gemacht und konnten sehr klar wahrnehmen, daß damit Elementarwesen der Sonne versklavt werden. Rund um die untersuchte Anlage war eine melancholische Stimmung, wie von jemandem, der sich verabredet hat und lange noch am Treffpunkt steht und wartet, obwohl der andere nicht gekommen ist. Oder von jemandem, der am Straßenrand steht und nicht mitgenommen wird.

Das Licht ist ein Reisender, seine Aufgabe ist es, zwischen Sonne und Erde wie ein Bote zu verkehren. Die Abgesandten der Sonne bringen der Erde Licht, Wärme, Lebenskraft und Liebe. Die Erde nimmt diese Gaben durch die Blätter der Bäume dankbar und demutsvoll entgegen. Doch in der Photovoltaikanlage werden die Boten festgehalten. Sie werden in einen Mechanismus gesaugt, der auf Ausbeutung angelegt ist. Aus dem freien Flug werden sie – bildhaft gesehen – in ein Sammelbecken gezwungen, in die Stromleitungen gestoßen und kommen in eine Art Arbeitserziehungslager, den Wechselrichter, mit einem für alle verbindlichen Arbeitstakt, ähnlich dem Schlagrhythmus auf einer Galeere. Die Geschenke der Sonne werden nicht gewürdigt, sondern es interessiert nur, was man daraus in Kilowattstunden umsetzt.

Wenn ich es nur habgierig betrachte, vergesse ich den Dank an die Schöpfung. Während die Bäume eine Symphonie des Dankes an die Sonne zurückschicken, vergißt das der Mensch in seiner Technik. Es ist eine Heilung für die Feuer- und Lichtwesen der Sonne, die dort hineingezogen werden, wenn der Mensch Photovoltaikanlagen mit großer Dankbarkeit an die Sonne begleitet wie ein Yogi bei der Ausführung des Sonnengrußes. Das kann durch eine spezielle Andacht und eine dankbare, freudige Haltung im tagtäglichen Leben geschehen und würde aus der Technik viel Druck herausnehmen.

Neuer Mauerfall

Wir sind jetzt in einer vergleichbaren Situation wie Rudolf Steiner sie beschreibt, als Atlantis zu Ende gegangen ist und die ersten Menschen anfingen, die stoffliche Welt wahrzunehmen. Die nachatlantischen Eingeweihten hatten die Aufgabe, den Menschen das Sehen mit den Augen zu zeigen. So ähnlich wachen wir jetzt im Ätherischen auf. Wir befassen uns mit Dingen, die später selbstverständlich und banal sein werden. Ich hatte die Imagination, daß das, was 1989 mit der Berliner Mauer passiert ist, einmal zwischen Mensch und Elementarwesen passieren wird. Irgendwann wird ein großer Mauerfall stattfinden.

Dann kommen die alle mit Trabbis herübergefahren!

Die Frage ist nur, wer sind die Wessis und wer sind die Ossis und wer bekommt das Begrüßungsgeld?

19. Befreiung von Photovoltaikwesen

Neben Gregor Arzt erleben auch andere Geistesforscher die problematischen Seiten von Photovoltaikanlagen. Der Bildekräfteforscher Dorian Schmidt beschreibt eine »Verelendung und Versklavung« von Elementarwesen. (1) Das ist tragisch, denn mit dieser dezentralen Form der Stromerzeugung durch die Sonne werden viele Hoffnungen verknüpft: Unabhängigkeit von fossilen Brennstoffen und von Atomenergie, Energieversorgung in Bürgerhand anstatt in Großkonzernen und Einklang mit der Umwelt. Doch bei dem Einklang hapert es.

Ich hatte selbst mit Photovoltaikanlagen wiederholend folgende Erlebnisse: Ätherisch ist es ein saugendes belastendes Loch in der Landschaft, das nicht eingefügt ist, sondern ein belastender Fremdkörper mit futuristischer, metallischer und kristalliner Ausstrahlung. Mein Herzchakra zieht sich zusammen und krampft. Ich erlebe einen reißenden Sturz in eine dunkle, bodenlose Tiefe. In diesen Abgrund werden die Licht- und Feuerwesen der Sonne hinein gerissen, nur mit Härte, ohne Liebe, und in die Elektrizität hinein gezwungen.

Alle Maschinen arbeiten mit Naturwesen, oft gehen diese freiwillig hinein, neue Erfahrungen suchend. In reiner Mechanik, wie beim Fahrrad, fühlen sie sich wohl. Jedoch werden sie in der modernen elektrischen Technik oft brutal gezwungen, so auch bei Photovoltaikanlagen. Muß das so sein? Nein, das muß nicht so sein! Es ist möglich, Photovoltaikanlagen geistig zu verändern und zu befreien. Diese sind von Gerätewesen beseelt, die einen Spielraum darin haben, in welcher Art sie ihre Aufgabe erfüllen. Man muß es ihnen nur einmal sagen!

Es ist nicht hilfreich, zu Beginn die gesamte Anlage in den Blick zu nehmen. Denn so ruft man in die Menge und über die vielen Köpfe hinweg, viel effektiver ist es, einen direkten Kontakt zu dem Wesen eines einzelnen Moduls aufzubauen. Das geht natürlich nur, wenn man es wirklich von Herzen gern hat. Diesem Wesen vermittelt man sinngemäß in Gedanken, Gefühlen und Willensimpulsen:

»Ich bedanke mich bei dir, daß du dich um dieses Photovoltaik-Modul kümmerst.« (Nur mit wirklicher Achtung und Dankbarkeit erreicht man die Wesen. Dazu gehört auch, ihnen den Sinn ihrer Arbeit zu vermitteln.) »Du vollbringst eine wichtige Arbeit, mit dem erzeugten Strom können wir Menschen viele sinnvolle Sachen machen. Wir machen mit dem Strom auch viel Unsinn, doch dafür bist du nicht verantwortlich, sondern das ist eine menschliche Lernerfahrung, die du uns ermöglichst. Bisher haben wir Strom mit Kohle und Gas erzeugt, doch das ist schlecht für die Luft. Und die Atomenergie ist so furchtbar für das Leben, daß wir dringend damit aufhören müssen. Als Ersatz brauchen wir Photovoltaikanlagen und deine Arbeit. Dabei geht aber nicht nur darum, Strom zu erzeugen, sondern daß dies so geschieht, daß es eine Freude für den Kosmos ist. Ich bin jetzt der geistige Neuimpulsator der Anlage und ich ersetze die bisherigen Aufprägungen der Produzenten und Inhaber.« (Es ist ein klarer starker Ich-Impuls notwendig, denn es geht wirklich darum, die bisherigen menschlichen Ich-Impulse, denen die Photovoltaikwesen folgen, durch neue zu ersetzen und ihren Auftrag zu verändern.) »Du bekommst den Auftrag, die Lichtwesen nicht mehr zu zwingen, sondern sie in Liebe und Freude zu empfangen, so daß sie gerne kommen. Ich verbinde Dich mit den Naturwesen und Ätherkräften der Umgebung, damit du Dich in diese eingliedern kannst. Nimm ihre Geschenke und schenke zurück, pflege in Zukunft die Nachbarschaft. Und ich verbinde Dich mit der höchsten Kraft in unserem Kosmos, der Christuskraft, die Dich ab jetzt erfüllt und ernährt.« (Die Einbindung in die Gesamtheit der Natur und des Kosmos ist das Wichtigste, was die Photovoltaikwesen erfahren sollten.)

Nach diesen aktiven Impulsen geht man wieder in die empfangende Wahrnehmung und prüft, wie das Modulwesen reagiert und ob die Botschaft angekommen ist. Es sollte nun so sein, daß man sein Herz auf dem Modul ausruhen kann und anstatt eines Sturzes ins Bodenlose eine erfüllte Bewegung erlebt, die einen hält und Kraft ausstrahlt. Die Lichtwesen sollten nicht mehr gezwungen, sondern angelockt werden, so daß sie gerne kommen. Wenn das nicht der Fall ist, hat man das Modulwesen noch nicht ausreichend erreicht und man sollte es weiter probieren und vielleicht zusätzliche Mittel benützen wie Gebete, Lieder, Musik, Tänze oder andere künstlerische und spirituelle Aktivitäten. Dabei ist immer entscheidend, daß es authentisch ist und aus dem Grund der Seele kommt. Aufgesetzte oder äußerliche Aktionen sind sehr wirkungslos.

Wenn das Modulwesen sich verwandelt hat, bittet man es, das Erlernte an die anderen Module der Photovoltaikanlage weiter zu vermitteln. Das braucht vielleicht etwas Zeit, aber nach spätestens einer Stunde sollte es passiert sein. Wenn nicht, muß man nacharbeiten und weitere Impulse setzen. Den Photovoltaikwesen geht es danach besser, sie sind weicher, offener, erfüllter. In der Zukunft ist es gut, den Kontakt zu ihnen zu halten, sie manchmal zu grüßen und sich für ihre Arbeit zu bedanken.

So kann man jede Photovoltaikanlage befreien, man muß es nur machen. Jeder kann sofort damit anfangen! Auch wenn man selbst mangels Wahrnehmungsschulung das Ergebnis nicht kontrollieren kann, es funktioniert oft trotzdem. Es lohnt sich wirklich, einfach anzufangen!

Sicherlich ist noch viel mehr möglich. Problematisch sind nicht nur die Photovoltaikzellen, sondern auch die Wechselrichter, die aus dem fließenden Gleichstrom zwanghaft getakteten Wechselstrom machen. Es ist noch nicht ausgelotet, was man hier bewirken kann. Es ist auch noch nicht ausgelotet, was die Ausbringung von biologisch-dynamischen Präparaten auf Photovoltaikanlagen bewirkt, wie künstlerische Gestaltungen wie Skulpturen oder Bilder wirken oder was durch technische Veränderungen erreicht werden könnte. Ähnlich wie man Wasser durch entsprechende Bewegungen und Rhythmen energetisiert, könnte man vielleicht auch den Strom verbessern. Hinter der Photovoltaiktechnik stehen Millionen von Ingenieursstunden in der physikalischen Ebene. Wann werden bei der Konstruktion endlich auch die ätherische, astrale und geistige Ebene mit berücksichtigt?

Wir haben wie gerade beschrieben mit zwei Freunden erstmals eine Photovoltaikanlage im Sommer 2011 in Unteruhldingen am Bodensee bearbeitet. Als wir später zu dem Haus zurück kamen, tanzten mindestens hundert Schwalben lange über uns, kunstvoll fliegend und singend! Eine gewaltige Aufführung. Ich habe noch nie so viele Schwalben auf einem Fleck gesehen. Ich denke, das war ein freudiger Dank der Luft- und Lichtwesen, denen durch die Befreiung der Anlage ein großer Stein vom Herzen gefallen ist.

Bei einem kleinen 10 cm großen Photovoltaikgerät zum Aufladen eines Rasierers machten wir folgende Erfahrung: Die Zellenwesen waren zunächst überfordert und verwirrt, soviel menschliche Kommunikation waren sie nicht gewöhnt. Ich verband sie mit den Photovoltaikwesen von Unteruhldingen, die es ihnen besser vermitteln konnten als ich. Danach war die erwünschte Wirkung da und die Lichtwesen wurden nicht mehr gezwungen. Bei dem Versuch war auch Anna Cecilia Grünn dabei, die eine sehr präzise übersinnliche Wahrnehmung hat und das Buch »Ellenlang« über ihre Reise durch Deutschland zu Elementarwesen geschrieben hat. Sie beobachtete, daß nun die Lichtwesen in den Strom hinein gingen und wieder frei heraus kamen und nicht zitternd-erstarrt im Strom stecken blieben, wie es vorher der Fall war. Die Boten der Sonne konnten ihre Reise fortsetzen.

Als wir aber am nächsten Tag das Aufladegerät kontrollierten, mußten wir ernüchtert feststellen, daß es zur Hälfte in den alten Trott zurückgefallen ist und nochmal geschult werden mußte! Was ist hier los? Eine Photovoltaikanlage auf einem Hausdach ist eine handwerkliche Einzelanfertigung mit einem individuellen Baubeschluß und einer hausspezifischen Planung, die Anlagewesen sind deshalb selbstverantwortlich wie selbstständige Unternehmer. Dagegen ist das Aufladegerät eine Massenanfertigung, die einzelnen Gerätewesen sind nur Filialen eines übergeordneten Produktwesens. Wir hatten von den unbedarften kleinen Aufladegerät-Wesen also verlangt, daß sie ausscheren, gegen den Strom schwimmen und die Weisungen ihres bisherigen Chefs, dem Produktwesen, mißachten. Es ist klar, daß das nicht problemlos funktioniert.

Der hier beschriebene Weg zur Befreiung von Technikwesen kann bei jeder Technik angewendet werden. Ich glaube, daß man damit immer etwas erreichen kann, rechne aber mit Grenzen, einerseits durch die physikalischen Möglichkeiten und andererseits durch kompliziertere, geistige Prägungen der Technikwesen, die man nicht so einfach knacken kann.

(1) Dorian Schmidt, »Lichtfallen«, Zeitschrift *Goetheanum*, Nr. 27/2010

20. Jens-Hagen Karow

Manifestation ahrimanischer Wesen durch die Technik

In den letzten drei Gesprächen mit Herrn Namlos, Georg Kretschmar und Gregor Arzt ging es um die Sehnsucht der Elementarwesen in technischen Geräten nach menschlicher Aufmerksamkeit. Das ist die eine Seite der Medaille. Die andere ist, daß die heutige Technik aus der geistigen Welt von ahrimanischen Wesen durchzogen wird, die so einen fehlgeleiteten Zugang zu uns Menschen erhalten und lebenszerstörend wirken können. Das ist keine Theorie, sondern erschütterndes Ergebnis jahrelanger, systematischer Erforschung der ätherischen Wirkung von technischen Geräten von einem Arbeitskreis, in dem Jens-Hagen Karow mitarbeitet. Er ist anthroposophischer Arzt mit eigener Praxis in Friedrichsdorf bei Frankfurt. (Kontakt: 06172-79210)

Ätherische Untersuchungen als Arzt

Jens, wie bist du zur übersinnlichen Beobachtung von Ätherkräften gekommen?

Dem ging eine langjährige, methodisch-wissenschaftliche Schulung bei Jose Martinez voraus. Seit 2004 steht mir folgende Methodik zur Verfügung: Ich verbinde meine Gedankenkräfte mit meinen Sehkräften, erweitere das Ätherische des Augenraums nach vorne und erschließe so den ätherischen Raum. Ich muß das willentlich herbeiführen.

Untersuchst du so deine Patienten?

Das erweiterte Sehen ist sehr anstrengend, deshalb verwende ich meistens einen erweiterten Tastsinn. Das Ätherische der Hände löst sich aus den physischen Händen und damit untersuche ich das Ätherische der Organe. So nehme ich im ätherischen Raum Bewegungen, chemische Qualitäten, Lichtqualitäten und Bilder wahr und kann zu einer erweiterten Diagnostik kommen. Viele meiner Patienten sind austherapiert, sind mit der heutigen Medizin am Ende, zum Teil auch schon mit alternativen Heilverfahren. Ich selbst stelle bei der Untersuchung keine Fragen, sondern bin nur Beobachter, nehme die Phänomene in meinen Bewußtseinsraum mit, schreibe sie auf und interpretiere sie nachher.

Kannst du das an einem praktischen Fall schildern?

Eine Frau kam mit Problemen auf der Haut, starken Spannungszuständen und Lebensfurcht. Sie sagte: »Ich komme da nicht heran trotz Psychotherapie.« Bei der ätherischen Untersuchung der Nieren, die ein stark seelisches Organ sind, stellte ich fest, eine Niere ist vollkommen verkrampft, die andere Niere löste sich in einer Stickstoffwolke auf. Häufig ist Stickstoff im ätherischen Organismus des Menschen Folge eines seelischen Staus. Mit solchen Nierenkräften hat der Mensch keine Entscheidungsmöglichkeit. Wie ich handeln will, das wägen die Nieren als seelisches Organ ab. Wenn diese nicht richtig miteinander schwingen, ist jede Entscheidung unbefriedigend, es paßt nie. Das zerreißt den Patient in seiner Lebensgrundlage, er lebt in einer für ihn nicht lösbaren Spannung. Da hilft auch ein psychotherapeutisches Modell nicht, denn die Störung ist viel tiefer im ätherischen Bereich. Ich rieb homöopathische Mittel auf die Nieren ein, ein Mittel, um den Krampf zu lösen, ein anderes, um den Stickstoff wieder den Lebensprozessen zuzuführen. Die Patientin merkte es sofort und sagte: »Da steigt eine Wärme auf, und ich fühle mich ganz entspannt.« Man kann auf der ätherischen Ebene diese Stauungen lösen, die dem Bewußtsein des Patienten nicht zugänglich sind. Die Patientin rieb den Bereich der Nieren vier Wochen lang zweimal täglich selbst ein. Danach war dieser Stau so gelöst, daß sie sich besser fühlte und wir weiterarbeiten konnten. Mit relativ kleinen ätherischen Untersuchungen an Organen kommt man in der Diagnostik weiter.

Untersuchst du dabei alle Organe?

Das macht jeder Therapeut, der nach dieser Methode arbeitet, etwas anders. Ich untersuche immer zwölf Organe und erstelle darauf eine Gesamtdiagnose. Dazu gehören z. B. die Niere, Leber, Milz, Gallenblase, Lunge, das Zwerchfell – das ist ein wichtiger Bereich, denn die Stauphänomene der Emotionen spiegeln sich dort, jeder Schreck und Schock bleibt ätherisch im Zwerchfell stecken. Man kann ätherisch sehen, an welcher Stelle entspannt sich der Mensch in seiner Atmung nicht und ist kurzatmig. Dann schaue ich, mit welchen Medikamenten man es ausgleichen kann.

Sind die Medikamente homöopathisch?

Ja, sie sind aber sehr speziell und dafür habe ich einen Apotheker, der sie extra herstellt. Wichtig ist, daß man die ätherische Untersuchung verbindet mit medizinischer Wissenschaft und der Physiologie der Organe. Die Niere hat nicht zufällig eine Nierenform, die Leber hat nicht zufällig eine Leberform, das sind Signaturen des ätherischen und astralen Wirkens des Organs.

Für das ätherische Wahrnehmen braucht man eine begriffliche Landkarte im Hintergrund.

Ja genau, die ätherische Wahrnehmung ist eine Erweiterung der medizinischen Grundlage. Eine Frau kam wegen eines Problems ihres Sohnes, der Mann hatte die Familie verlassen. Ich schaute ätherisch ihr Magenbild: Dieses zeigt, was der Mensch im Moment »verdaut«, wo er steht und was er weiterführen muß. Bei jedem Menschen entsteht ein anderes Bild. Ich sah sie wie auf einem hohen Roß sitzen, eine stolze Reiterin, die nur in die Weite sieht und nicht nach unten sehen will. Sie hat einen hohen Stolz, keine Arroganz, der verhindert, daß sie nach unten schauen kann zu ihrem Sohn, der möglicherweise Symptomträger ist. Die Krankheit des Sohnes zwingt sie nun hinzuschauen. Die Frau fand dieses Bild phänomenal, sie sagte: »Ich kann das Bild hundertprozentig annehmen, so bin ich, dieser unglaubliche Stolz, es wäre ein Zwang für mich, nach unten zu sehen.« Das sind gute, kraftvolle Bilder, die dem Menschen helfen, sich zu verstehen.

Wie ging es mit ihr weiter?

Das werden wir sehen, sie kommt das nächste Mal mit ihrem Sohn. Wir werden klären, für welchen Teil zeigt er Symptome für seine Mutter und inwieweit trägt er die Symptome aus seiner Individualität heraus.

Der Sohn lebt die Krankheit seiner Mutter aus?

Ja, anstatt der Mutter wird er krank. Das geschieht häufig, das Ätherische ist genau so beweglich wie Luft und Wasser. Familien sind ein Organismus und wenn einer seine Krankheiten nicht für sich trägt, findet sich ein anderer, der sie zum Ausdruck bringt.

Energiesparlampen zersetzen den Ätherraum

Du arbeitest ja nicht nur als Arzt, sondern hast Dich viele Jahre in einem Arbeitskreis mit den Auswirkungen der Technik auf die Ätherwelt und die Elementarwesen beschäftigt.

In dem Arbeitskreis sind Menschen aus unterschiedlichsten beruflichen Bereichen, der Landwirtschaft, Hauswirtschaft, Soziologie, Kunsttherapie, Pädagogik, Medienwissenschaft und Lebensmittelqualitätsforschung. Auch der 2010 verstorbene Jürgen Strube, ein sehr begabter Ingenieur der Elektrotechnik, prägte unsere Forschung wesentlich. Wir untersuchten die Wirkung von technischen Geräten. Wie wirken zum Beispiel Energiesparlampen ätherisch auf den Raum, wie auf Nahrungsmittel? Wir haben frische Demetermilch von einer Energiesparlampe bestrahlen lassen.

Was ist dabei herausgekommen?

Es ist erschreckend, die Milch wurde eine Leiche. Die Kräfte der sogenannten Energiesparlampen können ätherische Strukturen vollkommen zerstören. Physisch sieht die Milch noch gleich aus, sie ist aber etwas ganz anderes geworden.

Wie verändert eine Energiesparlampe den Raum?

Jeder Raum hat eine eigene ätherische Komposition. Es gibt Räume mit viel Lichtäther und nur etwas Luft- und Wasseräther, andere Räume wirken eher dumpf mit einem schweren Wasseräther und wenig Lichtäther. Energiesparlampen bauen ein starkes elektromagnetisches Feld mit einer sehr hohen Frequenz auf, das diese ätherische Komposition zersetzt. Die Ätherstruktur wird zum Teil sehr verdunkelt, zum Teil wirkt sie wie ein zerbrochener Spiegel. Wenn ich mit einem Hammer einen Spiegel einschlage, zerfällt dieser in tausend kleine Aspekte. Die Ätherstruktur des Raumes ist dann nicht mehr ein lebendig webendes harmonisches Ganzes, sondern zerbrochene Fragmente. Der starke Elektromagnetismus der Energiesparlampen erstarrt und zersetzt das Ätherische eines Raumes. Jeder Raum hat auch elektrische Leitungen, das ist nichts dagegen, deren Feld ist begrenzt und baut sich relativ schnell wieder ab.

Wie ist es bei herkömmlichen Glühbirnen?

Glühbirnenlicht hat ein sonnenähnliches Spektrum, und damit beleuchtete Gegenstände haben einen Farbwert von fast 100%, so wie man sie auch bei Tageslicht sieht. Wenn man eine Glühbirne ätherisch beobachtet, bemerkt man, daß sie sehr viel Licht- und Wärmeäther ausstrahlt. Das macht eine Energiesparlampe nicht. Die Glühbirne bringt mit der Wärme einen Ätherimpuls hinein, der die Elektrizität wie überwindet und im Raum nicht stört.

Manifestation ahrimanischer Wesen durch die Technik

Wir haben unterschiedliche Generationen der Energiesparlampen untersucht. Wir konnten sehen, daß sich im Verlauf der Lampenentwicklungen immer aggressivere Wesen damit verbinden und wirksam sind im ätherischen Raum. Man könnte sagen, die Glühbirne schenkt dem Menschen Licht, um des Menschen willen, die Energiesparlampe gibt dem Menschen Licht, um ihrer selbst willen. Das heißt, das Licht für den Menschen ist ein Nebenprodukt, sonst würde der Mensch sie nicht in eine Fassung schrauben. Wesentlich aber ist, daß sich ein ahrimanischer Geist in dem Raum manifestiert, in dem die Birne installiert ist, dort die Ätherstrukturen zerstört und die geistige Wahrnehmungsfähigkeit des Menschen behindert. Das dominante Blauspektrum der Energielampe wirkt dazu durch das Auge über neuronale Vernetzungen auf die Zirbeldrüse (Epiphyse), der eine okkulte Aufgabe zugesprochen wird. Hier bewirkt das blaue Licht eine verminderte Bildung des Hormons Melatonin und eine Zunahme von Serotonin, was einem Streßzustand gleichkommt. In einem Raum mit Energiesparlampen kann ich ätherisch kaum noch schauen.

Du nimmst nicht mehr wahr?

Ja, es ist tot, wie eine erstarrte Scheibe, ein Vorhang davor. Ich kann vielleicht noch 70 cm von mir entfernt ätherisch etwas wahrnehmen, aber nicht weiter. In Kirchen, wo wir früher bei Konzerten Musikwesen sahen, wo Engel sich zeigten, kann ich das heute nicht mehr sehen. Ein Raum mit Energiesparlampen ist für mich ein unchristlicher, von ahrimanischen Geistern besetzter Raum, da werden die Engel wie verdrängt. Dann höre ich physisch die Musik, aber nicht mehr begleitet von entsprechenden geistigen Wesenheiten, ein deutlich hörbarer Unterschied! Teilweise bemerkten wir den Lampenwechsel an einem verarmten Musikklang. Wie ein Mensch unter Sauerstoffarmut nicht überleben kann und sich dort nicht aufhält, so können sich in einem erstarrten Ätherraum Engel nur sehr schwer durchsetzen.

Was wollen diese Wesen, die sich durch die Energiesparlampe Zugriff auf das Menschenreich verschaffen?

Ich will mich dazu nicht zu weit über den Balkon lehnen. Ich erlebe sehr sklerotische Formen, diese ahrimanischen Wesen wollen in das Kulturleben und die Seelenkräfte der Menschen eindringen, weil sie selbst tot sind. Sie verfügen nicht über Lebenskräfte, sie sind angewiesen auf das Leben der Menschen. Aus diesem Grund versuchen sie die Räume zu betreten, in denen die Menschen leben. Durch die Technologie werden sie hereingelassen und erhalten Zugriff auf das Seelenleben und Gedankenleben der Menschen.

Und wir Menschen wissen davon nichts und meinen, wir hätten ein bequemes Leben!

Ja, wir meinen, wir hätten ganz geniale Geräte entwickelt, um unser Leben leichter zu machen. Das ist ein Kreuz. Diese Wesen sind unglaublich schlau, sie sind gleichzeitig arm, man kann Mitgefühl mit ihnen haben. Sie scheuen sich, sich zu zeigen, aus Scham wollen sie unentdeckt bleiben. Wenn man sie sieht, versuchen sie oft anzugreifen oder wirken aggressiv, manchmal sind sie auch eher hilflos. Die Welt der ahrimanischen Wesen ist sehr differenziert.

Es gibt ahrimanische Elementarwesen, ahrimanische Engel, ahrimanische Erzengel, ahrimanische Wesen mit starkem luziferischen Einschlag, ahrimanischen Wesen mit starkem soratischen Einschlag …

Vielleicht. So genau kann ich das nicht sagen. In der Computertechnologie wirken höhere Wesen, sie haben sehr viel Macht, so wie höhere Führer. Das kann man bei einer Energiesparlampe nicht sagen. Von einer gewissen Ebene dieser Wesen weiß ich, daß sie mich nicht angreifen können und harmlos sind, ich würde das aber niemals allgemein sagen, da blicke ich zu wenig hinein.

Wo kommen diese Wesen her?

Ich weiß nur, daß sie mit der Erde verbunden sind. Sie haben sich geopfert in die Elektrizität und den Magnetismus der Erde, damit der Mensch auf dem Wege der Technik eine Bewußtseinsentwicklung beschreiten kann. Dafür mußten diese Wesen zurückbleiben, aber sie suchen nach Erlösung. Sie nutzen diesen Moment der Evolutionsentwicklung, wo der Mensch die intellektuellen Fähigkeiten hat, für ihre Manifestation die technischen Maschinen zu bauen aber gleichzeitig noch nicht so weit gekommen ist, die Technik übersinnlich zu durchschauen. Dieses Zeitfenster nutzen sie aus, um den Menschen in der Technik anscheinend zu dienen, sich aber tatsächlich so zu positionieren, wie es ihnen nicht zusteht. Eigentlich müßten sie durch christliche Menschen erlöst werden.

Wir kann man die ahrimanischen Wesen einer Energiesparlampe erlösen?

Durch ein Bewußtsein darüber, was Technik ist, und über ein sauberes, moralisches Benutzen der Technik. Wer benutzt seinen Computer als das, was er ist, als Rechner und Schreibmaschine? Heute mißbrauchen wir die Technik zu unserem Wohlstand und Bequemlichkeit und geben damit diesen Wesen die unrechtmäßige Macht über die Entwicklung der Gesellschaft und der Kultur.

Nicht mehr der Mensch beherrscht die Maschine, sondern die Maschine beherrscht den Menschen!

So weit wird es kommen. Man muß nur den Film Metropolis von Fritz Lang sehen, das wurde schon 1927 dargestellt, diese Kräfte der Unterwelt.

Du hast die Wirkung einer Energiesparlampe drastisch geschildert. Was passiert mit ihr, wenn ich sie achte und bewußt mit ihr umgehe, wird sie dann verträglich?

Wir haben das in unserem Arbeitskreis nicht geschafft. Wir haben Versuche gemacht, anders zu denken und ein Mitgefühl für diese Wesen zu haben und zum Teil nahmen wir wahr, daß sich die Lichtqualität veränderte. Man kann also vorsichtig sagen, mit einem bewußteren Umgang verändert sich die Macht dieser Wesen.

Ich höre da heraus, man sollte sich nicht mit einer Wasserpistole einem Panzer entgegenstellen.

Ja, trotz kleiner Veränderungen war die Energiesparlampe stärker als wir. Wir haben auch Computer und Laptops untersucht.

Was kam dabei heraus?

Computer als unterirdischer Arbeitsplatz

Das war für mich sehr erschreckend. Nach meiner Wahrnehmung sind mit dem Laptop hohe geistige, ahrimanische Hierarchien verbunden.

Dort, wo der Computer ist, öffnet sich die unterirdische Welt. Der Mensch sitzt zwar auf der Erde, doch eigentlich ist es ein unterirdischer Arbeitsplatz. Hier schieben sich die Welten zusammen. Die unterirdische Welt verlegt beim Computer ihren Arbeitsplatz nach oben.

Was heißt unterirdische Welt?

Es gibt im Erdinnern ätherische und astrale Räume, die von Wesen bewohnt sind. Untersinnliche Wesen, die sonst im Erdinnern gebunden sind, bringen sich durch den Computer nach oben und haben damit eine Art weltweites Nervensystem geschaffen, das mit den untersinnlichen, unterirdischen Räumen vernetzt ist. Wenn ein Mensch vor dem Computer sitzt, greift ein wie Wesen durch den Bildschirm heraus, erfaßt ihn am Vorderhirn und saugt ihn in den Computer hinein. Die Wesen hinter dem Computer nutzen unmittelbar die Intelligenz und Seelenkräfte des Menschen.

Ist das der Grund, warum sich heute so viele Menschen am Computer verlieren und süchtig werden?

Durchaus. Bei diesem sehr mächtigen, stark saugenden Medium ist der Mensch hochgradig in Gefahr, sein Ich zu verlieren. Besonders Kinder sind verloren. Als ich das gesehen habe, war mir klar, Kinder haben am Computer nichts zu suchen! Kinder haben so schöne ätherische Kräfte, das Gehirn ist noch plastizierbar, wir liefern die Kinder direkt ans Messer aus, ohne es zu wissen.

So wie du das schilderst, kann man am Computer nichts erlösen.

Ich kann nicht sagen, da könnte man nichts erlösen, das ist ein noch unerschlossenes Forschungsgebiet. Diese Wesen schaffen sich in den Computern eine erweiterte Leiblichkeit und saugen dort Menschengeist hinein. Das ist ein riesiges Vakuum, ein riesiger Trichter und der Mensch wird dabei leer wie eine Hülle. Es gab vor einigen Jahren die Werbung »Deutschland quatscht sich leer«, da sah man ausgelaufene Menschen an der Schnur. Der Mensch wird wirklich leer. Bei ätherischen Untersuchungen habe ich festgestellt, daß bei Menschen, die viel am Computer arbeiten, der Ätherleib vollkommen aufgebraucht und so dünn ist, wie eine feine Glaskugel oder Seifenblase, bei der man Angst hat, sie in der Hand zu halten, weil sie sonst zerspringt. Gleichzeitig haben sich ahrimanische Wesen dauerhaft mit dem Rückenmark verbunden.

Die sitzen als Schatten auf dem Rückenmark?

Ja, dieser Mensch gab ahrimanischen Wesen einen parasitären Platz und lebt mit ihnen zusammen. Der Engel kommt durch diese Schicht nicht mehr durch und an den Menschen richtig heran.

Wie gehst du mit solchen Patienten um?

Bei Kindern ganz klar, kein Computer! Ich hatte Kinder mit gewissen Auffälligkeiten, Schlafstörungen, Angststörungen, nachlassende Leistung in der Schule, die Eltern waren hilflos. Da konnte ich im ätherischen Raum der Kinder diese Dämonen sehen. Die Kinder waren ein Nährboden für Wesen aus bestimmten Computerspielen. Die Kinder standen dauerhaft mit ihren Seelenkräften diesen Wesen zur Verfügung und merkten, ich bin nicht mehr ich. Deshalb bekamen sie Angst. Aber sie konnten sich nicht davon lösen, der Computer saugte sie an.

Nach meiner Erfahrung kann ich mit Kindern oft besser darüber sprechen und offen sagen, was ich an ihnen sehe, als mit Erwachsenen. Ich hatte zwei Kinder, die sofort mit dem Computer und Fernseher ganz aufhörten. Sie erzählten nachher: »Eine Woche war es ganz schlimm, denn der Computer hat mich gerufen.« Das haben sie ausgehalten, danach waren sie befreit, die Schulleistung besserte sich, sie fühlten sich entlastet und kräftiger und die Ängste ließen nach. Doch die Erwachsenen glauben das oft nicht, gerade wenn sie im IT-Gewerbe sind. Dann kann man kaum etwas machen. Was soll ich einem Menschen anbieten, der sich seelisch-geistig einem Wesen geweiht hat, das ihn leer saugt und er es selbst nicht bemerkt und für ihn alles vollkommen normal ist? Man muß vorsichtig sein, was man sagt, für viele Erwachsene ist das ziemlich absurd.

Barcodes

Ihr habt auch diese Barcodes untersucht, die auf allen Produkten aufgedruckt sind, damit sie bei der Kasse eingescannt werden können.

Diese Barcodes entstammen der Idee, eine Lesbarkeit für Computer zu ermöglichen und sind damit geschaffen worden aus den Kräften entsprechender Wesen. Wir haben ätherisch intakte Lebensmittel getestet, Milch und Früchte mit einem gestalteten ätherischen Organismus, mit aufsteigenden Wärmekräften und ätherischen Fruchtaromen. In dem Moment wo der Barcode dazu kam, zerfiel diese ätherische Komposition in Fraktionen.

Du schneidest also einen Barcode von einer Packung aus und legst eine Frucht darauf …

… und dann fällt sie wie in sich zusammen. Sie ist nicht mehr eine Komposition von ätherischen Kräften, sondern diese lagern sich sedimentiert aufeinander, aber nicht mehr lebendig wirkend ineinander. Nach der Entfernung des Barcodes erholten sich die Früchte wieder. Ich rede hier von Früchten, die einen biologischen Anbau hinter sich haben, Früchte aus konventionellem Anbau haben häufig sowieso eine gestörte ätherische Komposition, die man sehen kann oder von empfindsamen Menschen bemerkt wird.

Die Wirkung eines Barcodes ist auch am komplexen ätherischen Organismus eines Menschen wahrnehmbar. Wenn man einen Barcode auf das Herz legt, staut sich der ätherische Organismus und hält wie unter Schock an. Das erleben die Menschen und sagen: »Das halte ich nicht aus, ich will diesen Barcode weg haben.« Es ist möglicherweise kein Zufall, daß in dem Strichcode der erste, mittlere und letzte Doppelstrich jeweils die Zahl 6 kodiert.

Wir haben natürlich untersucht, ob und wie man dem Code seine Macht nehmen kann. Wenn man künstlerisch damit umgeht, schwächt man den ahrimanischen Impuls deutlich ab. Es gibt Teepackungen, auf denen der Barcode zu einem Symbolbild umgestaltet wurde, zum Beispiel einem Buddha oder einem Tempel, hier hat der Code keine schädigende Einwirkung mehr. Wenn man die Barcodes mit drei Querstrichen versieht – einen oben, einen in der Mitte, einen unten – wird die Wirkung neutralisiert.

Es geht also nicht alleine um die Striche, sondern was damit verbunden ist. Alles, was hervorgebracht ist, ist Ausdruck einer schaffenden Idee. Der Barcode kommt aus dem Denken von Wesenheiten, die die ganze Welt formatieren wollen. Wenn ein Kind Striche malt, hat der Code eine andere Wirkung. Wenn Buddha mit dem Barcode verbunden wird, strahlt die Kraft des Buddhas durch diesen.

Bewußter Umgang mit Technik ist nötig

Das Problem der Technologie ist nicht, daß es sie gibt, sondern daß wir Menschen ihr viel zu unbewußt begegnen. Wo Menschen nur noch am Computer sitzen, findet keine Kommunikation statt, wo Menschen am Bahnsteig nur noch SMS schreiben, ist der Raum tot. Da sind zwar Menschen, aber kein Gespräch. Die ahrimanischen Wesen drängen hier in einen Bereich, der ihnen nicht zusteht. Sie haben die Aufgabe, sich zu opfern für die Entwicklung der Menschen. Doch zur Zeit macht sich der Bock zum Gärtner. Die Aufgabe des Menschen ist, das Soziale zu pflegen, wenn wir das bewußt ergreifen würden, hätten die technischen Geräte eine geringere Macht. Das gilt auch in der Medizin, begegnet der Arzt dem Menschen oder dem Computer? In vielen heutigen Praxen fühlen sich die Computer wohl, nicht die Menschen, für deren Bedürfnis nach Zuwendung und Nähe kein Platz mehr ist.

Der Mensch sollte an der Technik erwachen und eine Bewußtseinsentwicklung vollziehen. Doch das tut er nicht, sondern gibt sein Bewußtsein weg, ent-icht sich und gibt damit den ahrimanischen Geistern die Macht, anstatt sie zu erlösen.

Das Gespräch mit Jens-Hagen Karow ist natürlich eine kalte Dusche, die zur Nüchternheit führt. Wir alle haben uns so an Fernsehen, Handy, Computer, industrielle Fertignahrung und ein durchtechnisiertes Leben gewöhnt, daß man nicht gerne hört, was damit tatsächlich verbunden ist. Doch Realismus ist gesund und die unrechtmäßige Manifestation ahrimanischer Geister belastest nicht nur uns, sondern auch die Gerätewesen und die Naturwesen. Ich habe mich mit den Forschungsergebnissen von Jens-Hagen Karow beschäftigt und kann diese nur bestätigen. Schockiert hat mich seine Aussage, daß er in einem Raum mit Energiesparlampen nicht mehr ätherisch wahrnehmen kann. Ich bemerkte bei mir, daß es schon noch geht, ich aber mehr Kraft brauche, da ich die Wirkung der Lampen überwinden muß. Genauso wie der Forschungskreis habe ich es bisher nicht geschafft, die Gerätewesen von Energiesparlampen vollständig dazu zu bringen, die Ätherstruktur eines Raumes nicht mehr zu zerstören. Ich erkläre mir das so: Manche Technik ist so stark, raffiniert und machtvoll aus unchristlichen Bereichen der geistigen Welt besetzt, daß es eben nicht reicht, wie im letzten Kapitel beschrieben den Gerätewesen einen neuen Auftrag zu geben. Um sie von ihren zwingenden Bindungen zu lösen, wären kompliziertere Befreiungsaktionen in höheren geistigen Ebenen nötig.

21. Jörg Hermann Schröder
Moralische Äthertechnologie

Einen weiteren Blickwinkel hat Jörg Schröder. Er fragt sich, welche Art von Technik bietet den ahrimanischen Geistern keine unrechtmäßige Plattform und wirkt immer Einklang mit den Naturwesen? Er erforscht seit 1984 die Wechselwirkung zwischen Ätherwelt und materieller Welt und nimmt in vielen Bereichen sehr fein übersinnlich wahr. Er ist Eurythmist, Waldorflehrer, Seminarleiter, Künstler und vor allem Forscher und Erfinder.

Ich besuche ihn in der Nähe von Soest in Westfalen, wo er mit seiner großen Familie wohnt. Jörg Schröder führte mich gleich in seinen Garten und stellte mich einer schönen, träumenden Undine vor, die dem Garten die prägende Stimmung gibt und für die er einen kleinen Teich angelegt hatte. Er erzählte: »Ich habe diese Undine in einem alten Brunnenschacht eingeklemmt gefunden und mußte sie erst befreien.« Dann zeigte er mir, daß der Garten wesenhaft aufgeteilt ist durch Gruppen von kleinen Erdwesen im Boden und wie man den Übergang von einer Gnomenfamilie zur nächsten erleben kann. Wir standen neben einem Komposthaufen, ich fragte: »Warum hat dieser oben eine Mulde?« Jörg Schröder erklärte: »Der aufgeschichtete Komposthaufen bildet einen eigenen Ätherleib, diese Vertiefung zieht Astrales aus der weiten Umgebung an, in der Wirkung wie einem großen Baum gleich und deshalb stinkt der Kompost nicht, ist viel schneller fertig und wird nahrhafter. Die Vertiefung ist das Wichtigste am Kompostieren.« Wir kamen im Gespräch auf viele weitere Gärtnertricks, die ich mir leider nicht merken konnte. Nur folgende Aussage überraschte mich so, daß ich sie nicht vergaß: »Das Wurzelwachstum hängt mit dem Erinnerungsvermögen des Menschen zusammen. Das Verschwinden der Erinnerungen in unserer Kultur führt dazu, daß sich im Winter die Natur nicht mehr genug in die Erde begeben kann und es nicht mehr so tiefe und schneereiche Winter gibt wie früher. Dadurch bilden die Pflanzen nicht mehr genug Wurzeln.« (Kontakt: www.anaelis.de und www.pramenpohybu.eu)

Was heißt moralische Äthertechnologie?

Früher kam die Moral von außen, die Kirche hat gesagt, was man darf und nicht darf. Das ist heute eine Frage der eigenen Erkenntnis. Ich mache ein Experiment und muß dabei beobachten, ist das förderlich für die Welt oder ist es nicht förderlich? Das muß ich beurteilen können, damit es moralische Technologie wird.

Bei der Äthertechnologie geht es noch um einen weiteren Schritt, nämlich darum, daß sich das Ätherische des Menschen, der das Experiment macht, immer mit dem Experiment verwandelt. Ich übertrage einen Teil meines Ätherleibes auf das Experiment und bekomme einen Teil der Kräfte des Experiments zurück.

Heißt das, mit der eigenen Ätherkraft betreibt man die Äthermaschine und bekommt diese Ätherkraft zurück und ist so Teil des Geschehens?

Genau, das ist in der Lemniskate ausgedrückt. Was man draußen sieht, ist gleichzeitig in einem selber. Das ist auch der Ort der Beurteilung des Moralischen, der eigene Ätherleib. Ich schaue das nicht außen an, ob es gut ist, sondern ich schaue es in mir an, ob es in mir gut ist.

Luftverbesserungsgeräte

Kannst du mir ein praktisches Beispiel zeigen?
(Jörg holt verschiedene kleine Holzkästchen.)

Diese funktionieren so, daß auf der einen Seite in einer bestimmten Formführung Luft angesaugt, verdichtet und strukturiert wird und auf der anderen Seite wieder herauskommt. Das Gerät macht mit den Luftwesen etwas, was sie selber nicht können, außer im Hochgebirge, es befreit die Luft von luziferischen und ahrimanischen Wirkungen durch Rhythmisierung. Aus modernen Heizkörpern entstehen luziferische Wesen. In Reisebussen ist man nach einer längeren Fahrt oft sehr gedämpft und verflossen im Bewußtsein. Das kommt durch die luziferische Wesen, die in der Klimaanlage des Busses entstehen.

Diese luziferische Wesen durchmischen sich mit den normalen Luftwesen?

Ja, genau. Die meisten veränderten Wesen in der Luft sind aber ahrimanisch, zum Beispiel durch Autos. Ahrimanische und luziferische Luftwesen haben keinen Rhythmus, die einen sind verdichtet, die anderen dumpf verfließend, beide haben keine rhythmische Struktur. In den Luftverbesserungsgeräten sind tausende Rhythmen, die befreiend wirken.

In den Geräten ist ein kleiner Elektromotor, der Luft ansaugt. Was bewirkt das?

Ich habe mich lange damit beschäftigt, ob dieser Sauger nicht etwas Kontraproduktives macht. Er wird mit nur 0,2 Watt betrieben. Diese Geräte sind ursprünglich dafür entstanden, um Klimaanlagen aufzubessern und können in deren Luftfluß eingebaut werden. Eine Frau, die in meinem Haus zu Besuch war, sagte: »Ich kann zum ersten Mal seit fünf Jahren wieder frei atmen, ich hatte sonst immer die Nase und Nebenhöhlen zu.« Wir kamen darauf, daß es an der Luftverbesserung lag, an der ich gerade arbeitete. So entwickelte ich diese kleinen Geräte zur Produktionsreife weiter.

Ich produziere immer nur auf Anfrage und baue immer erst, wenn bezahlt ist. Wenn jemand etwas bezahlt, bevor es gebaut wird, überträgt sich sein Wesen auf den Herstellungsvorgang und es entstehen beim Bau Elementarwesen auch aus seinem Wesen heraus.

Wenn ich etwas produziere, das noch niemandem gehört, entstehen sie nicht. So sind die Geräte richtig auf den Menschen abgestimmt. Das Gerät ist natürlich das Gleiche, aber winzige Details – das Gerät ist Handarbeit – werden anders. Das bemerke ich beim Herstellen.

Wie lang sollte man das Gerät anmachen?

Die Menschen, die die Geräte benützen, lassen es den ganzen Tag laufen. Eine Frau aus Prag sagte mir, sie brauche das Fenster gar nicht mehr aufmachen, da sie das Gefühl hat, immer frische Luft um sich herum zu haben. Wenn die Luft in sich strukturiert ist, das ist das Wichtige, wirkt sie frisch. In unserem Atmen bauen wir diese Struktur ab. In einem Raum mit vielen Menschen wird die Struktur schnell abgebaut – wenn das Gerät läuft, kann man in einem ungelüfteten Raum viel länger sitzen. Es reicht ein Luftverbesserer für eine Wohnung. Das geht nicht über den Luftaustausch zwischen den Zimmern, sondern die Luftwesen der einzelnen Zimmer übernehmen die Struktur von selbst.

Wie bist du zu diesem Gerät gekommen?

Ich habe beobachtet, was die Luftwesen machen. Wie sie normal sind, wie sie sich verändern und wodurch. Die Luft, die herauskommt, fühlt sich kühl an, weil sie stark strukturiert ist, meßbar ist der Temperaturunterschied nicht.

Eurythmiegesten

Was hast du sonst noch erfunden?

Hier sind drei verschiedene Seifen. In bewegter Eurythmie entstehen neue freie Ätherkräfte, die vorher nicht da waren. Ich habe 1989 entdeckt, daß sich diese in flüssige Substanzen übertragen und speichern lassen, zum Beispiel das Halleluiah. Diese drei Seifen wurden mit demselben Farbton eingefärbt, sind aber ganz unterschiedlich farbig. Das liegt an den verschiedenen Ätherkräften, die in den Seifen sind. Hier ist die Eurythmiegeste Halleluiah drinnen, hier das OM, hier das TAO, es sind auch noch etwas Gold und

Edelsteine mit drinnen. Beim Gießen der Seifen gebe ich das jeweilige Öl mit der Geste dazu. Ich habe festgestellt, daß durch die Verfestigung der Seife das Ätherische gebunden wird. Umgekehrt heißt das, wenn man sich mit diesen Seifen wäscht, wird das Halleluiah oder OM frei.

Warum braucht man das? Der Mensch könnte selbst das Halleluiah vollführen.

Ja, er könnte Eurythmie machen. Erfunden sind diese Seifen eigentlich nicht für den Menschen, sondern für die Wasserwesen, die eine große Freude daran haben.

Wie reagieren sie darauf?

Das Halleluiah befreit sie von schädlichen Wirkungen. Halleluiah heißt (nach Rudolf Steiner): »Befreie mich von allem, was mich am Anblick des Höchsten hindert.« Es ist eine Reinigung auf der Ätherebene, im Physischen werden die Strukturen verändert, im Astralen entsteht Stille. Das »L« im Halleluiah wirkt verwandelnd, das OM oder TAO schafft etwas Neues und ergänzt die Ätherwelt.

Ich habe auch untersucht, wie sich die Eurythmiegesten auf das Pflanzenwachstum auswirken und machte Versuchsreihen mit dem Laut »L« in verschiedenen Variationen. Die Pflanzen reagierten deutlich darauf, wie auf den Fotos zu sehen ist. Hier ein Pflanze mit einem eurythmischen L abwärts:

Und hier eine Pflanze mit einem L aufwärts:

Die verschiedenen L-Gesten speicherte ich in Wasser und führte über den Umweg des Gipses Tropfen davon den Pflanzen im Wurzelbereich zu.

Wir brauchen eine neue Äthertechnologie

Wie sollte man in deinen Augen mit der bisherigen Technik umgehen?

Wir sollten diese durch eine neue Technologie ersetzen. Unsere bisherige Technologie bindet Elementarwesen und zieht diese hinein. Bei einem Flachbildschirm werden die Elementarwesen so in die Substanz hineingezogen, daß sie kaum noch in der Umgebung wirksam sind, und es entstehen Löcher. Eigentlich sollten sich die Wesen aus den Substanzen heraus ausdehnen und wieder Kosmos werden. In der Technik haben wir den umgekehrten Vorgang, kosmische Wesen, Umgebungswesen werden in die Substanzen hineingezogen und müssen dort drinnen bleiben.

Warum ist das so?

Das ist eine Gesetzmäßigkeit, die aus dem Wesen der Technik kommt, man könnte auch sagen, das ist Ahrimans Tätigkeit. Er zieht die Wesen in sich, in sein Reich hinein und benutzt dazu heute die Technik.

Wie schafft es Ahriman, einen solchen Einfluß auf die Technik zu haben?

Er hat keinen Einfluß, er ist die Technik! Das ist er selbst in einer bestimmten Erscheinungsform.

Ist es möglich, daß Ahriman anders wirkt, als die Elementarwesen einzusaugen?

Nein, da kann man nichts machen.

Was können wir dann mit der Technik machen?

Eine ganz andere Technik entwickeln. Rudolf Steiner hat 1924 für die Waldorflehrer naturwissenschaftliche Kurse gehalten, da wird aus der goetheanistischen Anschauung heraus eine Physik beschrieben, mit der man zu einer nicht-ahrimanischen Technik kommen kann. Wenn man die Gedanken dieser Physik benutzt, bekommt man freie Wesen.

Könnte man damit auch ein Auto bauen?

Alles, was heute denkbar ist, könnte man damit bauen.

Was ist der wesentliche Unterschied?

Die Erzeugnisse sehen zum Beispiel ganz anders aus. Es kommt auf Formen, Farben und Substanzen an. Es sind widerstandslos fahrende Autos oder Flugzeuge auszudenken, ohne Luftwiderstand, indem man die Möglichkeiten benutzt, die Schmetterlinge, Vögel oder Fische haben. Diese bewegen sich so, daß sie den Reibungswiderstand der Luft oder des Wasser in Ätherkraft verwandeln. Wenn man eine Vogelfeder bewegt, hat sie einen starken Widerstand. Ein Vogel hat viele Federn, dafür aber nur ganz wenige Muskeln. Er fliegt nicht schwerkraftüberwindend mit Kraft, sondern hebt durch seinen Flug die Schwerkraft auf. Er erzeugt ein Ätherfeld, das er selbst aufbaut, indem er fliegt. Das könnte man auch als technisches Gerät bauen, das hat Viktor Schauberger zum Beispiel versucht.

Ich verstehe das noch nicht richtig!

Wenn man anstatt der Feder ein gleich großes Papier nimmt, läßt es sich ganz leicht bewegen. Die Feder erzeugt einen hohen Strömungswiderstand, der durch die Rhythmisierung ein Ätherfeld aufbaut, das die Schwerkraft auflöst. So fliegt der Vogel. Beim Schmetterling ist das noch stärker.

Angenommen, wir würden das so hin bekommen, wie sähe das für die beteiligten Elementarwesen aus?

Sie könnten im rhythmischen Naturzusammenhang bleiben, das ist das Entscheidende. Sie machen die Rhythmen der Natur mit. Wenn sie diese hingegen nicht mehr mitmachen können, fallen sie aus dem Naturzusammenhang und der Weltentwicklung heraus. Solche Geräte könnte man bauen, es ist eigentlich nicht so schwierig.

Warum sind noch keine gebaut?

Es ist deshalb nicht einfach, weil die Menschen nicht wissen, daß der Experimentator Teil des Experiments ist. Es braucht Beschlüsse, damit das Experiment wirkt. Jemand muß beschließen, daß es wirkt, sonst wirkt es nicht. Rudolf Steiner sagte einmal in »Mein Lebensgang«, daß das Denken die Aufgabe hat, die Dinge in einen Zusammenhang zu bringen, der dann tatsächlich in der Welt als Zusammenhang auftaucht. Wenn man nicht denkt, daß ein Zusammenhang zwischen Substanzen entsteht, entsteht er nicht. Man muß die Substanzen zuerst im eigenen Denken zusammensetzen. Die theoretischen Physiker machen das im übrigen. Nur in der physischen Welt sind die Dinge getrennt, in der Ätherwelt sind die Substanzen nicht getrennt voneinander. Um deren Zusammenwirken zu aktivieren, bedarf es eines Entschlusses. Wenn ich zwei Kupferkugeln im Raum habe und beschließe, sie sollen zusammen wirken, entsteht zwischen den beiden ein Feld. Wenn man bloß die Dinge beobachtet, ob etwas passiert, passiert nichts, man muß erst beschließen, daß es passiert. Die Ich-Tätigkeit ist das A und O. An folgendem Beispiel wird das noch klarer.

Ecksteinsetzungen zur Orientierung der Elementarwesen

In Westfalen – und sogar in Odessa – ist es ein Brauch, daß Menschen Brot und Salz geschenkt bekommen, wenn sie in eine neue Wohnung einziehen. Das Brot ist zum Essen, das Salz streut man in die Ecken der Zimmer. Damit wird den Elementarwesen des Hauses, den Gnomen, gezeigt: Ich bin der neue Herr dieser Wohnung. Das gleiche macht man, wenn man ein Grundstück absteckt.

Die Grenzsteine sind nicht nur dazu da, daß man weiß, wie groß das Grundstück ist, sondern damit die Wesen innerhalb der Ecksteine wissen, das ist der neue Herr und seine Intention. Wenn man es nicht macht, bleiben die Intentionen des vorherigen Herren wirksam. Wenn die letzte Ecksteinsetzung vor 400 Jahren war, sind die Wesen noch auf diesem Stand.

Erst durch eine neue Ecksteinsetzung werden die Wesen in die Gegenwart hineingehoben und Teil der Intention der neuen Besitzer. Sie werden alle an das neue Ich angepaßt, sonst sitzen sie da und warten auf den, der schon vor 400 Jahren gestorben ist. Das ist in vielen anthroposophischen Einrichtungen ein großes Problem, die keine Ecksteinsetzungen gemacht haben und nun mit den alten Elementarwesen zusammenarbeiten müssen, die sich aber mit den aus der Anthroposophie entstehenden Elementarwesen bekämpfen. Zwischen den Menschen bekämpfen sie sich, doch die Menschen wissen oft nicht, daß sich eigentlich die Elementarwesen bekämpfen. Es geht real darum, die Steine neu zu setzen. Das wirkt auch, wenn man all diese Hintergründe nicht kennt. Es geht aber nur durch denjenigen, der sachlich und rechtlich die Verantwortung für das Gelände hat, jemand anderes kann es nicht machen. Als ich dieses Haus gemietet habe, fragte ich den Vermieter: »Haben wir die gesamte Verantwortung für Haus und Garten?« Da sagte er: »Ja, denn Sie wohnen jetzt hier.« Das war der entscheidende Moment, daß wir die Steine setzen konnten. Hätte er gesagt: »Nein, nur für das Haus«, dann wäre es nur für das Haus gegangen.

Zwischenschritte

Klemmt die Entwicklung von moralischer Äthertechnologie wirklich nur daran, daß der Ich-Anteil übersehen wird oder gibt es noch andere Hinderungsgründe?

Für die Entwicklung von Äthertechnologie ist natürlich notwendig, daß man ätherische Wirkungen selbst beobachten kann.

Das können viele aber gar nicht und haben deshalb gar keine Forschungsgrundlage. Oft wird Äthertechnologie auch nur auf motorische Nutzung beschränkt gedacht. Es geht um Pflanzenwachstum, neue Sozialformen, Geomantie, um alle Lebensbereiche wie im Buch »Vril« beschrieben. Die motorische Nutzung ist nur ein kleiner eingeschränkter Bereich davon, was möglich ist. Wenn Forscher so eingeschränkt blicken, werden sie nicht inspiriert, denn die inspirierenden Wesen sagen: »Solange ihr nur das wollt, sollt ihr darüber nichts erfahren.«

Bis wir auf moralische Äthertechnik umgestellt haben, wird es noch dauern. Wir brauchen Zwischenschritte. Ist es bei der herkömmlichen Technik wirklich nicht möglich, die Wesen wieder in den Naturzusammenhang zu bringen?

Man kann zu dem vorhandenen Feld ein anderes hinzufügen. Man kann die Elektrizität nicht unschädlich machen, denn dann würde das Gerät nicht mehr funktionieren. Aber man kann es segnen. Die eigenen Gedanken und Beschlüsse wirken auf die Substanzen verändernd und zwar sofort, das dauert keine Sekunde. Darauf beruht die moralische Äthertechnik.

Man könnte also die herkömmliche Technik so ein Stückweit verbessern, ist aber beschränkt.

Ja, das ist ein manichäischer Impuls: »Liebt das Böse gut«. Alles ist immer nur die Frage, in welcher Bewußtseinsverfassung man sich befindet. Ich rette mich zum Beispiel nicht vor schlechtem Wasser und nutze keine Wasserverbesserer. Wenn ich Wasser in die Hand nehme und trinke, wissen die Undinen, daß ich das bin und wandeln sich von selbst. Wenn man Angst hat, daß Wasser schlecht ist und man es verbessern will, kann man nur hoffen, daß es hinterher wirklich besser ist.

Weil man die eigene Angst zwischenzeitlich in das Wasser hineingeprägt hat?

Man hat die Ursache, warum man das Wasser verbessern möchte nicht beobachtet. Das war Angst, und die wirkt. Man ging nicht tief genug in die Wahrnehmung, so daß man nicht die Voraussetzung des Gedankens erlebte. Die Wasserverbesserung sieht dann auf der Oberfläche wirksam aus, doch im Innersten ist sie aus Angst entstanden.

22. Scharlatane und versklavte Gnome

Mit diesem Buch möchte ich dazu beitragen, daß eine Kultur der Zusammenarbeit mit Elementarwesen entsteht. Deshalb muß ich auch etwas zur Unkultur schreiben. Zum Glück gibt es in der Gesellschaft ein zunehmendes Interesse an den feinstofflichen Ebenen, doch gleichzeitig treten damit auch Scharlatane, Graumagier und Geschäftemacher auf. Es ist sehr wichtig, über dieses unerfreuliche Thema zu sprechen. Die Menschen müssen sich selbst vor diesen schützen, es gibt in diesem Bereich noch keine so starken Berufsverbände und staatliche Ausbildungsverordnungen, die ein Minimum an Arbeitsqualität sicherstellen. Ich habe mich schon öfter danach gesehnt, obwohl ich wahrlich kein Befürworter starker Reglementierungen bin.

Ein Freund lernte auf einer Biomesse einen Rutengänger kennen, der acht Angestellte hatte, und lud ihn zu einer Hofuntersuchung ein. Dieser Rutengänger fand 32 »Wasseradern«, die jeweils etwa 1,5 m auseinander lagen und sich im rechten Winkel kreuzten. Er markierte die »Wasseradern« mit blauen Strichen auf der Erde und redete auf meinen Freund ein, wie gefährlich das sei. Kinder könnten davon Krebs bekommen! Doch er könne die Wasseradern durch energetisierte Stäbe ablenken. Einfache Stäbe, die jeweils 150,- Euro kosten, würden nicht genügen, es seien die doppelt starken Stäbe notwendig, die jeweils 300,- Euro kosten.

Und er begann schon, die Stäbe einzugraben, die die Wasseradern auf die Umgebung ablenken sollten. Mein schwäbischer Freund rechnete, 32 mal 300,- sind 9.600,- Euro, stoppte den Rutengänger, schickte ihn weg und fragte mich um Rat. Auf meine Empfehlung lud er den Geomanten Wolfgang Schneider ein, der nur zwei Wasseradern fand, die anderen 30 Striche des Rutengängers waren normale Netzgitter, die es überall gibt und die harmlos sind. Nur wenn eine Wasserader und ein Netzgitter sich überschneiden, kann es eine zu starke Wirkung geben. Eine Wasserader, die durch ein Schlafzimmer führte, wurde von Wolfgang Schneider durch einen Stein positiv gewendet.

Die Stäbe des Rutengängers haben natürlich eine Wirkung, doch mit einem solch massiven Eingriff durch menschlichen Willen wird das ganze energetische System des Ortes durcheinandergebracht, und man schafft mehr Chaos als Harmonie. Das Energiesystem der Erde ist keine Bedrohung, man muß sich nicht in einer Festung verbarrikadieren, sondern sollte immer die Verbindung und den Ausgleich suchen. Ich war später auch auf dem Hof des Freundes und sah mir die Markierungen an, es waren wirklich keine Wasseradern. Dieser Rutengänger war vollkommen unfähig und konnte nicht einmal die in der Radiästhesie allgemein bekannten Gittersysteme von Wasseradern unterscheiden; das ist gerade so, wie wenn ein Automechaniker den Motor mit dem Getriebe verwechselt. Er arbeitete mit Angst und wollte schädliche Abwehrmaßnahmen verkaufen, mit denen er viel Geld verdient hätte, die Stäbe kosten in der Produktion nämlich fast nichts. Dieser Quacksalber konnte sich natürlich nur etablieren, weil er Kunden findet, die auf ihn hereinfallen.

Ein andermal wurde mir ein Kupferstab zur Energetisierung von Wasser gezeigt, der mit Osterwasser gefüllt und bebetet sei, und Gnome würden diese Kraft halten. Mich interessierte das, immerhin arbeitet da einer bewußt mit Elementarwesen zusammen. Ich suchte nach den Gnomen und fand auch welche in dem Stab. Doch sie waren sehr gestreßt, und ich fragte: »Was macht ihr da?« – »Wir müssen!« – »Was heißt, ihr müßt?« – »Wir können nicht anders!« –

Und ich erlebte, wie die Gnome wie in einer Gefängniszelle eingemauert waren, die Wände bestanden aus menschlicher Willenssubstanz. So eine Schweinerei! Da heißt es Gebete und Osterwasser, doch tatsächlich wurden Gnome durch magischen Willen versklavt! Ein verkappter Schwarzmagier agierte hier.

Ich bekam große Lust, ihm seinen Kupferstab über den Kopf zu schlagen, aber er war ja nicht im Raum, und außerdem taten mir die Gnome leid. So ging ich mit meinem Willen in den Stab und bat gleichzeitig: »Christus wirke in mir.« Ich fühlte eine weiche erlösende Kraft in meinem Rücken, und der Bann schmolz wie Butter. Die Gnome falteten sich in ihre normale Größe von etwa 50 cm auf, sie waren vorher auf etwa 5 cm um den Stab herum zusammengepreßt. Nun waren sie frei, ich streichelte sie noch etwas.

Diese Versklavung von Elementarwesen finde ich immer wieder, zum Beispiel regelmäßig bei Wasserenergetisiergeräten eines bekannten Herstellers, der offensichtlich graumagisch mit Zwang auf Elementarwesen produziert. Nach ihrer Befreiung machen die Gnome ihre Arbeit freiwillig, und, wie wir mehrfach festgestellt haben, auch besser. Elementarwesen haben eine Freude an ihrer Arbeit; wenn man sie zwingt, belastet man sie nur.

Solche Erlebnisse regen mich auf. Quacksalber, Geschäfte- und Angstmacher und Versklavung von Elementarwesen unter einem spirituellen Deckmantel, das muß nicht sein! Es kann doch nicht sein, daß wir mit der Versklavung der Elementarwesen beginnen, nachdem wir nun endlich die menschliche Versklavung abgeschafft haben. Natürlich geschieht das in dem meisten Fällen nicht bewußt. Im Hintergrund steht das Problem, daß Leute etwas anbieten, die keine fundierte geisteswissenschaftliche Ausbildung haben und die ihre eigenen Themen und Doppelgänger nicht ausreichend durchgearbeitet haben, so daß schwarzmagischer Ballast aus vergangenen Inkarnationen durchscheint, ohne daß sie es bemerken.

23. Hans Hansen

Hausheilung und Befreiung der Technik- und Unterweltwesen

Agnes und ich fahren zum nördlichsten Ende Deutschlands, um Hans Hansen zu besuchen. Er ist ein Geomant mit Leib und Seele und spricht über Hausheilungen, Vereinigungsenergie, den Lichttempel über der Ostsee, die Auflösung von Scheinpersönlichkeiten und die Erlösung der Elementarwesen in der Technik. Und wir kommen zu einem Gebiet, das noch sehr unbekannt und wo die Not noch sehr groß ist, zu den Wesen der Unterwelt.

(www.geomantie-hanshansen.de)

Hans, wie bist du zur Geomantie gekommen?

Als Kind hatte ich Elementarwesen, Verstorbene und Engelwesen im Hof wahrgenommen und erinnerte ich mich an frühere Leben. Das erzählte ich meiner Mutter, doch sie sagte immer nur: »Du träumst«, und so verdrängte ich es. Ich wurde Biobauer auf einem Demeterhof, meine Kinder gingen auf die Waldorfschule in Flensburg. Da wurde Anfang der neunziger Jahre ein Seminar von Marko Pogačnik angeboten und ich bemerkte, was Marko wahrnehmen kann, das kann ich auch. Ich war darauf vorbereitet. Ab Mitte 30 hatte ich zu meditieren begonnen, mit einfachen Chakrameditationen. In Flensburg leitete ich dann eine Geomantiegruppe, in Eckernförde und in Rendsburg kamen zwei weitere Gruppen dazu und seit 2005 biete ich einjährige Ausbildungen an.

Das hast du alles parallel zum Bauernhof gemacht?

Ja, ich bekam auch Probleme mit meiner Frau, denn sie mußte auf die vier Kinder alleine aufpassen, während ich zur Geomantie ging.

Ging dadurch die Ehe kaputt?

Nicht sofort, das hat zehn Jahre gedauert. Meine Frau hat es zwar akzeptiert, aber wir haben uns doch in verschiedene Richtungen entwickelt. Nach 33 Jahren Ehe trennten wir uns 2006. Jetzt lebe ich mit einer anderen Frau zusammen, mit der ich mich austauschen kann. Meiner Frau war es oft suspekt, was ich wahrgenommen habe, sie fand es abgehoben und anmaßend. Das war schwierig. Wir sind aber immer noch befreundet. 2002 habe ich den Biohof übergeben und machte ich mich als Geomant selbständig. Ich bin Vollblut-Geomant, ich sehe es nicht als Beruf, sondern als meine Aufgabe an.

Haus in Landschaft einbinden

Was heißt Hausheilung?

Für mich ist ein Haus ein Teil der Landschaft und in diese eingebunden oder eben nicht eingebunden. Wenn ich zu einer Hausheilung gerufen werde, ist es meistens nicht eingebunden und steht isoliert da. Deshalb verbinde ich als erstes den Hausgeist mit dem Landschaftsengel, so daß das Haus in das Kraftsystem der Landschaft angeschlossen wird.

Damit das stabil bleibt, sollten die Bewohner das bewußt mitvollziehen. Wie weit ich darüber sprechen kann, ist ganz unterschiedlich. Vor zehn Jahren mußte ich sehr vorsichtig sein, ob ich über Elementarwesen und Engel spreche. Heute sind die meisten Menschen, zu denen ich komme, offen dafür. Ich kann zum Beispiel sagen: »Hier ist ein Feuerwesen; da ist ein Streit gewesen, der hat es gebunden«, oder: »Es hat sich übergangen und mißachtet gefühlt.« Vor zehn Jahren hätte ich über Erdstrahlen sprechen müssen, das hätten die Leute noch verstanden.

Haus auf Leylinie mit Trauer

Was sind typische Probleme bei Hausheilungen?

Meistens sind es Konflikte, die Menschen unter sich und mit sich selber haben. Sie suchen sich deshalb ein Haus mit ähnlichen Konflikten aus, die aus früheren Generationen stammen oder durch eine Leylinie hintransportiert werden. Leylinien sind ätherische Verbindungs- und Kraftströme in der Landschaft. Ich untersuchte ein Haus mit ganz viel Trauer, durch das ging eine Leylinie zu einer Kirche mit einem Kriegerdenkmal. Dort wird jedes Jahr am Totensonntag ein Ritual gemacht und damit Trauer und Schmerz hochgeholt, angestaut und durch die Leylinie zu den Häusern geführt, die darauf stehen. Normal ist, daß man ein Jahr trauert, dann läßt man den Toten los, und das Leben geht für alle Beteiligten weiter. In diesem Fall hält man aber fest; man meint es ja gut und will zukünftige Kriege verhindern. Leben entsteht aber durch Werden und Vergehen, und wenn wir es nicht vergehen lassen, kann es auch nicht entstehen. Ich ging zu dem Kriegsdenkmal und bat Christus, den Schmerz zu erlösen, den Wächter des Denkmals zu erlösen und an das Kraftsystem der neuen Erde anzuschließen. Das ging, aber durch das nächste Ritual am Totensonntag wird es wieder blockiert werden.

Du kannst ja die Feier am Totensonntag nicht absagen, arbeitest du also jedes Jahr wieder nach?

Ich sagte den Leuten, daß sie selbst hingehen und Christus oder Sophia bitten können, den Trauer und den Schmerz der Vergangenheit zu reinigen, so daß alles wieder in Fluß kommt. Wenn Menschen offen sind, klappt das.

Leylinien entstehen nach Bedarf

In den letzten Jahren habe ich beobachtet, daß durch Häuser mit spirituell arbeitenden Menschen Leylinien hindurchgehen. Wie kommt das? – Wenn die Menschen zum Beispiel ein Grundstück abgrenzen, sorgen die Engel sofort dafür, daß ein Engel für das Grundstück zuständig wird. In diesem kleinen Landschaftstempel, dem Grundstück, ist alles drinnen, was auch im großen Landschafttempel drinnen ist. Die geistige Welt reagiert also immer, und wenn Menschen spirituell arbeiten, sorgen die Engel dafür, daß eine entsprechende Leylinie zu diesem Menschen hin läuft. Durch mein jetziges Haus ging, bevor ich eingezogen bin, keine Leylinie, nur an der Garage ging eine vorbei. Jetzt läuft eine im Wohnzimmer und auch durch mein Bett, was nicht belastend, sondern stärkend ist. Wir haben die Vorstellung, daß alles genau festgelegt sei, daß sich die Leylinien in der Landschaft und die Meridiane am Körper nicht ändern. Doch es ist viel flexibler. Leylinien können von den Engeln gebildet werden, und die Menschen bekommen die Energie, die sie brauchen. Wenn jemand ein Kriegsthema hat, sucht er sich eine Wohnung mit einer Leylinie mit Kriegsthema aus, oder die Engel lassen eine solche entstehen.

Wenn die ätherischen Landschaftsorgane, Elementarwesen und Engel ständig in Bewegung sind, könnte man gar keine dauerhaft gültige Karte zeichnen.

Ja genau, die Erde ist ein lebendiges System, das sich ständig verändert, genau wie sich unsere Aura auch ständig verändert.

Lichttempel über der Ostsee

Kannst du noch einen anderen typischen Fall der Hausheilung erzählen?

Ich finde in jedem Haus ein Tor zur Unterwelt. Diese ist verbunden mit unserem Unterbewußtsein und dem Verschütteten, was wir nicht sehen wollen. Das kann eine Geschichte aus einem früheren Leben sein, wo jemand Macht mißbraucht und das ganz weit von sich weggeschoben hat. Wenn ich in das Tor zur Unterwelt hineingehen kann, sehe ich dort, was verborgen ist, und wenn die Menschen offen sind, können wir es hochholen und erlösen. Dazu arbeite ich mit einer Energie, die ich seit 2002 wahrnehme und die ich Vereinigungsenergie nenne. Ich erlebe, daß diese aus einem sehr großen Lichttempel über der Ostsee kommt, der vergleichbar mit Shambala in Tibet ist. Andere Geomanten nehmen ihn auch wahr.

Du verbindest dich also mit diesem Lichttempel über der Ostsee und nimmst dessen Energie für deine Arbeit?

Ja. Ich meine, daß dieser Lichttempel, in dem große Meister und Engel sitzen, für die ganze nördliche Halbkugel von Bedeutung ist. Es gibt Sagen von der goldenen Stadt, die in der Ostsee versunken ist. Thule ist ein Name dafür, der von den Nazis mißbraucht wurde. In Rügen oder Bornholm ist man dem Lichttempel sehr nahe. Ich kann ihn aber auch von hier, in der Nähe von Flensburg, wahrnehmen. Einige Kilometer von meinem Haus am Ostseestrand gibt es große Engel, die Abgesandte des Lichttempels sind und über die ich gut mit ihm in Kontakt treten kann. Ich kann diese Engel nicht auf die Weise wahrnehmen, wie ich bisher Engel wahrgenommen habe. Sie haben eine Dimension, die ich nicht erfassen kann. Ihr Fokus hat einen Durchmesser von 100 m und ist 100 m hoch. Ich nehme sie bisher nur als eine Art Blase und Energiefeld wahr. Sonst kann ich die Engel auch als Form wahrnehmen, oft als Schmetterlinge mit Flügeln und einer goldenen oder farbigen Kugel als Kopf. Hier sehe ich keine Form, sondern es ist eine Energie, die sofort das Herz aufmacht, weitet, erstarkt und mit der Christusenergie verbindet. Ich würde diese Energie als die Wiederkunft Christi im Ätherischen bezeichnen. Das Christus-Bewußtsein ist schon da an solchen Plätzen. Wir müssen es nur einladen, daß es auch in uns kommen darf. Christus kommt jetzt nach 2000 Jahren wieder, aber nicht als Person, sondern als Energie und Bewußtsein.

In der Hausheilung verbinde ich diesen Lichttempel mit dem Landschaftsengel, dem Grundstücksgeist, dem Hausgeist und jedem

Zimmerwesen – alle wollen. Wenn ich einen verbinde, sagen die anderen, wir wollen auch mit diesem Licht verbunden werden!

Verbindest du jedes Zimmerwesen mit dem Lichttempel?

Nein, das mache ich über den leitenden Hausgeist und nicht mit jedem einzelnen Wesen, das wäre zu viel Arbeit und ist nicht notwendig. Aber gebundene Wesen erlöse ich einzeln und verbinde sie mit dem Lichttempel und dem neuen Bewußtsein der Erde.

Heilen mit der Vereinigungsenergie

Was heißt neues Bewußtsein der Erde?

Das ist die Vereinigungsenergie, die uns mit dem Ich-Bin vereint. Wenn wir »ich« sagen, zeigen wir auf uns und nicht weg von uns. Die Verbindung mit unserem Ich-Bin in unserem Herzen befreit uns von dem linearen Verstandesdenken. Das Denken des Herzens ist nicht linear, sondern umfassend. Der Verstand ist ein Organ von uns, das wir brauchen, er ist aber nicht dazu geeignet, geistige Dinge wahrzunehmen. Man kann sich ein Bild davon machen, erfassen kann man es nur durch das Herz, durch das Ich-Bin. Das stelle ich mir wie eine goldene Sonne im Herzen vor, die man wachsen lassen kann. Über das goldene Herzbewußtsein verbinde ich mich mit der goldenen Stadt über der Ostsee und habe so direkten Zugang.

Wenn ich mit Leuten arbeite und aus der Unterwelt etwas Verschüttetes heraushole, übergebe ich es der Vereinigungsenergie zur Wandlung. Angenommen, ich würde dich behandeln: Ich stelle mir zwischen uns beiden eine Lichtkugel mit der Vereinigungsenergie vor, ein Wirbel oder Strudel, und mache mit dir eine hinführende Meditation, in der du diese Energie in deine Hand nimmst und so in Kontakt kommst. Du stellst dir vor, du bist die Energie, die du in der Hand hältst. Dann spreche ich Lösungssätze wie bei der Familienaufstellung, wo man Sachen losläßt und sich für die Erfahrung, die man gemacht hat, bedankt. Wir übergeben es der Vereinigungsenergie zur Wandlung. Wenn du zum Beispiel in einem früheren Leben ein Soldat warst, stellst du dir das vor und gibst es in diesen Strudel hinein, und der männliche Aspekt kommt befreit von der Vergangenheit wieder zurück und vereinigt sich mit dir. Ein fehlendes Puzzleteil kommt dazu. Mit der Vereinigungsenergie zu arbeiten, ist sehr effektiv. Von anderen Geomanten und Heilern wird sie auch anders bezeichnet.

Vorbereitung einer Hausheilung

Wie bereitest du dich für eine Hausheilung vor?

Wenn mich jemand anruft und sagt, daß er ein Problem hat, habe ich gleich ein inneres Bild davon. Oft nehme ich Wesen wahr, die ganz verkrüppelt sind, sich zusammenkauern oder gar in Fesseln liegen. Oder ich nehme Personen wahr, mit denen es zusammenhängt, zum Beispiel Vater, Mutter oder Tante.

Woher weißt du, daß es die Tante ist?

Ich sehe das Bild und weiß sofort, was es bedeutet, das Wissen ist sofort da. Es ist aber kein lineares oder eingefrorenes Bild, sondern mehrere Dimensionen gleichzeitig. Ich nehme gebundene Elementarwesen wahr oder gebundene Verstorbene, die noch an dem Ort hängen. Die müssen nicht mit der jetzigen Familie in Zusammenhang stehen; es können frühere verstorbene Bewohner sein oder abgespaltene Aspekte von diesen. Meistens sind es Aspekte, seltener sind es ganze Seelen, die noch nicht ins Licht gefunden haben. Das kann man gut mit der Vereinigungsenergie und Christus erlösen. Manchmal wollen sie nicht, weil sie zum Beispiel denken, sie kämen in die Hölle. Es erfordert einige Zeit, sie zu beruhigen, und dann geht es doch. Wenn ich konkret an dem Ort bin, bestätigt sich dieser Vorblick meistens.

Ich untersuche auch immer mit Landkarten und sehe darauf, wie das Haus im Zusammenhang mit anderen Plätzen steht. Wenn verbundene Plätze Disharmonien haben, fahre ich zu diesen und bitte mit Hilfe der Vereinigungsenergie und Christus um Harmonisierung, so weit das im Zusammenhang mit dem Haus steht.

Ich gehe davon aus, daß ich nur in der Landschaft arbeiten darf, wenn ich einen Auftrag dazu habe. Ich kann nicht einfach aus eigenem Willen hingehen und Erdheilung machen. Wenn ich in Kiel in einem Hochhaus bin, verbinde ich den Wohnungsgeist mit dem Landschaftsengel und der Vereinigungsenergie – und auch den Hausgeist, das darf ich noch. Ich darf aber nicht dafür sorgen, daß die anderen Wohnungen an das neue Kraftfeld der Erde angeschlossen werden, da ich dazu keinen Auftrag habe. Diese Wohnung ist dann wie eine direkt verbundene Lebenszelle in dem Hochhaus, und das funktioniert.

Heilung mit Edelsteinen – Hartmanngitter, Currygitter, Elementarlinien

Du hast in deinem Auto Kisten voller Edelsteine, was machst du damit?

Ich arbeite mit Steinen, weil es für die Menschen wichtig ist, daß sie etwas Handfestes haben. Ich erkläre ihnen, daß die Steine mit dem Landschaftsengel verbunden sind, daß die Zwerge auf das Haus aufpassen und daß sie die Steine regelmäßig abwaschen und den Elementarwesen und dem Landschaftsengel danken sollen. Dadurch bleibt die Verbindung aufrechterhalten. Ich habe unterschiedliche Steine, je nachdem welche Bewußtseinsebene berührt werden soll. Der Rauchquarz und der grüne Aventurin harmonisieren die geistige Ebene; diese lege ich auf Leylinien, wenn sie blockiert sind. Rosenquarz wirkt stark auf die elementare Ebene, Zwerge machen dann gerne mit. Calcit ist gut, um ein Haus zu erden.

Ich habe festgestellt, daß die Hartmanngitter die kollektive mentale Ebene sind, die wir alle gemeinsam erschaffen. Durch die Hartmanngitter sind wir alle mental miteinander verbunden. Das ist ein Kraftliniensystem, das um die ganze Erde geht in den Richtungen Ost-West und Nord-Süd. Man kann einen Kompaß darauflegen und sie gut mit der Wünschelrute muten. Ich sehe sie auch. Bei uns sind sie etwa 2,5 Meter auseinander, zum Pol zu werden sie immer enger. Das sind quadratische Kuben, die die menschlichen Vorstellungen festhalten. Wenn man auf einer Hartmannlinie schläft, kann es sein, daß man die Gedanken des Nachbarn denkt, weil man direkt mit ihm verbunden ist. Ich habe auch Steine, um die Hartmanngitter zu harmonisieren und zu filtern, so daß die mentalen Energien anderer nicht mehr so stark einwirken.

Das Currygitter läuft diagonal dazu und stellt die emotionale Kollektivebene dar, die Gefühle der Menschen.

Was hat das Currygitter mit Curry zu tun?

Curry ist der Name eines Arztes, der das Gitter entdeckt hat. Hartmann und Curry waren beides Rutengänger, die feststellten, daß sie zum Beispiel Bauchweh haben, wenn sie auf einer Currylinie liegen, oder daß sie nicht schlafen können, wenn sie auf einer Hartmannlinie liegen, da ihnen Gedanken durch den Kopf gehen. Das Currygitter geht diagonal durch die Hartmannlinien. Das heißt, Emotionen und Verstand durchdringen sich kollektiv. Ich binde das Hartmann- und Currygitter in einem Haus auch an den Landschaftsengel und die Naturwesen an. Die Steine lege ich im Haus immer auf Curry-, Hartmann-, Leylinien oder Elementarlinien. In jedem Haus und Grundstück sind Erd-, Wasser-, Feuer- und Luftlinien. Auch bei diesen schlägt die Wünschelrute aus, deshalb werden Elementarlinien oft mit Wasseradern verwechselt. Diese gibt es für mich nicht in diesem Umfang, wie es oft dargestellt wird – in Gebirgsgegenden gibt es unterirdische Wasserläufe, hier im Flachland haben wir nur wasserführende, flächige Schichten.

Die Energieströme der Elementarlinien wirken unterschiedlich. Wenn Menschen im Bett frieren und Rheuma bekommen, ist oft eine Wasserlinie gestört. Wenn Menschen im Bett schwitzen, gereizt sind und eine Schwindelerkrankung bekommen, ist oft eine Feuerlinie gestört. Wenn du Probleme mit Bronchien und der Atmung hast, geht vielleicht eine gestörte Luftlinie durch dein Bett. Wenn du Probleme mit Haut und Knochen hast, könnte es eine Erdlinie sein.

Die Wünschelrutengänger wissen das aber bisher nicht, für sie ist alles einfach einheitlich eine Wasserader. Für mich sind es Elementarlinien, die vom Landschaftsengel ausgehend die Landschaft durchkreuzen und mit dem jeweiligen Elementenäther ernähren. So ist mein Erkenntnisstand bis jetzt.

Die Elementarlinien brauche ich nicht extra mit dem Landschaftsengel verbinden, denn diese gehen von ihm aus, aber ich kann sie harmonisieren. Das mache ich mit passenden Steinen, für Wasser Regenbogenfluorid, für Feuer Blauquarz, für Erde Rosenquarz. Auch wenn jede Landschaft von allen Elementarlinien durchdrungen wird, so hat jede einen Schwerpunkt; es gibt zum Beispiel wäßrige oder feurige Landschaften.

Diese Adern sind doch bestimmt auch von Elementarwesen begleitet?

Ganz genau. Wenn man zum Beispiel eine Feuerlinie verfolgt, kommt man zu einem leitenden Feuerwesen oder Drachen, der dafür zuständig ist. Es gibt vier verschiedene Arten von Drachen, Feuer-Feuer-Drachen, die nur Feuer sind, dann gibt es Feuer-Luft-Drachen, Feuer-Wasser-Drachen und Feuer-Erd-Drachen.

Wie erscheinen dir die Drachen?

Wie in den Märchen: Luftdrachen haben Flügel, Erddrachen sind eher wie Dinosaurier.

Das Wort Drache wird in der Geomantie sonst auch für einen Ätherkraftstrom verwendet, der nicht gerade ist wie eine Leylinie, sondern wellig?

Ja, diese Drachenlinien gehen vom Drachenzentrum aus, und von ihnen gehen Querverbindungen ab, die man als Feuerlinien bezeichnen könnte. Für mich ist der Ätherorganismus der Landschaft ein feines Gebiet, wo mir vieles noch nicht klar ist.

Erlebnisse mit Elementarwesen

Meinem Kontakt mit Elementarwesen geht immer voraus, daß ich mich innerlich vor ihnen verneige und mich entschuldige. Das ist das

Wichtigste. Die Entschuldigung ist mein Hauptritual. Der Kontakt ist ein inneres Herzensgespräch, nicht verbal. Ich fühle in meinem Herzen, was das Wesen fühlt, schlüpfe sozusagen seelisch in es hinein.

Aber es geht doch nicht allen Elementarwesen so schlecht, daß du dich entschuldigen mußt!

In meinen Seminaren gehe ich natürlich zu Orten mit gesunden und starken Elementarwesen, bitte den Wächter um Einlaß und begrüße sie, und meistens freuen sie sich unwahrscheinlich. Aber bei den Hausheilungen werde ich hauptsächlich in Häuser mit schweren Problemen gerufen. Zwerge in Wohnungen fühlen sich oft mißachtet, sind streng und schwer zu versöhnen. Ich erkläre ihnen, daß die Menschen sie nicht wahrnehmen können und deshalb nicht beachten und danke für ihre wichtige Arbeit, zum Beispiel sorgen die Zwerge für die Stabilität des Hauses und die Festigkeit der Wände. Dann sind sie meistens schon zufriedener, und ich verbinde sie mit dem zuständigen Zwergenkönig und Landschaftsengel, so daß sie sich wieder angeschlossen fühlen. So mache ich das auch mit den anderen Elementarwesen. Zusätzlich prüfe ich immer, ob sie auf ihrem Platz bleiben wollen oder ob der Landschaftsengel sie an einen anderen Platz bringen soll.

Noch eine Geschichte zum Umsiedeln von Elementarwesen: Auf meinem früheren Hof bauten wir einen Kuhstall, und dazu mußte ein Teich zugeschüttet werden. Dafür baggerten wir einen anderen Teich aus. Das sagte ich den Wasserwesen und bat sie, ihren Fokus auf einen Stein zu versetzen. Diesen Stein trug ich am Herzen haltend zu dem neuen Teich. Wasserwesen sind nur Gefühl, Gefühlsgefühl, ich war davon so berührt, daß ich weinen mußte. Heute mache ich solche Versetzungen nicht mehr mit einem Stein, sondern ich bitte den Landschaftsengel, den Wesen einen neuen Platz zuzuweisen. Das geht einfacher, und man muß sich nicht um jedes einzelne Wesen kümmern.

Es gibt aber auch Fälle, wo Elementarwesen getragen werden wollen. Diese sind eben sehr unterschiedlich, die Elementarwesenwelt ist unendlich vielgestaltig. Wasserwesen, die für Quellen zuständig sind, sind meistens sehr freundlich und heiter, dagegen sind Wasserwesen in Mooren eher melancholisch. Mir ist aufgefallen, daß in Häusern in Moorgebieten sehr viele melancholische Menschen wohnen. Sie suchen sich solche Orte aus, wo sie mit Melancholie in Kontakt treten können.

Du hast von einem Wächter gesprochen, was ist das für dich?

Diese wachen über einem bestimmten Bereich und haben ihren Fokus oft auf Hügeln, großen Steinen oder auffälligen Bäumen, zum Beispiel großen Eichen. In unserer Gegend sind Wächterbäume häufig mit Efeu bewachsen. Es gibt Wächter, die für die vier Elemente zuständig sind, die für die Rhythmen in der Natur zuständig sind oder für die Düfte und Aromen der Natur. Es gibt viele verschiedene Arten, und es gibt sie im großen Landschaftstempel ebenso wie in den kleineren Untergliederungen.

Woran merkst du, daß es ein Wächter ist?

Es sind größere Wesen. Zum Beispiel hat der Wächter, der in meinem Garten in der Baumkrone sitzt, einen Umfang von etwa zwei Metern. An der Größe des Wächters kann ich sehen, was seine Aufgabe ist. Wenn man nur ein kleines Gartengrundstück hat, hat man nur kleine Wächter.

Kann man einen Hausgeist also auch als Wächter bezeichnen?

Nein, ein Hausgeist ist die Seele des Hauses, während ein Wächter nicht die Seele der Landschaft ist. Er hat nur einen ganz bestimmten Bereich, ist zum Beispiel für das Feuer zuständig oder für die Rhythmen der Natur. Es ist kein Elementarwesen, ich würde es eher als Geistwesen bezeichnen.

Also ein Engel?

Einige bezeichnen sie auch als die Devas, man könnte sie auch als untergeordnete, kleine Landschaftsengel sehen für eine bestimmte Aufgabe. Ein Jahr lang mußte ich bei jedem Wächter anhalten und ihn begrüßen und ihm danken, daß er da ist. Wenn ich es nicht gemacht habe, wurde ich von ihm aufgehalten, das war eine Lektion für mich: zu lernen, ganz im Hier und Jetzt und bewußt zu sein, was um mich herum ist. Heute kann ich einfach sagen: »Hallo Wächter, ich grüße dich«, und weitergehen.

Elementarwesen in der Aura

Seit einigen Jahren habe ich einen sehr engen Kontakt zur Elfe Theodora, die sitzt bei mir auf der linken Schulter. Und seit einem Jahr habe ich eine weitere Elfe, die heißt Silke, die auf der rechten Schulter sitzt. Diese sind freiwillig zu mir gekommen, um mir zu helfen, in die Leichtigkeit zu kommen. Ich bin vom Sternzeichen Steinbock, immer sehr erdig, schwer und ernst. Ich kann sie bitten, mir zu helfen, leichter mit bestimmten Situationen klarzukommen.

Wenn ich einen Vortrag über Elementarwesen halte, sind sie dazu bereit, daß ich sie herumreiche. Theodora ist etwa 20 cm klein. Sie ist ganz lustig und meint, man könne überall singen und tanzen und das Leben sei ganz leicht.

Ein halbes Jahr lang hatte ich ein Meereswesen bei mir. Ich lag in Dänemark am Strand, und plötzlich sah ich ein etwa 80 cm großes Wesen vor mir, knallgrün mit einem großen breiten Grinsen, wie ein Froschmaul und Schneckenaugen auf dem Kopf. Das wollte mit. Ich fragte: »Warum willst du mit?« – »Ich will dir helfen, daß du mehr in Kontakt mit deinem Gefühl kommst.«

Dann habe ich noch einen Zwerg, Morax, der mir hilft, in eine tiefe Verbindung mit der Erde zu kommen. Da ich das jetzt schon besser kann, ist er nicht mehr so häufig da. In Tschechien habe ich einen Berggeist, einen Meister der Erde, getroffen, und seitdem fühle ich mich wie ein Fels in der Brandung.

Was ist dort passiert?

Ich war mit meiner Freundin im Naturschutzgebiet Soos, das ist ein ehemaliger Vulkankegel mit sprudelnden warmen Quellen. Ich trank von einer dieser Quellen, und dadurch war die Verbindung mit diesem Berggeist da; das war wie eine Einweihung. Mit diesem Berggeist konnte ich die Berge und die ganze Erde durchdringen, nicht nur in Tschechien, sondern durch die ganze Erde durch. Dies ist auch schon ein Geist der neuen Erde mit dem neuen Bewußtsein.

Wie unterscheidet sich ein Berggeist im neuen Bewußtsein von einem Berggeist im alten Bewußtsein?

Ich habe es so wahrgenommen, daß er völlig eins ist mit allen Polaritäten. Ich könnte ihn nicht als männlich oder weiblich beschreiben, als yin oder yang, alles ist eins und verbunden. Er ist nicht nur der Berg, sondern mit der ganzen Erde verbunden. Ich verband mich so stark mit ihm, daß ich selber die ganze Erde durchdrungen habe. Da ich ihn immer noch im Herzen habe, fühle ich mich ganz fest auf dem Boden stehend, wie ein Fels in der Brandung.

Göttinnen und Trinität

Der Mensch entwickelt sich weiter, und wie man die Dinge sieht, das ändert sich ständig. Wie ich vor zehn Jahren wahrgenommen habe, war nicht falsch, aber ich sehe es jetzt umfassender. Wenn wir zum Beispiel sagen, hier auf diesem Hügel ist der Fokus der schwarzen Göttin, war ich früher davon überzeugt, das ist so. Jetzt gehe ich zu dem Platz und bemerke einen Sechseckstern mit der schwarzen Göttin als dem oberen Strahl davon. Ich könnte an diesem Ort auch mit der Jungfraugöttin, der Muttergöttin oder mit deren männlichem Gegenpart in Kontakt treten. Am gleichen Ort kann man sechs Aspekte wahrnehmen. Früher hätte ich gesagt, hier ist die schwarze Göttin und nicht die weiße Göttin. Aber man kann die schwarze Göttin nicht von der Jungfraugöttin, der Muttergöttin oder den männlichen Aspekten trennen. Es ist wichtig, daß man alles sehen lernt. Jemand nimmt die schwarze Göttin wahr, ein anderer hat einen anderen Ausgangspunkt und nimmt am gleichen Ort die Jungfraugöttin wahr. Beides stimmt.

Nimmt man dann überall alles war?

Nein, es gibt schon differenzierte Fokusse in der Natur, in die man sich hineinstellen kann. Aber der Stern könnte sich drehen, und ein anderer Aspekt kommt nach oben. Und wenn du durch eine bestimmte Türe tiefer hineingehst, bist du mit allen Aspekten verbunden. Die Jungfraugöttin ist mit dem Frühling vergleichbar, sie ist auch ein Teil von uns und ohne sie könnten wir uns nicht hingeben. Die Muttergöttin, die Fülle, ist mit dem Sommer vergleichbar, ohne sie neigen wir zu Mangelbewußtsein. Die schwarze Göttin in uns ist vergleichbar mit Herbst und Winter, Loslassen und Vergehenlassen können. Die männlichen Qualitäten haben andere Eigenschaften: Ohne die Schöpfungsqualität, das Vaterprinzip, hätten wir keine Ideen, was wir tun sollen. Durch den Sohnaspekt können wir das erfahren, was wir erschaffen wollen, die Erfahrungsenergie, ohne die wir das Gefühl haben, zu kurz zu kommen. Der Heilige Geist verbindet uns mit allen Dingen; ohne ihn igeln wir uns ein, bauen eine Burg um uns und fühlen uns getrennt.

Wahrnehmungen ausblenden

Ich lebe immer in einer bevölkerten Welt und kann viele Wesen um mich herum wahrnehmen, auch hier im Raum, zum Beispiel die Raumelfen, die die Luft reinhalten. Ich kann aber auch abschalten und dies alles nicht wahrnehmen, zum Beispiel, wenn ich in die Kneipe gehe.

Warum gerade in der Kneipe?

Weil dort viele Wesen sind, die ich gar nicht wahrnehmen will, viele Suchtwesen, die verzerrt und dämonisch aussehen. Ich trinke kein Bier, denn wenn ich es trinken würde, würde ich zu sehr in die Welt der Menschen, die in der Kneipe sitzen, hineingezogen werden. Diese merken gar nicht, wie sie eigentlich leiden und getrennt von allem sind, ich muß das nicht unbedingt erfahren. Seit 1995 esse ich kein Fleisch, damit ich nicht verbunden bin mit dem Leid der Tiere, die sich opfern. Ich benutze auch keine Federbetten, denn ich kann es nicht vertragen, wenn den Gänsen bei lebendigem Leibe die Federn ausgerupft wurden. Meine Frau hatte mir einmal zu Weihnachten ein Kopfkissen geschenkt, ich schlief nur eine

Nacht darauf! Im Traum wurde ich eingefangen, und mir wurden die Federn ausgerissen. Auch beim Autofahren schalte ich die Wahrnehmung weitgehend ab. Ich kann ja nicht bremsen, wenn ein Zwerg über die Straße läuft, aber wenn ich an einem großen Wächter vorbeifahre, den begrüße ich schon.

Dem Zwerg würde es doch nichts ausmachen, wenn du durch ihn hindurchfährst.

Aber man bekommt einen Schreck, tritt auf die Bremse, und es fährt hinten jemand auf.

Wunschdenken vermeiden

Wie gehst du mit dem Problem der Projektion um?

Ich versuche, ohne Erwartungen und Wünsche, was ich wahrnehmen will, hinauszugehen. Ich habe ein sehr gutes Selbstbewußtsein und brauche keine Bestätigung, daß ich etwas Besonderes bin. Ich brauche keine Erscheinung von Engeln, die mir sagen: »Du bist auserwählt!« Ich habe einige Bücher von Sekten durchgearbeitet. Dort waren immer Menschen, die ein schlechtes Selbstwertgefühl hatten und denen Gabriel oder jemand anderes erschienen ist, der ihnen gesagt hat: »Du bist auserwählt, das Wort Gottes zu verkünden.« Dieses Wort haben sie gechannelt und gedruckt, doch es ist immer nur der eigene Glaubensinhalt, der bestätigt wurde. Das konnte ich beim Lesen dieser Bücher feststellen. Deswegen bin ich auch immer meinen eigenen Wahrnehmungen gegenüber skeptisch. Ich bin von Natur aus Steinbock, und wenn mir der Erzengel Gabriel erscheinen würde, würde ich erst überprüfen, ob es wirklich Gabriel ist.

Wie prüfst du das?

Ich stelle ihm zum Beispiel eine Frage, und wenn die Antwort so ist, daß er mir Honig um den Bart schmiert, halte ich es für eine Illusion. Wenn er mir etwas Kritisches sagt, könnte es tatsächlich Gabriel sein.

Auflösung der Scheinpersönlichkeiten

Was ist nach deiner Erfahrung das Wichtigste, um in die übersinnliche Erfahrung hineinzukommen, und was sind die größten Hindernisse?

Das Hauptproblem sind die Scheinpersönlichkeiten, für die man sich hält. Diese muß man erst durchblicken, durchdringen und sich davon lösen. Der Verstand hat sie erschaffen, man glaubt, daß man das ist. Die meisten Menschen haben mehrere Scheinpersönlichkeiten. Es genügt schon, wenn man als Kind von einem Erwachsenen gesagt bekam: »Das sind deine Stärken.« Der Verstand greift das auf, und man bemüht sich, das zu erfüllen, was der andere gesagt hat, damit man geliebt wird. Durch die verschiedenen Persönlichkeiten, die in einem drinnen sind, macht man sich ständig Streß, die Erwartungen anderer zu erfüllen, die zu wisen glauben, wie man ist. Wenn man die Scheinpersönlichkeiten auflöst, macht man meistens erst eine Krise durch, denn man wird von den anderen Menschen nicht mehr verstanden und abgelehnt. Wenn man diese Krise durchschritten hat, wird man unabhängig von den anderen und ist man verbunden mit dem Ich-Bin im Herzen. Man wird auch frei von Gedanken, die einem ständig durch den Kopf rattern und findet Frieden.

Ich nenne meine geomantischen Ausbildungen »Einweihungsweg zum Selbst«. Übersinnliche Wahrnehmungen sind erst möglich, wenn du aus dem Gefängnis des Egos, dem Schein-Ich herauskommst. Solange du in den begrenzten Vorstellungen, was du bist, gefangen bist, ist es sehr schwer, nach links und rechts zu schauen. Wenn du im Ich-Bin angekommen bist, bist du im übersinnlichen Erleben drinnen, du bist nicht mehr getrennt, sondern mit allem eins. Trotzdem hast du deine Identität und kannst aus dem Ich-Bin heraus in den Verstand gehen, eine Frage formulieren, eine Antwort verstehen und wieder in das Ich-Bin hineingehen.

Durch das Wahrnehmen in der Natur kommt man mit den Grenzen in Kontakt, die uns am Wahrnehmen der Elementarwesen hindern. Und dadurch besteht die Möglichkeit, diese Grenzen zu erkennen und zu erlösen. Aber man kann die Erlösung der Scheinpersönlichkeiten nicht wollen, sondern nur zulassen. Die Pilgerhaltung ist wichtig. Du kannst tausendmal den Rosenkranz beten, aber wenn es vom Ego gesteuert wird, bringt das nichts, denn die wirkliche Persönlichkeit ist davon nicht berührt. Dankbarkeit und Mitgefühl kannst du nicht wollen, sondern wenn dir das fehlt, kannst du nur die geistige Welt darum bitten, daß du es geschenkt bekommst. Dann ist es auf einmal da, und du kannst nur dankbar sein für die Dankbarkeit, du kannst sie nicht wollen.

Christianisierung von Technikwesen

Alles ist beseelt, und alle Wesen wollen verbunden sein mit allem, mit der Ganzheit des Kosmos. Doch die Dinge, die wir Menschen erschaffen, werden nicht automatisch verbunden mit allem. Früher haben das die Engel gemacht, heute machen sie es nicht mehr, denn der Mensch ist auf einer Bewußtseinsstufe, wo es darum geht, daß er die von ihm geschaffenen Dinge mit den Engeln und der Natur verbindet. Die Wesen, die er erschafft, sollte er behandeln wie seine Kinder, mit ihnen kommunizieren und sie wertschätzen. Wir haben in einem Seminar einen Stuhl in die Mitte gestellt, und was meinst du, wie hat sich das Wesen des Stuhles gefühlt? »Jetzt bin ich wichtig, jetzt stehe ich in der Mitte!«

Ein Technikwesen beseelt ein technisches Gerät. Wenn der Mensch etwas mit der Vorstellung erschafft, daß es tot ist, ist dieses Technikwesen nur mit reiner Intelligenz erfüllt und mit ahrimanischen Wesen verbunden. Dann geht von dem Gerät eine eiskalte Intelligenz aus. Dafür kann aber das Technikwesen nichts, der Mensch hat es so erschaffen. Wenn man sich bei dem Technikwesen entschuldigt, daß man es nicht verbunden hat und sich mit Christus-Bewußtsein im Herzen mit ihm verbindet, weicht das ahrimanische Wesen in den Kosmos zurück. Wenn man das Technikwesen zudem bittet, harmonische Schwingungen zu erzeugen, die für Mensch und Natur verträglich sind, bemüht es sich darum.

Das ist ja eine Christianisierung von ahrimanischen Technikwesen!

Ja genau. Das Technikwesen bekommt als neue Selbstidentität, daß es ein Teil Christi ist und nicht mehr ein Teil Ahrimans, auch wenn Ahriman weiterhin dient. Rudolf Steiner sprach von dem Ziel der Durchchristung der ganzen Erde bis in jede Zelle hinein. Das wird dann möglich, wenn wir Menschen alles, was wir schaffen, durchchristen, jedes Gerät.

Wir haben in einem Seminar ein Handy in die Mitte gelegt, jeder hat hineingefühlt, und wir tauschten uns aus. Das war sehr spannend, wie das Wesen sich wahrgenommen und gefühlt hat, bevor und nachdem wir es an Christus und die Naturwesen angeschlossen haben. Wir konnten auch die Persönlichkeit des Handybesitzers hereinwirkend erleben, der den Charakter des Handywesens prägte.

Also ist das Wesen schon etwas erlöst, wenn von dem Besitzer eine erlösende Kraft ausgeht?

Ja, durchaus, aber dieses Handy war noch nicht angeschlossen an das Kraftsystem der Landschaft und die Elementarwesen der Natur. Das war ganz wichtig und sollte man bei jedem Handy tun. Ich habe das bei meinem Handy schon vor einem Jahr gemacht.

Und hat es sich verändert?

Es strahlt seitdem eine ganz milde Energie aus. Vorher konnte ich mit dem Handy nur fünf Minuten telefonieren, jetzt eine Stunde, ohne daß ich einen Druck oder Dröhnen im Kopf erlebe. Ich habe mein Handywesen gebeten, nur noch harmonische Strahlung für Mensch und Natur auszusenden, dadurch hat es sich geändert.

Beginnt durch die Christianisierung für ein Technikwesen ein neues Leben?

Ja, es kommt aus der Isoliertheit heraus und wird eingebunden in das Ganze, genauso wie wir Menschen im Ich-Bin mit allem verbunden sind.

Befreiung der Elementarwesen der Unterwelt

Ich ging einmal ins Bett, war aber noch nicht eingeschlafen, da standen vor mir vier Meister, so bezeichne ich sie. Sie hatten eine menschliche Gestalt, aber ungewöhnlich fleischig und dicht. Diese baten mich, mit in die Unterwelt zu gehen und dort gebundene Wesen zu erlösen. So erlebte ich, in welchen Schwierigkeiten die Elementarwesen der Unterwelt stecken. Das habe ich vorher nicht gewußt! Sie sind schon seit Jahrhunderten gebunden, können ihr Tor nicht aufmachen und können nicht hinaus und niemanden hereinlassen.

Ich kam in Bremen in ein Haus mit Verwerfungen und bemerkte, daß die sogenannten Erdstrahlen der Verwerfungen gar keine Strahlen sind, sondern Wesen, die am Tor zur Unterwelt hängengeblieben waren, sich dort angestaut hatten und nicht in die Erde hineinkönnen. Ich suchte den Engel des Tores und fragte ihn: »Warum können die Wesen nicht in ihr Reich hinein?« Er antwortete: »Weil ich das Tor nicht aufmachen kann. Ich wurde durch ein Ritual gebannt.« – »Wie kann ich dich erlösen?« – »Mit Christus.« – Das versuchte ich, er konnte das Tor öffnen, und es strömten Hunderte von Wesen hinein. Dann fragte ich den Engel: »Ist es jetzt in Ordnung?« – »Nein, du mußt noch in die Tiefe gehen, da wollen auch welche heraus! Sie können aber nicht, weil sie gefesselt sind.« – Ich ging dorthin und sah die Wesen wie in Schmiedeeisen angekettet. Ich bat den Christus und auch Michael mit seinem Schwert, die Fesseln abzunehmen und diese Wesen von ihrem Bann zu erlösen. Das hat geklappt.

Was waren das für Wesen, die gefesselt waren?

Das waren Feuerwesen, auch Zwerge und Luftwesen, die aber ganz anders sind als auf der Erdoberfläche. Diese Feuerwesen im Erdinneren fühlten sich so an wie Feuer ganz dicht auf der Haut. Jetzt vertrage ich das, am Anfang hatte ich Widerstände, mich diesem Feuer auszusetzen. Die Feuerwesen über der Erde sind im Vergleich dazu sehr leicht und weich.

Ein paar Mal habe ich in katholischen Kirchen festgestellt, daß der Taufstein genau auf dem Eingang zur Unterwelt steht. Ich sah in alten Büchern, daß die Elementarwesen mit Pferdefuß und Hörnern dargestellt wurden, da verstand ich, das war für die alten Katholiken der Teufel! Früher haben Priester das Tor zur Unterwelt verschlossen, damit der Teufel nicht nach oben kommt.

Es hat also über Jahrhunderte eine Verwechslung zwischen Elementarwesen und Teufel stattgefunden?

Ja genau. Im Bewußtsein der damaligen Menschen, wo die Welt in Gut und Böse eingeteilt wurde, wurden sie als Gefahr gesehen und gebannt.

Hier in Norddeutschland hatte man die Elementarwesen sehr stark verehrt, und es gab für sie Kultplätze. Oft waren das Steinkreise. Die wurden abgerissen und aus den Steinen die Grundmauern der Kirchen errichtet. Und so steht oft der Taufstein genau auf dem Eingang zur Unterwelt. Wenn ich in einer solchen Kirche arbeite, bitte ich Christus darum, wenn es möglich ist, den Eingang nach außen ins Freigelände zu verlegen. Das ist meistens möglich.

Ich habe zufälligerweise in meinem Garten auch ein Tor in tiefere Erdschichten. Auch dieses Tor war geschlossen. Als ich nach unten vordrang, konnte ich die Not und das Leid der eingeschüchterten, gefesselten Elementarwesen erfahren und sie aus ihrem Bann befreien. Jetzt ist das Tor offen. Diese unterirdischen Wesen haben ein großes Nachholbedürfnis, weil jetzt die neue Erde da ist, mit der sie in Kontakt kommen wollen.

Geistige Welt handelt nicht allein ohne den Menschen

Warum muß eine Erlösung immer von einem Menschen angestoßen werden, warum macht es die geistige Welt nicht von sich aus?

Weil der Mensch Verantwortung für die Erde und sein Tun übernehmen soll. Wenn Michael und Christus von alleine handeln würden, könnte der Mensch seine Lektionen nicht lernen. Der Mensch müßte die Auswirkungen seiner Taten nicht mehr spüren, wenn Christus und Michael schon vorher alles wieder glattmachen würden. Es wäre ein Eingriff in den freien Willen des Menschen. Nicht mehr die Engel sagen den Elementarwesen, was sie tun sollen, sondern der Mensch soll Verantwortung für die Erde übernehmen. Er soll alles mit seinem Bewußtsein durchdringen und die Zusammenhänge erkennen. Das ist in meiner Wahrnehmung das Ziel, das wir anstreben. Die Elementarwesen warten händeringend darauf, daß wir sie wahrnehmen, gleichberechtigt und vollwertig.

Warum sind sie nicht mit sich selber zufrieden?

Weil wir eine Einheit und aufeinander angewiesen sind. Sie brauchen den Kontakt zu Menschen für ihre eigene Weiterentwicklung. Wenn der Mensch den Kontakt nicht aufnimmt, verzögert sich ihre Entwicklung. Jeder kann sich einfach vor eine Blume oder einen Stein setzen, sein Herz öffnen und ohne Gedanken sich damit verbinden, es wirken lassen. Das alleine reicht schon aus, damit die Wesen sich anerkannt fühlen und sich mehr entfalten können. Man muß Elementarwesen gar nicht differenziert erleben oder sehen können. Eine bewußte, liebevolle Wahrnehmung der Natur reicht aus, um die Elementarwesen zu erlösen. Wenn der Mensch immer nur ignorant an ihnen vorbeiläuft, das finden sie überhaupt nicht gut.

Da ich zum ersten Mal von dem Leid der Elementarwesen in unterirdischen Schichten gehört habe, will ich mehr wissen, und so gehen wir in den Garten zum ätherischen Eingang in die Unterwelt. Schon von weitem spüre ich ein Treiben, Lachen und eine große Kraft. Was machen die da nur? Ich gleite mit meiner Aufmerksamkeit in die Ätheröffnung und erlebe mich in Gewölben voller uriger Wesen, die fröhlich und ausgelassen lärmen und poltern, wie in einem Bierkeller. Ich habe solche Wesen noch nie erlebt, diese gibt es auf der Erdoberfläche tatsächlich nicht. Wo kommen sie her, was ist ihre Aufgabe? Sie wirken kräftig, gemüthaft und herzig, aber auch etwas einfältig. Als Vergleich fallen mir die Markt- und Bauernbilder von

Brueghel ein, mit dickbäuchigen, feisten und teilweise sich überschlagenden Gestalten. Es erscheint mir unvorstellbar, daß diese lustigen Kerle deprimiert in Ketten gelegen haben sollen, davon ist jetzt keine Spur mehr zu erleben!

24. Gurgel aus der Unterwelt

Hans Hansen machte mich auf das mir bislang unbekannte Gebiet der Elementarwesen der Unterwelt aufmerksam. Einige Wochen später leiteten wir einen Meditationskurs in Kamplintfort in einem Haus, das auf dem Platz eines früheren Klosters stand. Der Tag war anstrengend, wir kamen nicht wie gewohnt in eine meditative Tiefe, sondern blieben an der Oberfläche. Woran liegt das?

Das Haus wurde früher von einer Nazi-Organisation genutzt und ist durch entsprechende Elementale immer noch etwas belastet. Ist das der Grund? – Vielleicht ein Teilgrund, aber in unserem Meditationsraum ist diese Vergangenheit nicht mehr stark zu spüren, es muß noch um etwas anderes gehen. Nach Seminarende bleiben Agnes und ich im Raum, um diesen genauer wahrzunehmen. Erst jetzt bemerken wir, daß der Raum von einer blockierenden Kraft erfüllt ist, einem Bann aus menschlichem Willen. Deshalb waren wir in der Meditation so abgeschnitten! Von wem geht der Bann aus? – Erhellt durch das Licht unserer Aufmerksamkeit erscheint allmählich in dem uns umgebenden seelischen Nebel in der Mitte des Raumes ein mehrere Meter hohes dunkles Wesen, das den Bann trägt. Mit Besinnung auf die Christuskraft im Herzen und etwas innerem Willen lösen wir den Bann auf, das dunkle Wesen zerfällt, und ein kleiner, etwa 30 cm großer Gnom bleibt übrig, der sich torkelnd erwachend umsieht. Dieser Gnom war irgendwann von einem Magier benutzt worden, den Bann zu tragen. Er trottet zur Seite.

Stattdessen blickt mich von dem Ort, wo er stand, jemand an. Ein intensiver, sehnsuchtsvoller, trauriger Blick. Ein tiefer Blick, der mich nicht losläßt. Wer ist dort? Ich blicke zurück, vermutlich zu intensiv, das Wesen versinkt. Es verschwindet nach unten. Wo ist es hin? – Da kommt es wieder hoch, ganz vorsichtig und schüchtern, und ich spüre wie sich sein Blick wieder auf mich richtet. Sein Blick ist ein Kanal, durch den meine Kraft zu dem Wesen fließt. Dieses ist hungrig, hungrig nach geistigem Licht, durstig nach Wärme, hungrig nach Leben, durstig nach Gefühlen. Ich lasse dem Wesen Zeit und richte meine Aufmerksamkeit nur ein bißchen auf es und schicke ihm ein leises »Hallo«.

Doch das saust durch das Wesen einfach durch; es versteht »Hallo!« nicht, bemerkt aber, daß da etwas war. Erstaunt und leicht ängstlich blickt es mich an. Ich sage nochmal »Hallo«, das sich wieder in nichts auflöst. Sprachlosigkeit zwischen uns. Ich kenne so etwas nicht, »Hallo« und Anlächeln verstehen Elementarwesen immer, auch wenn eine differenziertere Kommunikation nicht möglich ist. Doch selbst diese einfachste Gefühlskommunikation geht mit diesem Wesen nicht. Es ist so anders, so fremd, aus einer so anderen Welt!

Sein Kopf ragt aus dem Boden hervor. Wo kommt es her? Erst jetzt bemerke ich es. Durch die Auflösung des Bannes wurde eine ätherische Öffnung im Boden freigelegt. Diese war vorher verschlossen. Aus dieser Öffnung kommt das Wesen hoch. Ich gehe mit meinem Bewußtsein hinein, komme in eine mir unbekannte Welt, und dort sind viele weitere Wesen, völlig eingeschüchtert, bleich, verdorrt und mutlos. Ich versuche, sie aufzumuntern, was aber kaum gelingt. Mit vielen Fragen gehe ich ins Bett.

Vor dem Einschlafen wird mir allmählich klar, was Hans Hansen wirklich meinte, als er erzählte, daß die Unterweltwesen früher von Priestern mit einem Bann belegt wurden, daß ihre Zugänge zur Erdoberfläche verschlossen und ihnen aufgeprägt wurde, sie seien der Teufel und ganz schlimm. Hans Hansen hat solche Öffnungen oft unter dem Taufstein von alten Kirchen gefunden, hier war früher ein Kloster. Mir taten diese ausgemergelten Wesen immer mehr leid. Ich stellte mir beim Einschlafen vor, wie im Mittelalter ein Priester panisch bemerkte, daß aus der Erde etwas hochsteigt, er den Teufel vermutete, der ihn holen will, und er dann mit aller Macht den Bann ausspricht und so die Öffnung zudeckelt und diese armen Wesen über Jahrhunderte einsperrt und hungern läßt! Danach betet und dankt der Priester wochenlang zu Gott, der ihn vor dem Teufel gerettet habe, doch tatsächlich waren es nur harmlose Elementarwesen aus tieferen Erdschichten.

In der Wartburg in Eisenach gibt es einen Tintenfleck an der Wand. Martin Luther habe sein Tintenfaß nach dem Teufel geworfen, heißt es. War es wirklich der Teufel?

Am nächsten Tag ging das Seminar mit der Grundsteinmeditation von Rudolf Steiner weiter, die eine herrliche lichte Kraft hat und die Verantwortung des Menschen für den Kosmos behandelt. Das Wesen von gestern kam wieder etwas aus der Öffnung hervor und blickte mich an. Es war das einzige, die anderen trauten sich nicht. Ich lud sie alle zur Grundsteinmeditation ein, sie sollten zu den anderen Naturwesen kommen, die sich schon versammelt hatten. Doch kein Unterweltwesen kam, sie waren zu eingeschüchtert.

Ich ging mit meinem Bewußtsein in ihre Welt und machte gute Stimmung, sie blieben unverständlich und stumm. Ich sah ein, ich bekomme sie jetzt nicht heraus, also muß ich die Grundsteinmeditation zu ihnen bringen, und darauf konzentrierte ich mich. Dies kam allmählich an, ich bemerkte wie sie vor Rührung zitterten, sie waren so erstaunt, daß es Menschen gibt, die so lieb zu ihnen sind! Die erlösende Kraft der Grundsteinmeditation lockerte die Unterweltwesen, doch bis sie wieder so in ihre eigene Kraft und Lebenslust kommen wie im Garten von Hans Hansen wird es noch etwas dauern. An diesem Vormittag war die Qualität der Meditation nun auf einem hohen Niveau, ohne Blockaden.

Vor der Abfahrt verabschiedete ich mich von den Unterweltwesen. Doch der Blick blieb bei mir und kam in meiner Aura mit.

Allmählich konnte ich das Wesen deutlicher erleben. Es machte immer Schwimmbewegungen, sah aus wie ein Schildkröten-Baby und blubberte. Deshalb taufte ich es »Gurgel aus der Unterwelt«. Ich ließ es in Ruhe an meinem Leben teilhaben. Nach einer Woche kam der große Augenblick! Ich schickte Gurgel ein »Hallo«, und dieses fiel nicht mehr durch ihn hindurch, sondern er konnte es halten!

Einige Zeit später war ich in einem Konzert eines Kirchenchors. Gurgel hatte eine kindliche Begeisterung. Andere Elementarwesen in meiner Aura fanden es interessant, aber für Gurgel war es wie Weihnachten bei einem Dreijährigen! Er saugte alles auf, die Klänge, Stimmungen und ätherischen Bewegungen. Es war für mich so viel intensiver, die Musik durch Gurgel zu hören, als alleine oder durch andere Wesen.

Da Gurgel allmählich auftaute, fragte ich: »Wer möchte sich mit ihm beschäftigen?« Sofort meldete sich der Zwerg von Beley, den ich im Sommer 2007 auf der Insel Cres kennenlernte. Nun beobachtete ich etwas, was ich lange nicht verstand. Der Zwerg von Beley und Gurgel flogen aufeinander zu wie angezogen und bildeten einen sich drehenden Kreis. In diesem blieben Gurgel und der Zwerg getrennt, wie Weiß und Schwarz in einem Yin-Yang-Symbol. Eigentlich wollten sie sich vermischen, doch das ging noch nicht. So ging das über viele Monate, und die Einheit zwischen beiden wurde immer größer, sie verflossen immer stärker.

Zwischenzeitlich hatte ich Nicolaas de Jong getroffen, der mir von Untersphärenarbeit erzählte. Und ich las bei Rudolf Steiner über die Schicht der Flüssigen Erde, die direkt unter der Erdoberfläche liegt:

»Die zweite Schicht versteht man nur, wenn man sich durchringt zu der Idee einer Materie, die derjenigen, die wir kennen, entgegengesetzt ist. Es ist ein negatives Leben, der Gegensatz zum Leben. Alles Leben erstirbt hier. Eine Pflanze, ein Tier, das man da hinein versenkte, würde unmittelbar vernichtet werden, aufgelöst in der Masse.

Diese zweite halbflüssige Umhüllung, welche die Erde umgibt, ist in Wahrheit ein Todesbezirk.« (GA 94, Seite 108)

Warum ist diese zweite Schicht ein Todesbezirk? Rudolf Steiner führte dies nicht weiter aus. Mein Freund Gurgel kommt aus dieser zweiten Erdschicht, die aus Ätherkraft besteht. Doch es ist eine entseelte Ätherkraft, eine eintönige, schlammige, wüste Welt. Auf der Erdoberfläche ist die Ätherkraft das Leben der Natur. Wir Menschen haben uns stark auf Ahriman eingelassen, und so entstand ahrimanisierte Ätherkraft, die sich in der flüssigen Erde sammelt und aus der kein Leben entsteht. Gurgel und seine Kollegen mußten lange in dieser entseelten, öden Welt leben und konnten sich nicht auf der Erdoberfläche erfrischen, da die Übergänge verschlossen waren. Das ist ungesund, gesund ist ein natürlicher Austausch zwischen den Erdschichten. Die zweite Erdschicht soll kein Todesbezirk bleiben, sondern wieder lebendig werden, die Wesen der Unterwelt sollten am Leben der Erdoberfläche teilhaben, sie sollten immer zwischen unseren Füßen hindurchschwimmen.

Seitdem ich diese Öffnungen in die Flüssige Erde verstanden habe, entdecke ich sie immer wieder; zum Beispiel ist vor meiner Garage eine. Zu jedem Ort gehört eine solche Öffnung. Manche sind verschlossen, dann löse ich den Bann auf. Aber auch wenn sie offen sind, sind die Elementarwesen der Flüssigen Erde oft einfältig und schüchtern und brauchen Ansprache. Ich bitte immer Gurgel, sich darum zu kümmern, er findet viel besser den Draht zu ihnen als ich.

25. Nicolaas de Jong

ERDUNTERSPHÄRENARBEIT

Die unterirdischen Elementarwesen sind in der bisherigen Elementarwesenforschung ein sehr unbekanntes Gebiet. Es wird nur am Rande darüber gesprochen. Wolfgang Schneider und Florian Grimm haben zum Beispiel beobachtet, daß in Folge der gegenwärtigen Erdwandlung bisher verborgene Erdinnenschichten auf Erlösung wartend an die Erdoberfläche kommen. Unsere Schatten zeigen sich. Nicolaas de Jong hat sich darauf spezialisiert und leitet seit Jahren Seminare zur Erduntersphärenarbeit.

Agnes und ich fahren nach Holland in die Kleinstadt Meppel und landen in einer kleinen Fußgängerzone mit Bäcker, Friseur und Bank, und plötzlich stehen wir vor einem Schaufenster mit handgeschnitzten Leiern! Nicolaas de Jong arbeitet viel mit Klang, Gesang und kosmischen Rhythmen. (Kontakt: www.runework.com)

Nicolaas, wie bist du in das übersinnliche Erleben hineingekommen?

Als Kind hatte ich sehr tiefe Naturempfindungen, zum Beispiel beim Sonnenaufgang oder in den Bergen. Ich fühlte mich getragen. Während meines Studiums der Biologie suchte ich das Leben, konnte es dort aber nicht finden. Das Leben wurde aufgeschnitten und unter das Mikroskop gelegt, man untersuchte den Tod, nicht das

Leben. Als Ausgleich dazu ging ich in eine Theatergruppe, in der wir zum Beispiel improvisierend sangen, wie die Sonne aufgeht und untergeht.

Himmlisches Klangmeer

Nach meinem Studium machte ich mit meiner damaligen Frau auf einer Nordseeinsel Urlaub. Es regnete jeden Tag. Wir waren in dem kleinen Zelt eingeschlossen, das schränkte unsere Seelen ein.

Doch an einem Nachmittag ging plötzlich der Himmel auf, und meine eingeschlossene Seele konnte sich entfalten und ausbreiten. Wir liefen am Strand entlang; über dem Meer waren noch schwere Regenwolken, und ich sah die Bewegungen der Wärmenebel von oben nach unten und von unten nach oben gehen. Da meine Seele so geöffnet war, war ich auf einmal in dieser Himmelsöffnung, wurde aufgenommen in ein sehr tiefes, obertonales Klangmeer und sah schöne organische Formen, golden und fließend, lebendige Komplementärfarben. Dieses Klangmeer war so intensiv und großartig! Mein Ich konnte sich nicht mehr halten und löste sich. Ich sagte zu meiner Frau: »Bitte hole mich zurück!« Sie verstand es nicht, umarmte mich aber. So kam ich wieder in meinen Körper zurück und spürte in mir die Worte: »Jetzt hast du es gesehen, schaue, was du damit tust!«

Das war wie eine Operation ohne Narkose. Ich habe jahrelang versucht, es zu verstehen und wieder da hinzukommen. Ich suchte diese Klänge, doch alles, was ich musikalisch fand, war kein Vergleich zu diesen obertonalen Klängen! Es war nicht atonal, sondern obertonal, man kann Teile davon bei Debussy finden, sehr harmonisch, aber kaum zu fassen.

Das war der große Wurf am Beginn, dein Orientierungspunkt!

Ich habe meine ganze geistige Forschung darauf ausgerichtet. Das war für mich ein wichtiger Schritt zur Elementarwelt.

Gnome stellen Bein

Mit unserem ersten Kind, damals ein Jahre alt, waren wir im Winter auf einer anderen Watteninsel. Ich hatte gerade mein erstes Theaterstück geschrieben und fühlte mich großartig, euphorisch und war sehr von mir selbst eingenommen. Es gab draußen Schnee und Glatteis, und ich hatte meinen Sohn in einer Tasche am Bauch hängen. Auf einmal schlug mein Fuß um, es tat sehr weh, und ich konnte gerade noch meinen Sohn halten. Vor Schmerz sah ich Sterne vor den Augen, Schneekristallwesen, und um mich herum sah ich nicht schön aussehende, etwa einen Meter große Gnome. Und diese lachten mich aus: »Hä, Hä, Hä!« Sie hatten mir den Fuß verdreht und lachten mich wegen meines Hochmuts aus!

Ich wußte schon seit Jahren, daß es Elementarwesen gibt, und fragte immer wieder in der Natur: »Zeigt euch doch einmal!« Doch ich erlebte nichts. Ich war damals zu viel in meinem Kopf. Durch den Schmerz kam ich in das Herz und nahm sie wahr. Einerseits lehrten sie mich, nicht in den Hochmut zu kommen, andererseits war mir klar, sie gehörten zu den Kiefern, die gar nicht hierher gehören, sondern von Norwegen kamen. Diese Gnome langweilten sich, da sie gar nicht nach Holland gehören, und waren frech. Das war meine erste bewußte Wahrnehmung und gleichzeitig ein moralischer Tritt.

Durch meine Untersuchungen des Klangerlebnisses wußte ich, daß dieses mit dem ätherischen Christus zu tun hatte; es war mehr als das Klingen der Seraphin, der höchsten Engel. Dann sah ich einige Jahre später am Meer eine Wolke, die sich öffnete, und ich dachte, jetzt komme ich wieder in dieses himmlische Klingen! Ich öffnete mich erwartungsvoll diesem sich öffnenden Himmel, doch ich erlebte innerlich einen Engel, der mir mit einem Schwert den Weg abschnitt und sagte: »Nein, jetzt mußt du es selbst in dir finden!« Da wurde mir klar, die Christuskraft, die hinter der Wolke ist, ist das Kind, das wir in uns selbst entwickeln sollen. Mir wurde klar, ich muß meine Schulungsmethoden daraufhin ausrichten, und dämpfte ganz bewußt mein Bildbewußtsein ab.

Lauschen statt Sehen

Hattest du vorher viele Bilder, die kamen, ohne daß du dich besonders anstrengen mußtest?

Das passierte einfach, ich konnte aber zu wenig die Wahrheit in diesen Bildern erkennen. Ich besorgte mir einen Hut, und jedes Mal, wenn Bilder kamen, setzte ich mir den Hut auf und sagte: »Du sollst jetzt lauschen!«

Du hast dir einen Hut aufgesetzt?

Ja, und ich achtete darauf, ob ich etwas höre. Ich differenzierte das Hören immer weiter. Ich sang zum Beispiel das Wachsen einer Pflanze bis zur Blüte und ließ das auch andere Menschen singen. Dann sangen wir Pflanzen, die auf drei Seiten ihre Blätter austreiben oder auf fünf Seiten oder auf sechs Seiten. Und ich tanzte und hörte die Planetenbewegungen durch den Tierkreis und fand passende Taktsorten. Ich ließ in Workshops die Menschen einen Dreivierteltakt, einen Siebenvierteltakt usw. laufen und fragte: »Was habt ihr empfunden?« Jedes Mal kamen Empfindungen heraus, von denen ich wußte, sie gehören zu einem bestimmten Planeten.

Deine Landkarte und Werkzeuge für die übersinnlichen Erfahrungen sind also Klänge, Töne und Rhythmus.

Stärkung eines Landschaftstempels

Ich machte diese musikalische Forschung mit Gruppen auch zu geomantischen Themen. Eine Bekannte wohnte in einem biologisch-dynamischen Bauernhof, wo es Probleme gab. Ich ging zu ihr. Auf einmal stand ein größeres Elementarwesen vor meiner Nase und sagte: »Heh, wach auf, wir haben Probleme!« Wir befaßten uns mit einer Gruppe mit dem Bauernhof. Dort war ein großer Transformationspunkt für eine ganze Region in den Niederlanden, und über den etwa 40 km entfernten Einströmungspunkt sollte eine neue ICE-Trasse geführt werden. Das führte bei den Elementarwesen zu einer Panik, und wir mußten diesen Einströmungspunkt verlegen. Das war mein Anfang mit der Landschaftsarbeit. Ich konnte die Zusammenhänge nicht alleine wahrnehmen, das ging nur in der Gruppe.

Was heißt Transformationspunkt und Einströmungspunkt?

Das hat Marko Pogačnik sehr schön ausgearbeitet. Ein großer weiblicher Landschaftsengel greift an drei Orten in die Landschaft ein. Der Landschaftsengel hört die Sphärenklänge des Kosmos von noch höheren Engeln und übermittelt diese durch den Einströmungspunkt in die vier Ätherbereiche zu den Elementarwesen. Diese nehmen das tanzend auf und tragen es durch die ganze Landschaft, die Erde, die Luft und das Wasser weiter. Die Klänge sind Formkräfte. Das sammelt sich im Transformationspunkt, wo es verdaut und zu eigen gemacht wird. Diese kosmischen Klänge werden mit den örtlichen Ätherkräften, die aus der Erde herausströmen, vermischt, so wie wir es in unserer Verdauung machen. Das wird von den Elementarwesen weiter getanzt und getragen im ganzen Gelände, und es sammelt sich wieder beim Ausströmungspunkt. Dort schickt der Landschaftsengel diese umgestaltete Energie in den Kosmos zurück. So wissen die Engel der himmlischen Hierarchien, was mit dem Gelände los ist und ob dort noch etwas benötigt wird. Wenn jemand zum Beispiel einen Bauernhof beginnt, bedarf es einer Verfeinerung. Diese drei Orte nennt man Landschaftstempel, ein Äthertempel, der häufig wie ein gleichseitiges Dreieck angeordnet ist. Diesen Landschaftstempel gibt es in großen Regionen aber auch innerhalb desselben in den Untergliederungen, zum Beispiel in jedem Garten.

Haben die drei Göttinnen, die weiße, rote und schwarze, auch damit zu tun?

Ja, das sind die Antlitze der Landschaftsengel an drei Punkten. Sie kommen aber nicht von den himmlischen Hierarchien, sondern werden von der Mutter Erde hochgeschickt. Mit der weißen Göttin, der Jungfrau, der Empfangenden, die in Maria verehrt wird, kommen die Kräfte herein. Dann wird transformiert, das ist die schwarze Göttin. Am Ausströmungspunkt steht die Göttin mit dem roten Mantel, die es wieder zurückschickt.

Auf dem Einströmungspunkt, der dort schon seit Jahrhunderten war, sollte ein Gleis gebaut werden, und deshalb schwankte die Einströmung. Wenn sich Menschen etwas ausdenken, steht es in der geistigen Welt schon da.

Es wirkt schon vor dem Bau? Für die Elementarwesen war also nicht der Bau, sondern die Planung das Problem, die sofort geistig in der Landschaft wirkt?

Genau. Wir haben den Transformationspunkt verlegt und stärkten so den Landschaftstempel. Letztlich ging das Geld aus, und die Trasse wurde nicht gebaut. Das war mein Einstieg in die Erdheilung. Die Elementarwesen forderten mich dazu auf.

Ist das noch öfters passiert?

Ja, einmal schaute ich auf die Wellen im Meer; die Kinder spielten im Sand, da kam ein Wasserwesen zu mir mit einer großen Bitte. Ein Schiff saugte Sand und warf ihn vor die Küste. Das Schiff arbeitete für Shell, die Gas förderten, so daß das ganze Wattenmeer nach unten sank. Die Elementarwesen waren in Not: »Wir konnen es nicht mehr halten!« Ich ging mit einer Gruppe zu diesem Wattenmeer, wir verstärkten den Transformationspunkt und brachten weitere Elementarwesen hin. Drei Monate später gab es eine Abstimmung im Parlament, ob weiter nach Gas gebohrt werden soll oder nicht. Wir machten noch einmal das Ritual. Zwei Politiker schlugen einen Bohrstopp für zehn Jahre vor, und sie setzten sich durch. Wir hatten die Landschaft gestärkt, und die Elementarwesen konnten durch die Politiker zehn Jahre Ruhe erreichen. Ich spürte, durch die Erdheilung können wir mitbestimmen. Hier gibt es natürlich die Gefahr der Manipulation, da man hinter dem Rücken des Bewußtseins von Menschen arbeitet. Deshalb warte ich auf Fragen, dann ist es im Einklang mit der geistigen Welt, und ich mische mich nicht mit eigener Willkür hinein.

Wie habt ihr den Transformationspunkt gestärkt?

Die Teilnehmer der Gruppe waren ausgebildet und konnten wahrnehmen, jeder auf eigene Weise. Als erstes gingen wir zum Einströmungspunkt und sangen die Stimmung des Moments, den Abglanz der Sphärenharmonie, den Takt und Rhythmus der Planeten und Tierkreiszeichen. So hörte der Landschaftsengel von Menschen, was er sonst vom Kosmos vernimmt. So kamen wir mit ihm in Kontakt, und wir fragen: Was wird hier benötigt? Mit dieser Frage gingen wir über das ganze Gelände, und wir spürten, daß der Transformationspunkt nicht gut gegründet war und mehr Erdkraft brauchte.

Diese Wahrnehmungen modellierten wir in Ton, und mit den Modellen gingen wir zu anderen Orten und fragten dort die Gnome: »Wollt ihr mitkommen, um den Transformationspunkt zu verstärken?« Viele Gnome kamen mit, die Tonmodelle wurden schwerer, und wir stellten sie rund um den Transformationspunkt. Ich arbeite gerne mit vergänglichen Modellen, da diese freilassend sind, die Elementarwesen können es aufnehmen oder nicht, dagegen könnte eine feste Installation zum Beispiel mit einem Stein zu zwingend wirken.

Nun formte jeder seinen Wunsch als Gebärde und wiederholte die Gebärde, damit diese im Gelände wirklich eingearbeitet wird. Dann tanzten wir Rhythmen, sangen die Gnomen an und untersuchten, ob noch etwas fehlt, zum Beispiel Wasserwesen für mehr Bewegung? Es fehlten höhere Feuerwesen. Wir zogen Feuerwesen durch Musik an, erstellten mit ihnen Tonmodelle, in die wir wieder unsere Wünsche einarbeiteten, und stellten auch diese um den Transformationspunkt. Wir schlossen die Arbeit mit dem Singen mehrerer Farben ab, die eine Art Ätherkristall bilden und den Transformationspunkt abschließen, so daß man erst nach einigen Jahren wieder hineinkommen kann. Wir arbeiteten immer bei Sturm und Regen, aber als wir fertig waren, brach der Himmel auf, und wir standen unter einem Regenbogen! Ich überprüfte die Arbeit nach drei Tagen. Der Transformationspunkt war nun eine gleichmäßige ruhige Flamme.

Singt ihr die Farben alle gleichzeitig oder nacheinander?

Es gibt vier Farben, zwei singen wir nacheinander und zwei durcheinander. Wir fangen mit Rot an, der Wärme und der Ich-Kraft, dann singt die Hälfte der Gruppe Rosa-Pfirsichblüten, das ist die Farbe des Ätherischen, die andere Hälfte singt gleichzeitig das sehr frische Grün des Frühlings, das heißt, wenn der Geist in die Seele fällt. Das ist sehr disharmonisch, einerseits schneidend, andererseits einhüllend, aber bringt Leben und Seele zusammen. Dann singen wir zusammen Kobaltblau. Wir singen also die vier Wesensglieder: Ich, Astralleib, Ätherleib und physischer Leib. Wir schließen ab mit der Farbe Malve, zwischen Indigoblau und Violett, das erzeugt einen Seelenschleier. Dann treten wir einige Schritte zurück und sehen, wie die Elementarwesen mit diesen Farben an die Arbeit gehen.

Gespräch mit Geistwesen

Wie nimmst du Elementarwesen konkret wahr?

Manchmal sehe ich Elementarwesen vor mir und fühle sie. Botschaften höre ich in Wörtern. Jedes Mal, wenn ich von der geistigen Welt etwas höre, frage ich: Stimmt das in meinem Herzen? An dem Klang in den Wörtern kann ich hören, ob es stimmt oder nicht. Wenn ich zweifle, frage ich: »Woher kommst du, bist du von Christus, bist du von Luzifer, bist du von Ahriman?« Dann müssen sie etwas sagen. Wenn sie nichts sagen, weiß ich schon genug.

Dann weißt du, daß sie nicht von Christus sind! Sagen die Wesen manchmal auch, ich bin von Ahriman oder Luzifer?

Ja, das müssen sie sagen.

Es ist für dich also nicht ausreichend, eine innere Stimme zu hören, sondern du willst immer die Quelle kennen?

Ich muß dabeibleiben, ich darf nicht weggedrückt werden. Beim Channeling stellt man oft das Ich an die Seite, das gefällt mir nicht.

Ich lasse ein Wesen durch mich hindurch wirken, aber bleibe der Chef.

Jeder Eindruck ist wichtig, ob inneres Wort, Klang, Gefühl, Körperempfindung oder inneres Bild. Man sollte immer offen sein und es mit dem Herzen abstimmen, ob es ein stimmiges Gesamtbild ergibt. Die Gruppenwahrnehmung ist für mich ein ganz wichtiger Prüfstein.

Bei einem Seminar in einer Schule kamen wir zu dem Schulengel. Dieser gab meinem Herz Schmerzen. Mein Zwerchfell zog sich zusammen, und im Magen war es mir übel. Ich fragte: »Gibt es hier ungelöste soziale Probleme?« Die Seminarteilnehmer erzählten davon, der Engel war wieder weg, und wir begannen an diesen Themen zu arbeiten. In diesem Fall stellte ich mich für den Engel nur zur Verfügung, dieser ging, als er nicht mehr notwendig war. Er hat nicht durch mich geredet, sondern mich fühlen lassen, was los war.

Wie bringst du dich in die Verfassung, Elementarwesen wahrzunehmen?

Nötig ist eine empfindliche Wachheit, ich versuche mein Herz zu öffnen, verbinde mich mit Liebe mit dem Gelände, und alles, was kommt, ist gut. Manchmal werde ich in eine Richtung gezogen, oder Baumwesen geben meinem Ätherkörper einen Schwung. Einmal will ein Wesen nur »Hallo« sagen, ein andermal wirklich etwas erzählen. Ich schaue es immer tiefer an und unterscheide. Ich habe gelernt, das Schwert des Verstandes in der Welt der Ätherkräfte anzuwenden.

Wie hilfst du Menschen, ins Erleben der Elementarwesen zu kommen?

Hochmut und Gedanken hemmen den Zugang zur Elementarwelt. Nur Gnome können mit unseren Gedanken etwas anfangen, aber sie finden uns dumm, denn sie haben kosmische Weisheit, wir nicht.

Ich führe die Menschen durch den Klang, Rhythmen oder Sprüche zu einem Empfinden der Elementarwesen, das ist halb bewußt im Herzen. Der erste Schritt ist Wahrnehmen. Dann modellieren wir die Erlebnisse in Ton und setzen sie künstlerisch mit dem Willen um. Erst im dritten Schritt kommt der Kopf, wir fangen zu analysieren an und fragen: Was haben wir wahrgenommen?

Manche Menschen sagen von vorne herein: »Ich nehme nichts wahr.« Ich sage: »Laß einfach deine Hände arbeiten.« – Sie machen etwas, wir sehen es an, es ist exakt das, was sie wahrgenommen haben! Beim ersten Mal noch nicht so klar, beim zweiten oder dritten Mal wird es immer ausgeformter. So wächst das Vertrauen in die eigene Wahrnehmung. Durch die künstlerische Tätigkeit öffnet man Wahrnehmungsorgane.

In der Geschichte des Paradieses stehen zwei Bäume, der Baum der Erkenntnis und der Baum des Lebens. Das ist das Urbild des ganzen Menschen. Der Baum der Erkenntnis ist der Astralkörper, der mit dem Nervensystem verbunden ist, durch das die Sternenkraft in den Körper hineinwächst. Der Baum des Lebens sind die Kundalinikräfte, die durch den Steiß hereinkommen, emporsteigen, und wo sie den Chakren begegnen, entstehen Knospen, Lotusblüten. Wenn man im Modellieren lernt, Äthergebärden wahrzunehmen, öffnet man die Lotusblätter langsam. Man übt, den eigenen Ätherkörper mit dem Astralkörper bewußt wahrzunehmen und wacht nach und nach in der Ätherwelt auf. Was man einmal wahrgenommen hat, bleibt in der Seele stehen, das nächste Mal kann man es einfacher erleben

Auflösung schwarzer Magie

In einer Familie in Rotterdam gab es Probleme: Der fünfjährige Sohn wurde sehr aggressiv. Der Vater arbeitete zuvor bei einer Frau und hatte gekündigt, worüber diese sich so ärgerte, daß sie mit schwarzer Magie anfing. Ich kam in das Haus und fand unter dem Stuhl in der Küche, wo der Junge oft saß, ein dunkles Wesen. Ich richtete meine Energie auf diese Verfinsterung, begrüßte das Wesen und ließ es reden. Es war ein Gnom, der geschickt wurde, um Unfug in das Haus zu bringen. Ich sagte zu ihm: »Warum machst du das, das gehört nicht zu deiner Freiheit, löse dich, gehe zurück zu dieser Frau und sage ihr, daß du nicht mehr für sie arbeitest. Dann bist du wirklich frei.« Ich habe den Gnom nicht gezwungen, sondern ihn selbst den Weg gehen lassen. Das machte er, und ich spürte, das Haus ist gereinigt. In der Familie gab es keine Probleme mehr.

Ich hatte aber einen Fehler gemacht. Die Mutter rief mich verzweifelt an, ihr Mann sei wieder unzufrieden, der Junge sei wieder aggressiv. Ich hatte von dem Gnom zu viel erwartet, denn die Magierin hatte ihn wieder eingefangen und zu der Familie zurückgeschickt. Ich schickte den Gnom wieder hinaus und sagte ihm: »Geh in den Wald!« Das Wesen fragte: »Was soll ich dort tun?« Das sagte ich ihm: »Ich will noch ein Musikinstrument aus Holz machen, in dem kannst du dann wohnen.« Das gefiel ihm gut. Seitdem wartet er in diesem Wald, er ging nicht mehr zurück zu der Frau, die schwarze Magie ausübte. Ich vermute, sie wußte nicht, daß sie einen Gnom zwang, sondern hat wohl nur halb bewußt ihr schwarzes Ritual gemacht.

Besonderheiten bei Elementarwesen

Sind Baumfaune fest im Baum verankert oder auch beweglich?

Ich habe es so verstanden, daß sie am Abend frei herumgehen können. Auch im Winter sind sie freier beweglich, da sie nicht so viel arbeiten müssen. Im Sommer bei schönem Wetter trompeten sie oft, bei schlechtem Wetter sind sie schläfriger. Ich fuhr einmal mit einem gemieteten Auto in Kalifornien in den Nationalpark, wo mit 3000 Jahren der älteste Baum der Welt steht. Ich fuhr durch diese riesengroßen Mammutbäume, und ich hörte noch Kilometer hinterher »W E L C O M E«, ganz tief und klingend. Ich war verwundert, ist das für mich? Am nächsten Tag bei der Rückfahrt schliefen die Faune und trompeteten nicht mehr.

Haben Elementarwesen ein Ich-Bewußtsein?

Es gibt drei große Gruppen von Elementarwesen. Erstens gibt es die Arbeiter, die Ausführer, die haben ein kindähnliches Bewußtsein, sind spielerisch und nur emotional. Die zweite Gruppe hat ein ich-ähnliches Bewußtsein im Astralkörper, und man kann sie als Ich-Wesen anreden. Die dritte, höhere Gruppe hat nicht nur ein ich-ähnliches Bewußtsein im Astralkörper verdichtet, sondern auch geistige Glieder, das sind engelähnliche Elementarwesen. Der Pan-Gott kann eine große menschliche Gestalt haben, kann sich aber auch aufspalten zu vielen kleinen Pan-Göttern, die in den Wäldern leben, er kann verschiedene Formen und Gestalten annehmen.

Wenn sich ein Elementarwesen in einem Menschen inkarniert, hat es zunächst keine Ich-Organisation und muß lernen, Leid und Mitleid zu entwickeln, da es kein moralisches Empfinden hat. Dann verdichtet es langsam seine Wärmeorganisation zur Ich-Organisation, und das Wesen verliert seine Unsterblichkeit. Das erzählen auch die Märchen. Das Elementarwesen kann dann Mensch bleiben und durch die Inkarnationen hindurchgehen. Es gibt im Moment viele Elementarwesen, die keine Aufgabe mehr haben, weil wir die Natur zerstören. Sie wollen weiterkommen, doch ihr Ort ist weg, manche inkarnieren als Menschen. Immer wieder begegne ich Menschen, die eigentlich Elementarwesen sind.

Jeder Mensch hat einen Schutzengel, haben solche Elementarwesen-Menschen auch einen Schutzengel?

Ich vermute, daß sie einen anziehen. Die Elementarwesen sind aus den Gedanken der höheren Engel entstanden, und die niedrigen Engel haben das geführt. Wenn sich ein Elementarwesen als Mensch inkarniert, kann ein Engel auch als Schutzengel mitgehen.

Wir sollten zusammen mit den Elementarwesen zu einem großen Bienenvolk werden

Jedes Mal, wenn wir uns mit Elementarwesen verbinden, können sie für uns in der Ätherwelt arbeiten. Sie können unsere Organe und Helfer werden. Wenn wir die Elementarwesen lenken, entwickeln sie sich, und auch wir entwickeln uns weiter zu Engeln.

Wir sollten die Elementarwesen in uns sammeln, befreien und wieder in die Ätherwelt hinausströmen lassen, so daß wir zusammen mit den Elementarwesen zu einem großen Bienenvolk werden, zu einem schöpfenden Wesen. Wir sollten nicht nur die Naturwesen aufnehmen, sondern auch die Kultur- und Technikwesen, ohne uns selbst zu verlieren.

Durch Singen und Musik kann man Elementarwesen an verschiedene Orte schicken. Sie gehen gerne, wenn man es aus Liebe tut. Wenn ich auf bestimmte Weise singe, ändert sich die Ätherwelt, sie reinigt und ordnet sich. Ich habe ein Lied für die Elementarwesen geschrieben, das »Lied für Werdung und Heilung der Erde«, das dauert zwei Stunden. Es ist ein sehr langes Lied, ich muß es vom Papier singen, ich habe es auf deutsch und englisch übersetzt. Ich singe und spiele Gitarre. Wenn wir es in einer Gruppe in die Erde hineinsingen, improvisieren die anderen dazu. Es handelt von der Entwicklung des Kosmos vom alten Saturn, über den alten Mond, die alte Sonne zur heutigen Erde, wie die Engelwesen alles ausgearbeitet haben und wie die Widersacherwesen darin ihren Platz gefunden haben. Als ich dieses Lied das erste Mal sang, erschütterte das die Elementarwesenwelt: »Laß doch diese Gegenkräfte draußen!« Erst hatten sie Angst davor, jetzt haben sie Hunger danach. Sie verstanden, daß ich ihnen Werkzeuge geben wollte, mit denen sie das Böse ansehen und damit arbeiten können. Und seitdem nehmen sie es auf, saugen es auf, das fühle ich. Ich singe dieses Lied in die ganze Erde und versuche Keime zu legen, damit die Untersphären umgestaltet werden.

Untersphären, Engel und Elementarwesen

Was sind die Untersphären?

Jedes Mal, wenn die menschliche und die irdische Entwicklung etwas weiterging und die Götter und die Engel ein Stück unserer Wesensglieder schufen, den physischen Körper, den Ätherkörper usw., entstand zur gleichen Zeit auch eine Schattenwelt mit gefallenen Engeln, die nicht mitgekommen sind. Diese sind in die unterirdischen Schichten gebannt und so mit der Erdentwicklung verbunden. Es gibt neun hierarchische Engelssphären bis zum Sternenhimmel, und so gibt es auch neun Schichten bis zum Erdkern, das sind Spiegelungen. Wenn die geistige Welt sich etwas ausgedacht hat und neue Elementarwesen entstanden sind, haben sich die Gegenengel auch etwas ausgedacht, und es sind Gegenelementarwesen entstanden.

Man kann die Erdinnensphären so mit den Wesensgliedern des Menschen und den Engelshierarchien in Beziehung setzen:

1. Mineralische Erde – Physischer Körper – gefallene Engel (Angeloi)
2. Flüssige Erde – Ätherkörper – gefallene Erzengel (Archangeloi)
3. Lufterde – Astralkörper – gefallene Zeitgeister (Archai)
4. Formerde – Das Ich und Empfindungsseele – gefallene Geister der Form (Exusiai)
5. Fruchterde – Verstandes- und Gemütsseele – gefallene Geister der Bewegung (Dynamis)
6. Feuererde – Bewußtseinsseele – gefallene Geister der Weisheit (Kyriotetes)
7. Erdspiegel – Geistselbst – gefallene Geister des Willens (Throne)
8. Zersplitterer – Lebensgeist – gefallene Geister der Harmonie (Cherubim)
9. Erdkern – Geistesmensch – gefallene Geister der Liebe (Seraphin)

Diese Namen für die Erdinnenschichten stammen von Rudolf Steiner.

Erste Erdinnensphäre – Mineralische Erde

Die mineralische Erde geht einige Kilometer in die Erde, wir kennen sie am besten und laufen auf ihr herum. In diese sind die Gegenengel hineingebannt. Die normalen Engel, die Schutzengel, lassen uns eine Biographie formen. Wenn die Engel nach innen schauen, erleben sie die geistige Welt, wenn sie nach außen schauen, offenbaren sie das in unserem Astralkörper, soweit sie durchkommen. Die normalen Engel spiegeln wahrhaftige geistige Bilder in unseren Astralkörper; wir sollten uns danach richten. Die gefallenen Engel erzeugen auch Bilder in uns, sie sind aber nur auf das Physische ausgerichtet. Die toten und abstrakten Gedanken sind der Abglanz der gefallenen Engel, daran entwickeln wir das Verstandesdenken an der Gehirnrinde. Wir können aber auch die lebendigen Urbilder in die Gedanken bringen, an der Gehirnrinde vorbeigeben, und kommen so zum Geistselbst, zum Engelbewußtsein.

Heißt das auch, daß man in der mineralischen Erde entsprechende Elementarwesen findet, die die abstrakten Gedanken tragen?

Ja. Als im 18. Jahrhundert in Deutschland angefangen wurde, das Eisenerz auszugraben, gab es »widerspenstige Elemente«, so hat man es genannt, das sind die Kobolde. Die normalen Erdgnome tragen die Gedanken der normalen Engel. Die Spiegelung der Gnome sind die Kobolde, die von den gefallenen Engeln mit abstrakten Gedanken inspiriert sind und damit tricksen. Das zeigt sich zum Beispiel in der chemischen Medizinherstellung. Man holt vom Erdöl die Ringstruktur, das ist nur Kohlenstoff, der Träger des Physischen. Wasserstoff ist dabei, das ist der Träger des Geistes und der Wärmestruktur. Aber es ist kein Sauerstoff dabei, das ist der Träger des Lebens, das Leben ist heraus. Daran werden Gruppen von Stickstoffverbindungen gebunden, der Träger der Seele, und man bekommt die pharmazeutischen Mittel, die zwanghaft sind. In diesen Medikamenten stecken diese Kobolde, diese gefallenen Erdwesen, manchmal sind es auch gefallene Lichtwesen.

Was ist unsere Aufgabe mit diesen gefallenen Engeln und Elementarwesen?

Man kann sie umgestalten, innerlich an das Herz nehmen und fragen: »Kannst du nicht auf andere Weise arbeiten?«

Zweite Erdinnensphäre – Flüssige Erde

Was ist die nächste Schicht?

Die zweite Schicht ist die flüssige Erde, die äußert sich in Magma. Da fließen die Gesteine, und durch die Hitze wird das Leben herausgetrieben. Das findet man in der festen Erde wieder als die Erdöle, in denen es auch keinen Sauerstoff gibt und wo das Leben herausgetrieben ist. Um 1870 hat man in Texas angefangen, das Erdöl nach oben zu holen, das war zum Beginn des michaelischen Zeitalters, als der Erzengel Michael zum aktuellen Zeitgeist wurde. Seitdem kommen die Drachenwesen, die Urreptilien wieder in das Bewußtsein der Menschen, im Erdöl liegen die Kräfte der Riesenreptilien gespeichert.

Diese Schicht der flüssigen Erde gehört zu den gefallenen Erzengeln. Normale Erzengel führen und inspirieren Gruppen von Menschen aus der geistigen Merkursphäre. Gefallene, ahrimanische Erzengel tun das auch, man findet sie zum Beispiel in vielen Betrieben und Organisationen mit hierarchischer Ordnung, wo nach unten getreten und nach oben genickt wird und es kein Herzensorgan gibt, in dem man sich begegnen könnte. Eine anthroposophische Unternehmensberatung hat die Mitarbeiter von großen Konzernen malen lassen: Was ist das Wesen, das euch begegnet, wenn ihr zur Arbeit geht? Viele malten Drachen! Ich kenne die Äußerung eines Shell-Managers, daß sich wenig ändern würde, wenn er etwas tue, weil er sich wie auf dem Rücken eines langsam und träge sich fortbewegenden Brontosaurus fühle.

Die Erdölindustrie ist also das physische Ebenbild dieser gefallenen Erzengel!

Ja, es gibt sie aber auch in anderen Unternehmen. Ich schlief einmal in der Praxis eines befreundeten Therapeuten. Da kam von hinten ein reptilartiges männliches Wesen auf mich zu, ganz vorsichtig, ganz zart, das mich gerne kennenlernen wollte. Ich habe es seinen Weg gehen lassen und konnte es ein wenig beobachten. Es war ein sanftes Wesen, dünn und licht in den Farben, trotz seiner etwas merkwürdigen und knotigen äußeren Erscheinung. Beim Reflektieren über ihn am folgenden Tag wurde mir klar, daß ich es hier mit einem jener Engel zu tun hatte, die mit Ahriman verbunden waren. Nachdem der Kampf in den Geisteswelten verloren war, wurde er auf die Erde verbannt. Jetzt war er ein Erzengel der Praxis und konnte auf diese Weise einen Entwicklungsweg gehen.

Diese gefallenen Erzengel wollen oft zum Zeitgeist werden, zum Beispiel durch die multinationalen Konzerne. Ich war einmal in der Wüste Sinai bei einem Beduinen im Zelt, und was hat er mir vorgelegt? Eine heilige Bierflasche und eine heilige Coca-Cola-Flasche! Da strebt ein Erzengelwesen zum Zeitgeist.

Was für Elementarwesen gibt es in dieser zweiten Erdschicht?

Da sind gefallene Undinen, die nicht in Freiheit wirken, sondern zwanghaft und mechanisch. Diese findet man auch im Sozialen. Alles wird organisiert, strukturiert, das Leben geht heraus, darin sind die mechanischen Wasserwesen. Diese kommen hoch und inkarnieren sich in menschlichen Organisationen. Eigentlich wollen sie, daß wir sie durchchristen und Begegnungsorte in Betrieben und Organisationen schaffen. Durch Begegnungen können wir diese Wesen wieder in den Lebensprozeß bringen, dann können sie gut für uns arbeiten. Es geht um menschliches Interesse, nicht um Funktionalität.

Aus dieser Schicht kommen auch die Ufowesen, die sogenannten Außerirdischen. Das sind von Ahriman erfaßte, gefallene Elementarwesen, die uns glauben machen, daß sie von außerhalb der Erde kommen. Sie sind in ihrem Ätherkörper verhärtet, können sich nicht mehr fortpflanzen und kommen langsam in die 8. Sphäre. Deshalb müssen sie sich von Menschen und Tieren Kräfte und keimfähige Zellen nehmen.

Was ist die 8. Sphäre?

Damit ist ein Bereich außerhalb des Kosmos gemeint. Alles, was aus den neun Erdinnenschichten nicht erlöst wird, geht irgendwann einmal in diese 8. Sphäre. Unser Universum entwickelt sich in sieben Zuständen oder Inkarnationen der Erde, Rudolf Steiner nannte das Saturnzustand, alte Sonne, alter Mond, Erde mit Mars- und Merkurhälfte, Jupiter, Venus und Vulkanzustand, in dem dann alles vergeistigt ist und wir Menschen bewußte Mitschöpfer des Universums werden. Alles was sich in diese sieben Zustände nicht einfügt, landet in der 8. Sphäre als unverbesserliche Schlacke.

Sind diese Ufowesen auch physisch?

Es gibt einige, die sind physisch verdichtet. In Amerika hatte ich einmal den Impuls, etwas für die gefallenen Elementarwesen zu tun, und ich schrieb ein Lied. Mir wurde gesagt, bei einem großen See zwischen Nevada und Kalifornien seien viele Ufo-Basen. Es war Winter, klarer Himmel ohne Wolken, ich sang das Lied, es bildeten sich drei Wolken, und ich hörte ein metallisches Schild vom Berg in den See fallen, Verhärtungen der Ufowesen fielen ab. Ich habe in dem Lied durch bestimmte Rhythmen den Ufowesen klarzumachen versucht: »Löst euch von Ahriman, entwickelt eure Seele!« Die Ufowesen selbst haben einen mechanisierten Rhythmus, die Pop-Musik mit dem mechanisierten Schlagzeug ist davon inspiriert.

Die Ufowesen haben keine reguläre Seelenentwicklung durchgemacht und nehmen gern unsere ungeläuterten Gefühle als Ernährung. Sie reflektieren unsere verdrängten Seiten. Wir suchen oft den Schuldigen im Außen, um von uns selbst abzulenken, deshalb erscheinen die Ufowesen ganz im Außen und geben sich als Außerirdische aus. Sie wurden früher, teilweise in Atlantis, von Sorat und Ahriman getäuscht und in ihrer Entwicklung abgelenkt. Wir Menschen können ihnen das Göttliche wieder entgegenbringen, so daß sie wählen und sich dafür entscheiden können, sich wieder in die fortschreitende Entwicklung der Menschen zu integrieren und ihre Seele zu entwickeln.

Die Ufowesen siehst du also als gefallene Elementarwesen der zweiten und dritten Erdinnenschicht, die hochkommen, um Lebenskräfte abzusaugen, die sie unten nicht mehr erhalten. Eigentlich hoffen sie auf Erlösung, aber sie spiegeln falsche Bilder vor.

Dritte Erdinnenschicht: Lufterde

Was ist die dritte Schicht?

Das ist die Lufterde, die mit unserem Astralkörper zusammenhängt. Die normalen Zeitgeister schulen aus der geistigen Venussphäre unsere Astralkörper so, daß eine Persönlichkeit entsteht. Die Entstehung der Anthroposophie ist eine Zeitgeisterscheinung, genauso wie das Gepräge der 20er Jahre, der 30er Jahre, der Studentenrevolution usw. Das sind Einprägungen der Zeitgeister, damit wir unsere Seele persönlich machen. Die Gegen-Zeitgeister machen das auch, dann kommt man zu McDonald's und den multinationalen Konzernen. Jeder muß Benetton-Kleidung und Nike-Schuhe tragen. Jeder muß ein Auto mit Öl fahren. Die Idole sind oft leere Hüllen, wie Michael Jackson oder Madonna, die etwas vertreten, was sie nicht selbst sind.

Gibt es auch eine Gruppe von Elementarwesen in der dritten Schicht?

Die gefallenen Zeitgeister führen das aus, was von den gefallenen Geistern der Form kommt, und so entstehen gefallene Gnome. Diese findet man in allem, was zur Form wurde, aber nicht wirklich aus dem Geist heraus ist. Autos werden immer mehr zu Insekten.

Vierte Erdinnenschicht: Formerde

Die normalen Formgeister, die Elohim, haben die Erde aus einer geistigen Einsicht geformt. Die Gegen-Formgeister aus der vierten Erdinnenschicht wollen das Paradies auf Erden schaffen, aber in einer verfrühten und äußerlichen Form. Mit Handys und Telefon haben wir die Telepathie verfrüht und physisch, mit dem Fernsehen haben wir das imaginative Bildbewußtsein, aber es sind nicht die eigenen Bilder. Dieses Paradies auf Erden heißt, uns wird alles von außen geschenkt, was wir eigentlich aus eigenen Kräften entwickeln sollten. Geistige Kräfte werden in physische Kräfte umgewandelt, wir sitzen zum Schluß nur noch im Sessel, Roboter bedienen uns, und wir werden dick und fett. Oder die Roboter wachsen nach innen, und man wird ein Cyberman, ist über Elektroden an die

Weltcomputer angeschlossen und weiß alles. Wenn man nicht kräftig genug ist, läßt man sich neue Arme oder Beine einbauen und wird zu einem Rambo, der alles kann und alles weiß, aber keine Weisheit hat. Das ist die Vision dieser Erdschicht. Der Geist wird an den Rand gedrängt, alles wird zum Nutzen. Unsere ganze Technik ist nur für den Nutzen da. Die Organtransplantation und Gentechnik kommt von den Gegen-Formgeistern, die uns das Paradies auf Erden schaffen wollen, aber viel zu früh.

Fünfte bis achte Erdinnenschicht

Die fünfte Sphäre, die Fruchterde, ist die Kraft hinter der Formerde. Die gefallenen Geister der Bewegung erzeugen schießende Pilzkräfte, die in allem stecken, was zu schnell wächst: etwa in der Computerindustrie, in den Idolen und in den Wolkenkratzern. Diese Pilzkräfte stecken auch im Bankenwesen, wo Geld durch Nichts geschaffen wird und nur Kraft hat, weil viele Menschen daran glauben. Die Kraft der Gegen-Dynamis ist ungerichteter Wille, man stellt etwas hin, stellt es aber nicht in Frage. Die Gegen-Formgeister der vierten Sphäre verwenden diese Kräfte, um eine leere Kultur zu schaffen.

Aus der sechsten Erdinnenschicht, der Feuererde, kommen die Erdbeben und Vulkanausbrüche. Das sind die Gegen-Weisheitsgeister, sie haben nur Wille und Empfindung, aber keine Weisheit. Von diesen kommen alle Ideologien, alle »Ismen«, die den Mensch unselbständig machen und den Ätherkörper verhärten. Was die Kirche uns erzählt hat, was die Eltern uns erzählt haben, alle feste Meinungen und Normen, Sozialismus, Faschismus usw. verhärten den Ätherleib.

Die siebte Schicht ist der Erdspiegel mit den gefallenen Thronen. Die normalen Throne, Geister des Willens, haben aus der geistigen Sphäre des Saturns ihre Willenswärme geschenkt, und daraus ist der ganze Kosmos entstanden. Die Wärme hat sich differenziert in Licht und Luft, Wasser und Erde. Das sind die Verdichtungen der regulären Willensgeister. Jeder Geist, der nach innen sieht, sieht die geistige Welt, und wenn er nach außen geht, offenbart er diese in Bildern oder Tönen.

Der Erdspiegel ist das Gegenteil, die Sphäre des Luzifer, hier wird der Wille umgekehrt und bleibt in sich. Das heißt, du sagst etwas zu mir, ich vertraue dir aber nicht und höre ganz etwas anderes, als du sagst. Das geschieht dort. Luzifer hat den kosmischen Willen, der durch die Menschen strömen sollte, nach innen gekehrt und hat gesagt: »Macht Eigenlicht, werdet selbst bewußt!« Deswegen haben wir unser kritisches Weltbild: Ich bin hier, und du bist dort, du bist mein Umkreis, und für dich ist es umgekehrt. So sind wir in uns abgeschlossen mit der Gefahr, daß wir alles in uns hineinziehen.

Das heißt, der kosmische Wille wird umgekehrt, wird nur noch mein persönlicher Wille, und ich falle aus der Welteinheit heraus?

Ja.

Aber Christus ist doch auch ein umgekehrter Wille: Nicht mein Wille, sondern dein Wille geschehe, nicht Ich, sondern Christus in mir?

Christus hat den durch Luzifer umgekehrten Willen wieder zurück umgekehrt. Christus ist die Umkehr des Erdspiegels und hat vor 2000 Jahren Luzifer überwunden.

Die achte Erdinnenschicht heißt Zersplitterer, dort wohnen die Gegen-Cherubim. Die normalen Geister der Harmonie regulieren und verbinden, sie erzeugten den Raum des Tierkreises, in den die Throne ihre Willenssubstanz ausgießen konnten. Sie stimmen die Bewegungen, die darin entstehen, aufeinander ab, und erzeugen so Harmonie. Ihre Gedanken brachten die Bewegungen von Erde, Mond und den Planeten heraus. Doch die Gegen-Cherubim zersplittern die Harmonie. Im Sozialen erlebt man diese Zersplitterung oft. Da ergreifen die Gegen-Cherubin Ahriman, der das Geistige in den Gegenständen und Substanzen umwandelt.

Aus allen diesen Erdsphären kommen weltfremde Elementarwesen. Bei Atomkraftwerken kann man tief gefallene Elementarwesen finden, die implodiert sind und aussehen wie Heuschrecken, grausam. Wir versuchten diese wieder hochzubekommen, und sie waren sehr froh. Es gelang aber nicht immer, sie sind so implodiert, so aus ihrer Kraft. Das wirkt sich auf einen weiten Umkreis aus. Frankreich ist voll von Atomkraftwerken, die Rhone mit sieben AKWs ist tot, der Fluß hat keine Kraft mehr. Da kommen gefallene Elementarwesen heran, die kaum mehr zu dieser Welt gehören.

Neunte Erdinnenschicht: Erdkern

In der neunten Sphäre, dem Erdkern, findet man drei Dinge, zum Glück! Erstens ein Gegen-Seraphim. Die normalen Seraphim, die Liebesgeister, haben den Auftrag, das göttliche Liebesfeuer soweit zurückzuhalten, daß nicht alles verbrennt. Ein bißchen lassen sie durch, das sind die sichtbaren Sterne. Die Sternbilder sind Geistkolonien des göttlichen Schöpfungsplanes. Wenn wir diese Sternenkräfte aufnehmen und ausarbeiten, werden sie zu unseren Idealen und helfen, den göttlichen Plan zu realisieren. Die Seraphim halten die Urideen des Schöpferplanes, der noch von außerhalb des Kosmos kommt.

Der Gegen-Seraphim, der sich zeigen kann wie ein Drache, wollte auch an der Schöpfung mitarbeiten, aber seine Liebestaten wurden von Gott verneint und abgelehnt. Seine Liebessubstanz hat sich in Bitterkeit und Haß verwandelt. Er ist kein Liebesengel mehr, sondern Haßengel und Ursache der schwarzen Magie. Luzifer dreht den Willen um, durch den Gegen-Seraphim kommt das zur Auswirkung, alle Kämpfe auf der Erde sind so entstanden. Luzifer und Ahriman sind nur seine Helfer. Luzifer erzeugt die Selbstheit, der Gegen-Seraphim versucht, aus seinem Haß heraus, das Ich zu zersprengen. Er ist die Kraft der reinen Zerstörung und Panik, es geht gar nicht mehr um Macht in dem Sinne: Ich will etwas beherrschen und formen. Er will das Ich zerstören. Der Gegen-Seraphim wird aber gehütet von der Mutter Erde, von Sophia, die ihn zähmt, seine Wege gehen läßt, aber nur so weit, daß sie die Erde nicht sprengen.

Ist das Sorat, der mächtigste Widersachergeist, das Tier der Apokalypse?

Nein, zum Glück ist es nicht Sorat, es ist ein Gegen-Seraphim. Sorat kommt nicht herein in die Erde. Er kam von der Sonne bis zur Erde und wirkt heute bis auf die Erdoberfläche. Er wäre gerne bis zu seinem Bruder im Erdkern gekommen, doch da ist die Hemmung durch die Mutter Erde und die Menschen, die sich 1998 bei der großen Sonnenfinsternis dagegengestellt haben. Er hat einen ähnlichen Auftrag. Zum Glück sind es unterschiedliche Wesen.

Was ist die Mutter Erde?

Man kann sie als eine riesenhafte Frauengestalt sehen. In den Essener-Schriften wird sie beschrieben als Hure und Heilige. Je nachdem, woher man gerade kommt, sieht man sie. Ich sah sie einmal wie eine Jugendstilfrau, sehr hübsch mit Krone. Manchmal redet sie durch mich mit einer tiefen Stimme. Sie ist von oberhalb des Kosmos, hat diesen mit geschaffen, ist aber durch die Erdinnenschichten verschleiert. Durch die Untersphärenarbeit können wir Schritt für Schritt diese Schleier der Verfinsterung heben. Sie wartet darauf, daß wir mit Christus, der Ich-Kraft, durch die Erdinnenschichten wandern und ihr begegnen. Auf diesem Weg können wir die gefallenen Wesen erlösen, wenn sie mitkommen wollen, und bekommen Einsicht, wie es auf der Erde wirklich zugeht.

Hat die Mutter Erde mit dem Gold der Erdmitte zu tun?

Ja, das behütet sie, das ist das künftige Jerusalem, die nächste Erdinkarnation, die Jupiter-Erde. Da liegen alle unsere höheren Fähigkeiten, Geistselbst, Lebensgeist und Geistesmensch. Das alles ist dort von Gold umflossen und wird von ihr behütet. Das ist das dritte, was man im Erdkern erlebt. Der Gegen-Seraphim kommt dort nicht heran. Das neue Jerusalem und Shambala sind dasselbe. Was wir auf der Erde tun, gelingt nicht immer, aber die Tat, daß wir es versuchen, geht zu Shambala und wird die Kernkraft für die Zukunft, ungeachtet ob es gelingt oder nicht. Shambala, das flüssige Gold der Erde, wird immer größer, je nachdem, wie wir Menschen uns verhalten. Das drückt sich auch im Tierkreis aus.

Wenn im Erdkern das flüssige Gold mit der Zukunftssubstanz der Erde steckt, müßte von dort viel Positives kommen. Es gibt also die kollektiven Schatten in den Erdinnenschichten und gleichzeitig die Erlösungskraft.

Heute hat sich jeder, der hier ist, vorgenommen, durch den Schlamm der Erde zu gehen und diesen umzugestalten, sonst wäre man nicht inkarniert. Man kann die Jakobsleiter nach oben in den Himmel bauen, man kann sie aber besser nach unten durch die Erdinnenschichten bauen, da spiegelt sich das Höhere hinein, und die Erde wird gereinigt. Man sieht natürlich nicht jedes Mal das Gold und die Mutter Erde, im Alltag hat man nur ein Erinnerungsbild. Beim Abschluß unserer Arbeit in den unterirdischen Sphären bitte ich Mutter Erde: »Kannst du diese goldene Kraft des Shambala nach oben nehmen, wie ein Gewebe zu den Orten, an denen wir arbeiten, so daß auch andere Menschen den Weg finden können?«

Ist Christus auch im Erdkern?

Nein, noch nicht. Er muß warten, bis Ahriman im Laufe dieses Jahrtausends seine Inkarnation auf der Erde gehabt hat, das sind kosmische Verabredungen. Christus darf noch nicht in die letzten zwei Sphären hineingehen. Er ist überall und kam am Karsamstag bei der Höllenfahrt bis zur siebten Sphäre. Deshalb fühlt man, wenn man in die achte Sphäre hineingeht, daß es eine unbehütete Sphäre ist. Wenn wir in einer Gruppe hineingehen, sind wir durch die Gruppe behütet, es gibt aber auch Menschen, die dort eine sehr tiefe Angst erleben und dem Tod begegnen.

Erduntersphärenarbeit

Was ist die Erduntersphärenarbeit? Für einen Zeitgenossen hört es sich phantastisch an, daß es diese Schichten gibt, man dort erlebend hineingehen und sogar damit arbeiten kann!

Bei tieferen Verletzungen, zum Beispiel durch Krieg, reicht eine einfache Landschaftsarbeit nicht. Wir waren in Verdun; ich gehe auch jedes Jahr in ein Konzentrationslager; da ist Untersphärenarbeit nötig.

Was tun wir dabei? Wir singen beim Einströmungspunkt, kommunizieren mit dem Landschaftsengel, schauen uns auf dem Gelände um, nehmen alles in uns auf und reden darüber. Wenn der Ort will, daß wir dort arbeiten, suchen wir den Transformationspunkt und gehen Schritt für Schritt in die Untersphären hinein. Dazu beschreibe ich, was in diesen Sphären los ist, wie man das in der Gesellschaft und unserem Leben finden kann, welche Elementarwesen gefangen sind und was wir davon auf dem Gelände schon empfunden haben. Damit ist das Denken ausgerichtet.

Nun geht es darum, unsere Ätherkörper auf die jeweilige Schicht einzustimmen. Ich habe für jede Erdinnenschicht einen rhythmischen Spruch, den ich dreimal hintereinander singe. Wir laufen um den Transformationspunkt passende Rhythmen und empfinden deren Gebärden. Dann sage ich den Teilnehmern: »Wenn ihr ein innerliches Bild bekommt, fangt langsam improvisierend zu singen an, singt euch in die Sphäre hinein, öffnet eure Seele, ihr könnt dort Wesen begegnen oder etwas von euch selbst, was dazugehört. Wenn ihr Elementarwesen oder Engel trefft, fragt diese, ob sie sich umgestalten wollen.« Man singt sich erst in die Grausamkeit ein, es kommen Engel der höheren Hierarchien zur Hilfe dazu, und man spürt, ob man etwas umgestalten kann. Das braucht Zeit. Wenn alles ausgeklungen ist, sprechen wir darüber.

So arbeiten wir meistens an einem oder zwei Tagen alle neun Sphären durch. Am Ende macht jeder eine Ton-Skulptur mit seinen Wahrnehmungen und bringt seinen Wunsch für das Gelände mit hinein. In dem Wunsch steckt die Liebeskraft, das fünfte Element, die Quintessenz, was der Christus uns bringt, die Umgestaltung des Kosmos der Weisheit zum Kosmos der Liebe. Wir stellen die Modelle hin, machen dazu Gebärden, sprechen die Wünsche aus, und es gibt immer einen sehr großen Kreis von Elementarwesen, auch aus der weiteren Umgebung, die das mit bewegen und die Quintessenz aufnehmen. Wir schließen mit dem Singen der Farben ab und kontrollieren den Ausströmungspunkt. Tote, die an den Orten hängen, sammeln sich und erleben mit, was an dem Ort eigentlich passiert ist, und viele können sich allein dadurch lösen und weitergehen. Zum Beispiel konnten sich so in Auschwitz unzählige gebundene Seelen befreien.

Singt jeder einzeln, oder singt ihr als Gruppe zusammen?

Je nach dem, es braucht nicht immer zusammen zu sein. Im KZ Bergen-Belsen sind die Menschen nicht systematisch vergast worden, sondern man ließ sie verhungern. Das heißt, daß sie am Ende des Lebens gar nicht mehr mit dem Ich dabei waren. Die letzten Tage liefen sie nur noch herum, haben sich nicht mehr um Essen oder Kleidung bekämpft, sondern haben sich verloren. Die Folge davon war, daß ich Nicht-Ich-Menschen begegnete, zombie-ähnlichen Menschen. Beim Singen waren wir als Gruppe nicht zusammen. Ich versuchte zunächst mit einem Gruppenritual den Gesang zusammenzubringen, was mißlang; ich mußte es einfach loslassen. In dem Moment, wo jeder ganz mit seinem Ich darinnen stand, wurden wir eine Gruppe, und es lösten sich Sachen. Das gehörte zu diesem Gelände, daß die Ichs nicht zusammenfinden.

Seid ihr geschützt, wenn ihr in die unterirdische Schichten geht?

Die Teilnehmer haben schon vorher Ausbildungen gemacht, und ich achte darauf, daß sie ein kräftiges Ich haben. Ich sage immer, das ist Hochschularbeit und hat Folgen. Ein Schweizer, verheiratet mit Kind, bekam vier Monate nach der Arbeit Selbstmordneigungen wie in seiner Jugend. Ihm wurde klar: »Das gehört nicht zu mir, das ist ein Wesen, das ich von Buchenwald mitgenommen haben.« Als ihm das bewußt wurde, wir telefonierten auch darüber, ging das Wesen weg. Wenn ich selbst zu viel Negativität aufgenommen habe, gehe ich ins Meer, um es abströmen zu lassen.

Durchseelung der Untersphären-Elementarwesen

Vor einigen Monaten freundete ich mich mit einem Elementarwesen aus der flüssigen Erde an, das seither in meiner Aura lebt. Am Anfang konnte ich nicht mit ihm kommunizieren, und es machte nur Schwimmbewegungen. Gurgel aus der Unterwelt, so nenne ich es, macht seitdem alles höchst interessiert mit, und zwischenzeitlich erreiche ich es mit dem Herzen.

Ich denke, dieses Wesen füllt jetzt seine Seele auf. Das meinte ich auch mit den Ufo-Wesen; sie sollten ihre Seele entwickeln, damit sie wieder in die normale Entwicklung kommen. Gurgel konnte vorher nur Schwimmen, das sind nur Äthergebärden, es hat jetzt seine Seele entwickelt und du kannst ihm begegnen.

Wenn nun viele dieser Unterweltwesen einen Durchseelungsprozeß durchmachen und wieder in die Wassererde hineingehen, würde diese ganz verwandelt werden, was in unsere Lebenssphäre hochstrahlen müßte. Ich kann mir diese Welt noch gar nicht vorstellen, die Pflanzen würden anders wachsen, das soziale Leben würde anders ablaufen, wenn die Wassererde umgestaltet ist. Dasselbe müßte für die anderen Erdinnenschichten auch gelten.

Ja, da sind sehr große abgeschnittene, uns unbekannte Elementarwesenreiche, die nicht durchseelt und an unsere Lebenswelt angeschlossen sind.

© Adriana Bijman

26. Dorothy Maclean

Kontakt mit Pflanzendevas und Landschaftsengeln

Die Unterweltwesen, von denen Nicolaas de Jong erzählt, sind ein Zukunftsthema. In hundert Jahren wird das allgemein bekannt sein, heute befremdet es vielleicht noch manchen. Die Zeiten ändern sich. Vor fünfzig Jahren waren viele befremdet, wenn von Naturwesen, Pflanzendevas und Engeln gesprochen wurde, wie es Dorothy Maclean tat. (1) Sie war eine der drei Begründer von Findhorn. Diese spirituell-ökologische Gemeinschaft im Norden Schottlands ist heute ein Ökodorf mit einigen hundert Menschen. Findhorn wurde weltweit durch riesengroße Kohlköpfe bekannt, die dank der Kommunikation mit den Pflanzendevas auf Sandboden heranwuchsen, und zu einem Sym bol für eine spirituell suchende Jugend. Dorothy Maclean lebte später lange in Nordamerika und zog 2009 wieder zurück nach Findhorn, um dort ihre letzten Jahre zu verbringen. So konnten wir sie im hohen Alter von 90 noch treffen.
(Kontakt zu Findhorn: www.findhorn.org)

Dorothy, ihr habt in Findhorn ab 1962 begonnen, mit den Naturwesen zu kommunizieren. Ich habe mit sehr vielen Menschen gesprochen, die den Kontakt zu Elementarwesen pflegen und habe sie gefragt: »Wie bist du dazu gekommen, wer hat dich dazu angeregt?« Wenn ich die einzelnen Fäden von Mensch zu Mensch zurückverfolge, taucht meistens Findhorn als ein Startpunkt auf. Millionen wurden direkt oder indirekt davon inspiriert. Hattet ihr das als Vision?

Nein, wir machten nur Schritt für Schritt im Einklang mit der Göttlichkeit in uns. Peter und Eileen Caddy und ich verbrachten zehn Jahre zusammen, bevor wir nach Findhorn kamen, und trainierten die Verbindung zu dem »Gott im Innern«, wie ich es nenne. Wir meditierten dreimal am Tag. Meine Definition von Gott ist die Lebenskraft in allem und jedem. Gott ist im Innern und Gott ist Liebe. Dieses Prinzip ist ganz einfach, die Praxis ist es nicht, denn man muß sich komplett hingeben. Wir hatten keine Vision, sondern nur die Verpflichtung zu dem inneren Kontakt. Der Kontakt zu den Naturgeistern fand erst nach diesen zehn Jahren intensiver innerer Arbeit statt.

Wie begann es dann?

Der Kontakt entstand, weil wir im Wohnwagenpark in Findhorn waren, ohne Jobs und mit sehr wenig Geld. So begannen wir einen Gemüsegarten anzulegen, allerdings war da nur Sand und Kies, und das Gemüse wuchs recht kläglich. Mir wurde in einer Morgenmeditation gesagt, ich solle mich mit der Natur verbinden. Alles in der Natur, jede Pflanze und jedes Gemüse, habe eine hohe Intelligenz. Ich dachte, das ist albern, ein Gemüse hat doch kein Gehirn. Doch ich versuchte es und kam in Kontakt mit den Seelen der verschiedenen Gemüsearten. Dabei höre und sehe ich nichts, sondern bekomme einen Gedanken und muß die passenden Worte finden. Ich erzählte das Peter, und er schrieb eine enorme Liste von detaillierten Fragen auf, die ich stellen sollte. Und so bekamen wir viele hilfreiche Hinweise für die Gartenarbeit, und das Gemüse wuchs prächtig.

Um in Kontakt zu kommen, muß ich mich immer zuerst mit dem Gott im Innern einstimmen. Ich richte also mein Gottselbst auf das andere Gottselbst aus, und zwar nicht auf eine individuelle Pflanze wie zum Beispiel ein einzelne Rose, sondern auf die Art. Wenn ich mich auf eine Rose einstimme, dehne ich meine Energie aus und erreiche die Überseele aller Rosen auf dem ganzen Planeten, die Rosen-Deva, und dann lasse ich sie zu mir sprechen oder stelle ihr eine Frage.

Warum sagst du Deva?

Das Wort kommt aus dem Sanskrit und bedeutet »das Strahlende«. Ich benutze es, weil es für uns ein Wort ohne Vorprägungen ist und uns frei läßt. Wenn ich Engel sage, hat man Flügel, Locken, Kirche usw. in seiner Vorstellung, das hindert die direkte Erfahrung. Wir waren einmal in Thailand, da war es genau umgekehrt. Die Leute waren durch das Wort »Deva« blockiert, da dieses in ihrer Kultur so vorgeprägt ist, wie »Engel« bei uns.

Ich kam dann auch in Kontakt zu einem Wesen, das für die gesamte Region verantwortlich ist, für alle Pflanzen, Tiere und Menschen, ich nenne es den Landschaftsengel. Er wurde mein Hauptansprechpartner.

Eure Kontakte mit den Pfanzendevas und den Elementarwesen verbreiteten sich über die ganze Erde. Was denkst du, wie war das möglich?

Die Idee, mit der Natur zu kommunizieren und das in das alltägliche Leben zu bringen, ist magisch. Die Zeit war reif dafür. Wir haben nichts extra gemacht. Uns wurde zu Anfang sogar gesagt, wir sollten niemanden nach Findhorn einladen, nicht einmal unsere Verwandten. Die Leute kamen von selbst. Es gab dann ein Buch von Peter Tomkins »The Secret Life of Plants« mit einem Kapitel über Findhorn, das zog Paul Hawkins an, der das Buch »The Magic of Findhorn« schrieb. Es gab keinen Plan, sondern ein Schritt folgte dem anderen.

Wie waren vor vierzig Jahren die Reaktionen der anderen Leute in der Gegend?

Viele Leute im Dorf Findhorn dachten, wir sind verrückt. Das war aber kein Problem, denn die Präsenz des Gottes im Innern ist eine Erfahrung. In den ersten Jahren von Findhorn sprachen wir nicht darüber, sondern entwickelten alles im geschützten Rahmen einer kleinen Gruppe.

Wie ist deine Erfahrung: Können Menschen lernen, in inneren Kontakt zu den Wesen der Natur zu kommen?

Grundsätzlich kann es jeder Mensch. Doch viele Menschen sind ungeduldig und wollen es sofort. Doch das geht so nicht, es braucht Übung und den Glauben daran. Viele sind im Kontakt, sind sich dessen aber nicht bewußt, zum Beispiel, wenn man einen Sonnenuntergang sieht und ganz erfüllt davon ist. Eine Übung ist, sich an solche Erlebnisse zu erinnern und tiefer hineinzugehen. Es geht darum, die Momente im Leben zu finden, in denen man diese ausgeweitete Aufmerksamkeit hatte, wo man weiß, ich bin verbunden mit allem. Wir haben alle solche Momente, und wenn wir deren Symptome, Indikatoren und Begleitumstände kennen, können wir bewußt durch die Türe in diese ausgeweitete Aufmerksamkeit gehen. Die Technik ist einfach, die Praxis jedoch nicht.

Aus welchen Gründen geht es nicht?

Die Menschen waren so lange auf die Außenwelt und auf sich konzentriert, man muß jedoch über sich und das Eigeninteresse hinausgehen. Viele Menschen glauben, daß sie es nicht können, und dann können sie es nicht. Heute ist es viel leichter, in Kontakt zu kommen, als es vor vierzig Jahren war. Die Welt entwickelt sich voran.

Wie erinnerst du dich an Roc?

Ich kann den Kontakt zu den Devas geführt durch meinen Willen herstellen. Bei Roc war das anders, die Elementarwesen kamen zu ihm, er hatte es nicht unter Kontrolle. Sie erschienen, wann sie wollten, nicht, wann er es wollte. Nachdem uns Roc in Findhorn besucht hatte und nach Hause fuhr, machte er seinen ersten Kontakt mit Naturgeistern, mit dem Faun im Edinburgh Botanical Garden.

War der Kontakt mit euch dazu nötig?

Das weiß ich nicht, es fällt aber zeitlich auffallend zusammen. Ich kontaktierte die Devas, die die Idee der Pflanzen halten, Roc kontaktierte die Elementarwesen, die die Idee in die Manifestation bringen. Ich hatte das Muster, die Architekten, er hatte die Handwerker, die das Muster umsetzten. Ich habe selbst keinen Kontakt zu den Naturwesen.

Hast du es versucht?

Ich fragte Gott danach und er sagte: »Du hast deine Arbeit zu tun, Roc die seine.«

Hat sich durch Roc etwas für dich verändert?

Es war sehr schön, seine weiteren Gesichtspunkte zu bekommen. Manchmal rief er von Edinburgh an und sagte, die Elementarwesen seien darüber empört, was wir machen. Dabei ging es manchmal um einfache Dinge. Peter fällte Bäume im Sommer, er sollte das aber im Winter machen, wenn die Energie ruhig ist. Manchmal steckte ich Roc Dinge, um sie Peter zu sagen. Roc hatte eine Präsenz, auf die Peter hörte. Ich war die Sekretärin von Peter, auf mich hörte er nicht so gut.

(1) Von Dorothy Maclean sind auf deutsch zur Zeit folgende Bücher erhältlich: »Du kannst mit Engeln sprechen«, »Du kannst mit Engeln sprechen 2« und »Die Engel der Länder und Völker – Wie große Engelwesen über dem Schicksal der Nationen wachen«. Auf englisch gibt es weitere Bücher.

27. Roc
Der Pionier in unserem Rücken

Dieses Buch zur Zusammenarbeit mit Elementarwesen endet dort, wo alles angefangen hat, mit Roc. Ihm verdanken wir die Wiederentdeckung der Elementarwesen. Ohne ihn säßen wir nicht hier. Er war ein feiner Herr aus Edinburgh, der aus Gesundheitsgründen nie vollzeitig berufstätig war, sondern sich überwiegend mit literarischen und naturwissenschaftlichen Studien beschäftigte. 1966 stieß er zu Peter und Eileen Caddy und Dorothy Maclean in Findhorn, gleichzeitig begannen seine Kontakte zu den Elementarwesen. Über Findhorn machte er sie dann in der westlichen Öffentlichkeit und bei der nach neuer Spiritualität aufbrechenden Jugend bekannt. Das war Inspiration und Antrieb für viele. Roc ist eine Zusammenziehung der Anfangsbuchstaben von Robert Ogilivie Crombie. Er strahlte eine umwerfende Liebenswürdigkeit und Glaubwürdigkeit aus.

In dem 2009 erschienen Buch »The Gentleman and the Faun« (1) wurden die wegbereitenden Begegnungen von Roc mit den Elementarwesen zusammengetragen. Außerdem sind zwei CDs erschienen mit den orginalen Schilderdungen von Roc, mit seiner Stimme wird es noch lebendiger. (2) Im folgenden einige Ausschnitte aus seinen Berichten. (3) Im März 1966 hatte Roc im Botanischen Garten in Edinburgh im Alter von 61 Jahren seine erste Begegnung mit einem Faun:

Es war ein herrlicher Tag, und ich ging zu dem Garten in der Nähe der modernen Kunsthalle. Ich setzte mich unter eine hohe Buche und lehnte meine Schultern und meinen Hinterkopf gegen den Baum. Ich wurde eins mit diesem Baum, nahm die Bewegung des Saftes in seinem Stamm wahr und sogar das unendlich langsame Wachsen seiner Wurzeln. Meine Aufmerksamkeit steigerte sich, und ich war voller Erwartung. Ich fühlte mich ganz wach und voller Energie. Es gab eine Spannung in der Luft, als ob die Luft selbst anfangen würde zu flimmern. Ich saß dort in äußerster Befriedigung.

Plötzlich sah ich eine Figur um einen Baum herumtanzen, etwa zwanzig Meter von mir entfernt – eine schöne kleine Figur, ungefähr einen Meter groß. Erstaunt sah ich, daß es sich um einen Faun handelte, das griechische mythologische Wesen, halb Mensch, halb Tier. Er hatte ein spitzes Kinn und spitze Ohren und zwei kleine Hörner auf der Stirn. Seine zottigen Beine endeten in gespaltenen Hufen, und seine Haut war honigfarben. Ich beobachtete ihn mit Erstaunen und tat das Naheliegendste, ich zwickte mich. Ich war wach.

Einen Augenblick lang überlegte ich, ob er vielleicht ein verkleideter Junge war, der zu einer Schulaufführung ging. Doch das konnte er nicht sein – irgend etwas an ihm war entschieden nicht menschlich. War er eine Halluzination? Es gingen noch andere Menschen in dem Garten spazieren. Ich schaute nach ihnen und dann zurück auf dieses schöne kleine Wesen. Er war noch immer da und schien so fest und real zu sein wie sie. Ich versuchte krampfhaft, diese Erfahrung zu analysieren und sie wegzuerklären. Plötzlich schreckte ich auf. Was versuchte ich hier zu tun? Hier war eine fremde und wunderbare Erfahrung. Wieso konnte ich sie nicht annehmen, schauen, was passierte und sie später analysieren? Ich begann, das kleine Wesen entzückt zu beobachten, als es einen anderen Baum umrundete.

Es tanzte herüber zu mir, schaute mich einen Moment lang an und setzte sich dann mit gekreuzten Beinen vor mich hin. Ich schaute ihn an. Er war sehr wirklich. Ich beugte mich vor und sagte: »Hallo.«

Er sprang erschrocken auf und starrte mich an: »Kannst du mich sehen?«

»Ja.«

»Ich glaube es nicht«, sagte er. »Menschen können uns nicht sehen.«

»Oh doch«, versicherte ich ihm, »einige von uns können es.«

»Wie sehe ich aus?« fragte er.

Ich beschrieb ihm, wie ich ihn sah. Während er noch immer verwirrt aussah, begann er in kleinen Kreisen herumzutanzen. »Was tue ich?«

Ich sagte es ihm. Er hörte auf zu tanzen und sagte: »Dann mußt du mich sehen.«

Er tanzte herüber und setzte sich neben mich auf die Bank, schaute zu mir auf und sagte: »Warum sind die Menschen so dumm?«

In gewisser Weise dürfte ich dieses Wesen überpersonalisiert haben. Ich bemerkte, ich sah ihn nicht mit meinen physischen Augen, auch wenn er nicht da war, wenn ich meine Augen schloß. Und die Kommunikation zwischen uns war, ohne Zweifel, auf einer mentalen oder telepathische Ebene im Sinne einer Gedankenübertragung, wahrscheinlich in Form von Bildern oder Symbolen, projiziert in mein Unbewußtes und durch mein Bewußtsein in Wörter übersetzt.

Ich war mir nicht sicher, ob ich gedanklich oder laut zu ihm sprach, aber ich muß unseren Austausch in Form eines Dialoges erzählen, da ich diesen in meinem Kopf gehört habe. Ich bin mir bewußt, in solchen Fällen gibt es immer die Möglichkeit der Färbung durch den eigenen Verstand. Aber mein Training als Wissenschaftler in objektiver Beobachtung und Analyse benützend, versuche ich Experimente und Erfahrungen immer so genau wie möglich zu beschreiben.

Zurückkehrend zu seiner Frage, warum die Menschen so dumm sind, fragte ich ihn: »In welcher Art dumm?«

»In vielen Arten.« Er wollte wissen, warum wickeln sie sich in so eigenartige Häute oder Bedeckungen, von denen einige ausgezogen werden können? Warum gehen sie nicht im natürlichen Zustand herum wie er?

Ich sagte ihm, die Häute würden Kleider genannt, wir tragen sie zum Schutz und für die Wärme, und es wird als nicht richtig betrachtet, ohne sie zu sein. Das letzte konnte er nicht verstehen, so setzte ich dieses Thema nicht fort. Wir sprachen über Häuser und Autos, die er viereckige Kisten auf Rädern nannte, in denen Menschen herumrasen und die manchmal mit anderen zusammenstoßen. »Ist das ein Spiel?« wollte er wissen.

Er erzählte mir, daß er im Garten lebt. Dies war nur ein Teil der Wahrheit, er war genauso Bewohner einer anderen Welt. Seine Aufgabe sei, den Bäumen wachsen zu helfen. Er erzählte mir auch, daß viele Naturgeister ihr Interesse an den Menschen verloren haben, da ihnen das Gefühl vermittelt wurde, daß man weder an sie glaubt noch sie willkommen heißt.

»Wenn ihr Menschen denkt, ihr könnt ohne uns weiterkommen, versucht es!«

»Einige von uns glauben an euch und wünschen eure Hilfe, ich zum Beispiel.«

Das Wundervolle an diesem Treffen war für mich das Gefühl der Brüderlichkeit. Ich empfand eine erstaunliche Harmonie mit diesem wundervollen kleinen Wesen, das neben mir saß. Es fand eine Kommunikation statt, die nicht in Worte gefaßt werden mußte. Wir saßen einige Zeit, ohne zu sprechen. Schließlich stand ich auf und sagte, ich müsse nach Hause gehen.

»Rufe mich, wenn du hierher zurückkommst, und ich werde kommen«, sagte er. Er verriet mir seinen Namen, Kurmos. Ich fragte ihn, ob er mich besuchen könne.

»Ja, wenn du mich einlädst«, erwiderte er.

»Das mache ich. Ich wäre entzückt, wenn du kommst und mich besuchst.«

»Glaubst du an mich?«

»Ja, natürlich.«

»Und magst du uns?« fragte Kurmos.

»Ja, ich habe eine große Zuneigung zu den Naturgeistern.« Das war die Wahrheit seit meiner Kindheit, auch wenn er der erste war, den ich tatsächlich sah.

»Dann komme ich jetzt.«

Wir schritten durch die Westpforte aus dem Garten und durch die Straßen von Edinburgh zurück zu meiner Wohnung. Ich dachte amüsiert an das Aufsehen, das dieser fremdartige, entzückende kleine Faun hervorgerufen hätte, wenn er für die Passanten so sichtbar gewesen wäre wie für mich.

Wir betraten meine Wohnung. Ich habe eine ziemlich große Sammlung von Büchern, und meine zwei Haupträume sind mit Bücherregalen ausgekleidet. Kurmos zeigte großes Interesse. Was seien sie, und warum ich so viele habe? Ich erklärte ihm, daß sie Fakten beinhalten, Ideen, Spekulationen und Theorien, Beschreibungen vergangener Ereignisse, von Autoren erfundene Geschichten und vieles mehr, was niedergeschrieben, gedruckt und zu Büchern gemacht wurde, die von anderen gelesen werden können.

Sein Kommentar war: »Warum? Du kannst alles Wissen bekommen, das du willst, einfach wenn du es willst.«

Ich sagte ihm, daß Menschen dieses Wunderbare nicht machen könnten – jedenfalls noch nicht. Wir müssen uns damit abfinden, unser Wissen von anderen Menschen oder aus Büchern zu bekommen.

Wir saßen einige Zeit in Stille und friedvollem Einklang. Es war eine einfache Wahrnehmung von einander, so etwa wie zwischen einem Menschen und einem sehr geliebten Tier. Ein Bewußtsein, das nur zwischen Menschen fühlbar ist, wenn große Harmonie herrscht. Es war sehr angenehm. Diese Art von Harmonie ist allgegenwärtig unter den Naturgeistern, Zwietracht und Haß sind fast unbekannt. (...)

Mehrfach danach erschien er neben mir, wenn ich zum Garten ging und ihn rief. Ich wollte ihm keine Fragen stellen; die wunderbare Brüderlichkeit und Harmonie waren genug, obwohl ich wußte, daß es sich hier um eine unendlich reife Weisheit handelte – zusammen mit der Unschuld eines Kindes. Ich fühlte intuitiv, daß das, was ich über ihn wissen sollte, mir zur richtigen Zeit gegeben werden würde. Ich wußte nicht, daß diese Treffen mit Kurmos das Vorspiel zu etwas noch Unerwarteterem waren, das Ende April stattfinden sollte.

Ende April spazierte Roc spät abends nach einem Besuch bei Freunden durch Edinburgh.

Bei der Nationalgalerie trat ich in eine außergewöhnliche Atmosphäre. Nie zuvor hatte ich so etwas erlebt. Es ist schwierig zu beschreiben, aber ich kann sagen, daß es so war, als hätte ich keine Kleider an und ginge durch etwas hindurch, das dichter als Luft ist, aber nicht so dicht wie Wasser. Dies fühlte ich an meinem Körper. Es erzeugte ein Erleben von Wärme und Prickeln wie bei einem eingeschlafenen Bein oder Arm und einem elektrischen Schlag, und es war wie ein Spinngewebe, das über die Haut streicht. Dies war von einer erhöhten Aufmerksamkeit begleitet und von dem gleichen Erwartungsgefühl, das ich in dem Garten verspürt hatte, bevor ich Kurmos traf.

Dann bemerkte ich, daß ich nicht alleine war. Eine Gestalt – größer als ich – ging neben mir. Es war ein Faun, der eine enorme Kraft ausstrahlte. Ich schaute ihn an. Dies war doch gewiß nicht mein kleiner Faun, der plötzlich erwachsen geworden war?

Wir gingen weiter. Der Faun wandte mir sein Gesicht zu: »Hast du keine Angst vor mir?«

»Nein.«

»Warum nicht? Alle Menschen haben Angst vor mir.«

»Ich fühle nichts Böses in deiner Gegenwart. Ich sehe keinen Grund, warum du mir etwas antun solltest. Ich habe keine Angst.«

»Weißt du, wer ich bin?«

In dem Moment wußte ich es. »Du bist der große Gott Pan.«

»Dann solltest du Angst haben. Euer Wort Panik kommt von der Angst, die meine Anwesenheit hervorruft«, sagte Pan.

»Nicht immer. Ich habe keine Angst.«

»Kannst du mir einen Grund nennen?« forderte Pan.

»Vielleicht wegen meiner Verbundenheit zu denjenigen, mit denen du zu tun hast, Erdgeistern und Geschöpfen im Wald.«

»Glaubst du an meine Untertanen?«

»Ja.«

»Liebst du sie?« fragte Pan.

»Ja, das tue ich.«

»In diesem Fall, liebst du mich?« fragte Pan.

»Warum nicht?«

»Liebst du mich?« forderte Pan.

»Ja.«

Er schaute mich mit einem merkwürdigen Lächeln und Zwinkern in seinen tiefen, mysteriösen, braunen Augen an. »Natürlich weißt du, daß ich der Teufel bin? Du hast gerade gesagt, daß du den Teufel liebst.«

»Nein, du bist nicht der Teufel. Du bist der Gott der Wälder und der Landschaft. An dir ist nichts Böses. Du bist Pan.«

»Hat nicht die frühe christliche Kirche mich als Modell für den Teufel genommen? Schau dir meine gespaltenen Hufe an, meine zottigen Beine und die Hörner auf meiner Stirn.«

»Die Kirche hat alle heidnischen Götter und Geister in Teufel umgedeutet, in Unholde und Kobolde.«

»Hat sich denn dann die Kirche geirrt?«

»Die Kirche tat es aus ihrer Sicht in bester Absicht. Aber sie hat sich geirrt. Die alten Götter sind nicht notwendigerweise Teufel.«

Wir überquerten die Princes Street und bogen rechts ab in Richtung South St. David Street. Er wandte sich zu mir: »Wie rieche ich?«

Seitdem ich Pan getroffen hatte, lag ein wundervoller Geruch von Kieferholz, dampfenden Blättern, frischer Erde und Waldblumen in der Luft. Ich sagte es ihm.

»Stinke ich nicht wie eine Ziege?« fragte Pan.

»Nein, das tust du nicht. Du riechst ganz schwach moschusähnlich, so wie das Fell einer gesunden Katze. Es ist angenehm, fast wie Räucherwerk. Behauptest du immer noch, der Teufel zu sein?«

»Ich muß herausfinden, was du über mich denkst. Es ist wichtig.«

»Warum?«

»Darum«, sagte Pan.

»Willst du es mir nicht sagen?«

»Nicht jetzt. Es wird sich zeigen.«

Wir gingen weiter. Pan ging sehr dicht bei mir. »Du hast nichts dagegen, daß ich neben dir gehe?«

»Nicht im geringsten.«

Er legte seinen Arm um meine Schulter, ich fühlte den physischen Kontakt. »Du hast nichts dagegen, daß ich dich berühre?«

»Nein.«

»Und du fühlst dich weder abgestoßen noch hast du Angst?«

»Weder noch.«

»Ausgezeichnet.« (...)

Und so hatte Pan in Roc endlich jemanden gefunden, der sich vor ihm nicht fürchtete. Er erschien ihm wieder und wieder. Obwohl Pan in einer Gestalt erscheinen kann, ist er nicht auf einen Ort begrenzt. Das Wort Pan bedeutet all, überall. Er ist eine universelle, kosmische Energie, der die ganze Natur durchzieht, und kann gleichzeitig an vielen verschiedenen Orten erscheinen. Im September 1966 war Roc im Attingham Park nahe des Erwachsenen-College in Shropshire.

Ich betrat den Rhododendron-Weg und fühlte eine starke Ansammlung von Kraft und eine unermeßliche Steigerung meiner Aufmerksamkeit. Farben und Formen wurden deutlicher. Ich war mir jedes einzelnen Blattes der Büsche und Bäume bewußt, jeder Grashalm auf dem Weg stand dort mit bestürzender Klarheit. Es war, als ob die physische Realität viel realer als normal und die dreidimensionale Wirkung viel massiver als gewöhnlich wurde.

Diese Art von Erfahrung kann in Worten nicht beschrieben werden. Ich hatte den Eindruck einer vollständigen Realität, die alles, was in und außerhalb von dieser ist, sofort umfaßt. Es war ein intensives Gefühl, ganz eins zu sein mit der Natur und mit Gott, welches einen großen Jubel erzeugte und ein tiefes Empfinden von Ehrfurcht und Staunen.

Ich bemerkte, daß Pan an meiner Seite lief und eine starke Anziehung zwischen uns bestand. Er trat hinter mich, und dann ging er in mich hinein, so daß wir eins wurden und ich die Umwelt durch seine Augen sah. Gleichzeitig stand ein Teil von mir – der beobachtende, registrierende Teil – daneben. Es war nicht eine Form von Besetzung, sondern eine Identifizierung, eine Art der Eingliederung.

Als er in mich eintrat, waren die Wälder von Myriaden von Lebewesen erfüllt, Elementargeistern, Nymphen, Baumgeistern, Faunen, Elfen, Gnomen, Feen und so weiter, viel zu zahlreich, als daß ich sie hätte einordnen können. Ihre Größe variierte zwischen nur ganz kleiner Gestalt, höchstens einen Zentimeter groß – ein Schwarm von diesen Wesen umkreiste gerade ein paar Pilze – und wundervollen Elfengeschöpfen von 90 cm bis 1,20 m Größe. Einige umtanzten mich in einem Reigen. Alle waren so einladend und freundlich. Die Naturgeister lieben und begeistern sich für die Arbeit, die sie tun, und drücken dies in Bewegung aus.

Ich hatte das Gefühl, außerhalb von Raum und Zeit zu sein. Alles geschah im Jetzt. Es ist unmöglich, mehr als nur einen kleinen Eindruck von der Wirklichkeit dieser Erfahrung zu vermitteln, aber ich möchte noch mal den Jubel betonen, dieses Gefühl der Freude und Begeisterung. Dennoch gab es einen grundlegenden Frieden, Zufriedenheit, eine Art geistiger Präsenz.

Ich fand mich selbst an einer Lichtung am Ende des Weges wieder, wo ein großer Eichbaum steht. Ich kehrte um und ging den Weg zurück, den ich gekommen war. Ich hatte plötzlich Panflöten in den Händen und wurde mir meiner zottigen Beine und der gespaltenen Hufe bewußt. Ich begann zu tanzen, tanzte den Weg entlang und spielte auf den Flöten eine Melodie – die Melodie, die ich zuvor von Pan gehört hatte.

Die vielen Vögel antworteten, und ihre Lieder setzten einen erlesenen Kontrapunkt zu der Musik der Flöten. Alle Naturgeister waren aktiv, einige tanzten bei der Arbeit. Als ich fast die Stelle erreicht hatte, an der das Erlebnis begonnen hatte, fühlte ich, daß der Zustand erhöhter Wahrnehmung sich langsam verflüchtigte und Pan sich aus meinem Körper zurückzog, mich wieder in meinem gewöhnlichen Bewußtsein zurücklassend. Ich hörte auf zu tanzen und ging weiter. Das war auch gut, denn ein Junge saß auf dem Platz unter der Zeder. Er hätte es befremdlich gefunden, wenn er mich tanzend auf dem Weg gesehen hätte, auf unsichtbaren Flöten spielend!

Ein weiteres Treffen mit Pan, im Park von St. Annes-on-Sea in Lancashire einige Tage später, bekräftigte die Offenheit und Bereitschaft des Naturreichs, mit den Menschen zu kommunizieren und zu kooperieren. Durch Roc verbreitet Pan seine Botschaft, um andere Menschen mit seiner Weisheit und Kraft zu berühren.

Ich war dort mit mehreren Freunden, auch mit Peter Caddy, die an einer Tagung teilnahmen. Ich spazierte alleine am Teich an einem Ende des Parks gegenüber des Hauses, als ich bemerkte, daß Pan neben mir stand. Wie zuvor trat er in mich, und ich wurde eins mit ihm. Wieder trat mein beobachtender und registrierender Teil zur Seite.

Dieses »zusammengesetzte Wesen« – Pan und ich – rief die Naturgeister zusammen, um dabei zu helfen, was passieren sollte. Der Teich und all die Büsche und Bäume wurden plötzlich lebendig mit Wesen vielerlei Art. Ich – oder sollte ich vielleicht sagen »wir« – lief auf einen erhöhten Teil des Parks, wo es möglich war, auf das Haus zu schauen, in dem das Treffen stattfand. Ich hatte wieder Panflöten in meinen Händen, und ich, oder eher Pan in mir, rief den grünen Strahl der Naturkräfte an, in dem Haus aufzusteigen, wie der Saft in einem Baumstamm emporfließt. Langsam erhob sich dieses Licht, bis es aus dem Dach hervorschien. Nach einiger Zeit verschwand Pan.

Ich verließ den Park und traf fünf Minuten später Peter, der gerade aus dem Haus gekommen war. Ich war erstaunt, von ihm zu hören, daß Pan in dem Raum war und mit einer hellsichtigen Frau kommuniziert hatte und daß fast alle der fünfzehn anderen Anwesenden Visionen oder Eindrücke in Beziehung mit der Natur hatten.

Die Bedeutung dieser zwei Episoden wurde mit der Zeit klarer. Eine Wiedervereinigung zwischen Menschheit und Naturgeistern ist notwendig für das Überleben der Welt. Aus diesem Grund mußte Pan einen direkten Kontakt einleiten.

In dem Buch »The Gentleman and the Faun« kann man mehr über Roc lesen. Mir wird die Bedeutung seiner wegweisenden Begegnungen mit Kurmos und Pan verständlicher, wenn ich den Vorlauf betrachte. In früheren Jahrhunderten waren die Menschen ganz natürlich mit den Elementarwesen verbunden. Mit der Ausbildung des Denkens und der Individualität ging es schrittweise verloren. Die Elementarwesen warten seitdem auf eine neue und bewußte Zusammenarbeit mit uns Menschen. Doch wie kommt das ins allgemeine öffentliche Bewußtsein?

Einen kräftigen Versuch machte hier Rudolf Steiner mit der Begründung der Anthroposophie Anfang des 20. Jahrhunderts, um die Menschen mit den Wesen der geistigen Welt in einen Zusammenhang zu bringen. Dies ist als Impuls sehr schön in der »Grundsteinmeditation« zusammengefaßt, die im Zentrum der Weihnachtstagung 1923/24 stand. Die ersten drei Teile dieses Meditationstextes enden jeweils mit den Worten: *Das hören die Elementargeister im Osten, Westen, Norden, Süden. Menschen mögen es hören.* Die Elementarwesen haben es also schon mit vollzogen, fraglich ist nur, ob wir Menschen mitkommen.

Wie die Elementarwesen es vollzogen haben, beschreibt Tanis Helliwell in ihrem Buch »Elfensommer«. Sie freundete sich mit einem Leprechaun, einem irischen Erdwesen, an. Vor mehr als hundert Jahren sei ein Mensch zu ihm gekommen, so erzählte er Tanis Helliwell, der Elementarwesen aus allen vier Elementarreichen gefragt hätte, ob sie eine Gruppe bilden wollten, deren Aufgabe darin bestünde, eine Brücke zur Menschenwelt zu bauen. Auf die Frage, wer dieser Mensch gewesen sei, antwortete der Leprechaun: »Steiner. Rudolf Steiner.« Dieser suchte im Einverständnis mit den Ältesten der Elementarwelt eine Gruppe von Elementarwesen. »Wir suchen solche, die für sich selbst denken können und Neugier und Mut haben. Hast du Interesse?« habe Rudolf Steiner ihn gefragt (4).

Da aber die Menschen nicht ausreichend mitgekommen sind und Plan A nicht funktionierte, startete die geistige Welt einen Plan B. Dazu waren die Studentenbewegungen der 60er Jahre notwendig, die spirituelle Suche der Jugend nach einer New Age, die Wohnwagensiedlung in Findhorn und eben Roc.

Er starb am 8. März 1975. – In der Abschiedsrede sagte Sir George Trevelyan: »Roc als fortgeschrittener Hellsichtiger erblickte direkt die Welt der Naturgeister. Es kann gar nicht genug betont werden, wie wichtig es war, in dieser Zeit eine Brücke zwischen Mensch und Elementarwelt zu schlagen. Die großen Eingeweihten des 20. Jahrhunderts wie Rudolf Steiner und Tudor Pole hatten direkten Kontakt mit diesen unsichtbaren Wesen und haben über sie gesprochen. Roc aber hatte die besondere Mission, die Realität dieser Wesen in die Öffentlichkeit zu bringen. Seine Verbindung mit Findhorn gab ihm diese Möglichkeit. ... Roc war eine wunderschöne Seele. Der Glanz der Freude, Weisheit und Liebe strahlte von seinem Gesicht. ... Ja, er war wahrhaft der Merlin unseres Zeitalters ... im besten Sinne ein weißer Magier.« (5)

Anmerkungen:

(1) R. Ogilvie Crombie (Roc): *The Gentleman and the Faun*, Findhorn Press 2009, 224 Seiten, ISBN 978-1-84409-179-9

(2) R. Ogilvie Crombie (Roc): *Encounters with Pan and the Elemental Kingdom* (double CD), Findhorn Press 2009, ISBN 978-1-84409-199-7. Diese beiden CDs können auch als mp3 heruntergeladen werden bei www.findhornpress.com.

Die Begegnungen von Roc mit Kurmos und Pan sind mit freundlicher Genehmigung von Findhorn Press, Forres, Scotland zitiert aus:

The Gentleman and the Faun: Encounters with Pan and the Elemental Kingdom by R. Ogilvie Crombie (Roc) © Findhorn Foundation et al., 2009

Encounters with Pan and the Elemental Kingdom – double CD by R. Ogilvie Crombie (Roc) © Findhorn Foundation 1972-74

(Beide Findhorn Press, 2009)

(4) Tanis Helliwell: *Elfensommer*, Saarbrücken 1999.

(5) Peter Caddy: *In Perfect Timing*, Findhorn Press 1996, ISBN 1 899171 312, Seite 345.

Weitere Bücher bei Neue Erde:

Die verborgene Welt, die alles durchdringt

Auch wenn es uns nicht bewußt ist: Wir leben alle im Reich der Elementarwesen. Immer und überall durchdringen sie unsere Seele. Die ganze Welt um uns herum ist von Elementarwesen durchseelt. An allem, was in der Natur geschieht, sind Elementarwesen beteiligt. Auch unsere Innenwelt, die Welt unserer Gefühle und Gedanken, besteht aus Elementarwesen. In fast allen Lebenslagen haben wir es mit Elementarwesen zu tun.

Die Elementarwesen der Natur warten sehnlichst darauf, von uns Menschen bewußt ergriffen zu werden. Ihre zukünftige Existenz ist von uns abhängig. Es geht um die Rettung der Elementarwesen.

Thomas Mayer
Rettet die Elementarwesen
Paperback, 192 Seiten
ISBN 978-3-89060-517-3

Das Buch »Rettet die Elementarwesen!« endet mit dem Ausblick: »Ich habe die Zukunftsvision, daß das Leben mit Elementarwesen wieder kulturelles Allgemeingut unserer Zivilisation wird.« So weit ist es zwar noch nicht, es ist hingegen überaus erstaunlich, wie viele – auch »normale« – Menschen schon heute mit Natur- oder Elementarwesen zusammenarbeiten. Mit dreizehn von Ihnen hat Thomas Mayer Gespräche geführt, so ein breites Spektrum an Möglichkeiten darstellend. – Wir alle können davon profitieren, wenn wir diese Reiche wieder in unser Bewußtsein integrieren.

Thomas Mayer
Zusammenarbeit mit Elementarwesen 1
13 Gespräche mit Praktikern
Paperback, 224 Seiten
ISBN 978-3-89060-560-9

Ein Quantensprung in unserer Beziehung zur Natur

Nachdem die Vorstellung, daß in der Natur unsichtbare Intelligenzen am Wirken sind, nicht mehr ganz so absonderlich erscheint, wie noch vor Jahren, ist jetzt die Zeit gekommen für dieses Buch, in dem uns einer vom elbischen Volk der Leprecháns erzählt, wie wichtig die Zusammenarbeit der Menschen mit den Naturgeistern ist. Leicht lesbar und auf unterhaltsame Weise bringt uns die Autorin Tanis Helliwell die Welt der Elfen, Devas und Elementale näher – und selbst Skeptiker werden ihr Vergnügen haben und ins Nachdenken kommen.

Tanis Helliwell
Elfensommer
Meine Begegnung mit den Naturgeistern
Ein Tatsachenbericht
Paperback, 224 Seiten
ISBN 978-3-89060-679-8

Eine »Pilgerfahrt« voller Überraschungen

Das langerwartete zweite Buch von Tanis Helliwell, in dem sich die Naturgeister zeigen – wenn auch in einer für uns Menschen nicht immer sehr angenehmen Weise. Auf dieser Tour durch Irland stoßen die Leprechauns Tanis und ihre Gruppe mit ihrem Witz auf deren »blinde Flecken« und bringen sie immer wieder in das »Jetzt« – auch wenn nicht alle Reisenden das als besonders witzig empfinden. Doch letzten Endes ist es eine sehr lehrreiche Pilgerfahrt, auf der sich die große Weisheit der unsichtbaren Reisebegleiter offenbart. Wir Leser, vom Schalk der Naturgeister nicht betroffen, können uns bei der Lektüre bestens amüsieren – und dabei noch etwas dazulernen.

Tanis Helliwell
Elfenreise
Eine mystische Irlandfahrt mit den Naturgeistern
Ein Tatsachenbericht
Paperback, 208 Seiten
ISBN 978-3-89060-323-0

Die Erde spricht

Ana Pogačnik kann, nicht zuletzt aufgrund der Zusammenarbeit mit ihrem Vater Marko, einen innigen medialen Kontakt zu der Landschaft aufbauen, in der sie sich aufhält. Über die Jahre hat sie viele Orte bereist, und wenn sie sich auf sie einstimmt, dann vernimmt sie ihre Botschaft. In 44 »Briefen« sprechen diese Landschaften zu uns Menschen. Es sind intensive Botschaften, auf die wir uns einlassen, die wir in uns nachhallen und lebendig werden lassen müssen.

Sie öffnen uns für eine neue Dimension der geomantischen Arbeit und für ein gewandeltes Verhältnis zur Erde als einem bewußten und beseelten Wesen.

Ana Pogačnik
Die Erde liebt uns
Wenn die Landschaften sprechen: Briefe an uns Menschen
Paperback, 192 Seiten mit 44 Zeichnungen
ISBN 978-3-89060-608-8

Vom Wesen geistiger Wesen

Geistwesen, Naturwesen, Elementare, Elementale, Engel, Seelen, Phantome, Geister… Namen und Benennungen gibt es unglaublich viele. Der Raum um uns, so scheint es, ist von geistigen Wesenheiten erfüllt. In seinem neuen Buch geht Stefan Brönnle in gewohnt gründlicher Weise auf die unterschiedlichen Ebenen und Phänomene der ätherischen Welt ein. Ausgehend von einem Blick in die Geschichte und auf unterschiedliche Betrachtungsweisen von Paracelsus bis zur Quantenphysik, behandelt er die unterschiedlichen geistigen Wesen wie Engel und Elementale, um uns schließlich zur Erfahrung des Geistes in der Materie in uns zu führen.

Stefan Brönnle
Geistige Wesen
Engel, Elementale und die Ätherwelt
Paperback, 176 Seiten
ISBN 978-3-89060-601-9

Nicht-menschliche Wesensanteile in sich entdecken

Immer mehr Menschen sind von der Existenz von »Naturgeistern« überzeugt, wie sie etwa Tanis Helliwell in ihrem Bestseller »Elfensommer« beschrieben hat. Aber gibt es auch »Hybriden«, Mischwesen aus Menschen und geistigen Entitäten?

Dieses Buch liefert Informationen zu den am häufigsten vorkommenden Hybriden, darüber hinaus enthält es Geschichten der unterschiedlichsten Menschen, die von sich selbst glauben, ein bestimmtes Hybridwesen zu sein.

Tanis Helliwell
Nicht ganz von dieser Welt
Paperback, 176 Seiten
ISBN 978-3-89060-674-3

Wünschelruten – mal ganz anders

Die meisten kennen Wünschelruten als Werkzeug von Leuten, die damit Wasseradern oder Erdgitter aufspüren möchten. Daß die Möglichkeiten des Rutengehens viel weiter gehen, zeigt die erfahrene Praktikerin hier: Ruten als Orakel und Wegweiser, zur Verbesserung des Lebensumfeldes, als Hilfsmittel zur Kontaktaufnahme mit Pflanzen und zur Kommunikation mit Natur- und Elementarwesen sowie zum Aufspüren von Kraftorten.

Ilse Rendtorff
Mit Wünschelruten Kraftorte und Naturwesen entdecken
Paperback, 128 Seiten
ISBN 978-3-89060-045-1

Einsichten in die Elfenwelt

Als isländische Elfenbeauftragte – eine in der Welt einmalige Institution – ist Erla weltweit bekannt geworden. Seit Kindheit hellsichtig, kann sie aber nicht nur von Elfen und Ortskräfte berichten. In diesem Buch erzählt sie aus Ihrem Leben, von ihren Begegnungen in der Astralwelt, ihren Erfahrungen mit Heilgebeten und regt die Leser mit praktischen Übungen immer wieder an, die eigene Wahrnehmung zu erweitern, denn die Realität ist so viel umfassender und vielfältiger, als es uns auf den ersten Blick scheinen mag.

Erla Stefánsdóttir
Lifssyn min
Lebenseinsichten der isländischen Elfenbeauftragten
Gebunden mit Lesebändchen,
durchgehend mit farbigen Bildern, 208 Seiten
ISBN 978-3-89060-264-6

Island, Land der Elfen!

Sie wurde als »Elfenbeauftragte« bezeichnet, was zwar kein offizieller Titel ist, aber es stimmt: Erla Stefánsdóttir ist hellsichtig und kann Naturwesen sehen. Sie hat auch verschiedentlich geholfen, wieder Frieden zu stiften zwischen den Menschen und Naturgeistern. Dieser unterhaltsame, gleichwohl zum Nachdenken anregende Band enthält skurrile und lustige, manchmal aber auch melancholische und anrührende Geschichten und Anekdoten aus einem an seltsamen Erlebnissen reichen Leben.

Erla Stéfansdóttir
Erlas Elfen
Die isländische »Elfenbeauftragte« erzählt wahre Geschichten
Klappenbroschur, 128 Seiten, mit 20 farbigen Abbildungen
ISBN 978-3-89060-747-4

Hier kann man sich zum **Neue Erde-Newsletter** anmelden:
newsletter.neueerde.de/anmeldung

NEUE ERDE im Buchhandel

Neue Erde ist ein kleiner unabhängiger Verlag, und der unabhängige Buchhandel ist unser natürlicher Partner. Wir unterstützen die Initiative »buy local«.

Sollte es Lieferschwierigkeiten bei den Büchern von NEUE ERDE geben, lassen Sie immer im VLB (Verzeichnis lieferbarer Bücher) nachsehen, im Internet unter **www.buchhandel.de**

Alle lieferbaren Titel des Verlags sind für den Buchhandel verfügbar.

Sie finden unsere Bücher auch auf unserer Homepage **www.neue-erde.de.**

Kontakt:

NEUE ERDE GmbH
Cecilienstr. 29 · 66111 Saarbrücken
info@neue-erde.de